첨단기술의 글로벌 혁신전략

— 빅데이터 분석으로 살펴본 첨단산업의 미래

첨단기술의 글로벌 혁신전략

— 빅데이터 분석으로 살펴본 첨단산업의 미래

대표저자 김진우 · 김의석 · 김원준

공동저자 박주원 · 이철우 · 최상빈 · 최초애 · 강덕환 · 심윤재 · 조지영 · 남용원 · 최형기 · 최희수

KAIST 기술경영전문대학원 KAIST-ISPI 혁신전략정책연구소

율곡출판사

지은이에 대하여

대표저자

김진우 교수(KAIST 기술경영전문대학원)

미국 애리조나대학에서 컴퓨터공학으로 석사 · 박사 학위를 받았으며, 한국의 대기업에서 시스템 개발, IT 전략, 글로벌 M&A 등 다수의 과제를 수행하였다. 투자금융에 근무하면서 솔루션 구축과 해외 사업 개발을 했으며, 해외 혁신 정보 회사의 한국 지사장을 역임하면서 기술 전략, 정책, R&D 전략 등 다수의 사업을 추진하였다.

김의석 교수(KAIST 기술경영전문대학원)

미국 조지아공대에서 과학기술정책 석사, KAIST에서 기술경영공학 박사학위를 받았다. 현재 KAIST 기술경영전문대학원에서 혁신 이론, 과학기술정책, 디지털 전환 관련 강의 및 연구를 하고 있다.

김원준 교수(KAIST 기술경영전문대학원 원장)

연세대학교 공과대학을 졸업하고 서울대학교에서 재료공학 석사학위를 받았다. 기술 혁신전략과 정책에 대한 연구를 위해 전공을 바꾸어 서울대학교에서 기술경제학으로 박사학위를 받았으며, 미국 예일대학교 경영대학에서 박사 후 연구원, 뉴욕대학교 경제학과에서 겸임교수를 역임하면서 기술 혁신과 산업 및 시장의 변화에 대해서 연구하였다.
현재 KAIST 기술경영학부 교수 및 KAIST 기술경영전문대학원 원장, 바이오혁신경영전문대학원 원장이며, 대한민국의 산업 미래전략을 연구하는 KAIST 혁신전략정책연구소장, KAIST 사회과학 인공지능 및 빅데이터연구단 단장을 맡고 있다. 과학기술한림원 정회원이며, 과학기술단체총연합회의 부회장, 아시아 혁신 및 기업가정신 국제학회(Asia Innovation and Entrepreneurship Association)장, 기술경영경제학회장으로 활동하고 있다.

공동저자

박주원(대한항공)

세종대학교에서 항공우주공학과 전자공학을 복수전공으로 졸업하고 KAIST 기술경영전문대학원에서 공학 석사학위를 취득하였다. 현재 대한항공 항공기술연구원에서 우주 발사체 체계 종합 및 임무설계 업무를 수행하고 있다.

이철우(KAIST)

세종대학교에서 위성 관련 전공인 지구정보공학을 전공하고 대학교를 전체 수석으로 졸업했다. 이후 KT그룹 위성전문 회사인 KTsat에서 다년간 인공위성 통신기술 업무를 담당했으며, 현재 카이스트 기술경영전문대학원 석사과정에 재학 중이다.

최상빈(SK에코플랜트)

고려대학교 경영학과를 졸업하고 KAIST 기술경영전문대학에서 석사학위를 취득하였다. LG상사(현, LX인터)에 기획, 재무 및 M&A 업무를 수행하였으며 현재 SK에코플랜트 R&D 부서에서 친환경 기술투자 전략을 담당하고 있다.

최초애(한국식품연구원)

대학교 학부과정에서 식품영양학과 경제학을 전공하였다. 현재 한국식품연구원에서 근무하며 카이스트 기술경영전문대학원 석사과정에 재학 중이다.

강덕환(현대자동차)

서강대학교 사회학과를 졸업하고 KAIST 기술경영전문대학원에서 석사학위를 취득했다. 현대자동차 기초소재연구센터 기초소재기획팀에 재직 중이며, 현재 조직운영 업무를 담당하고 있다.

심윤재(KAIST)

서울대학교 기계항공공학부를 졸업했다. 현재 국방기술진흥연구소에서 국방기술기획을 담당하고 있으며 동시에 카이스트 기술경영전문대학원 석사과정에 재학 중이다.

조지영(HP 프린팅 코리아)

고려대학교에서 언어학과 경제학을 전공하고 카이스트 기술경영전문대학원에서 석사학위를 취득했다. 현재 카이스트 문화기술대학원 박사과정에 재학 중이며, 코닝정밀소재, 삼성전자, HP에서 마케팅전략 및 기획 커뮤니케이션 업무를 거쳐 현재 HP 프린팅 코리아 R&D 팀에서 프로젝트 매니저로 근무하고 있다.

남용원(KAIST)

아주대학교 산업공학과를 졸업하고 LGCNS, 한미약품 재무기획 및 해외영업 업무를 수행하였으며, KAIST 기술경영전문대학원에서 석사학위를 취득하였다. 현재 CJ제일제당 R&D 기획실 소속으로 R&D 통합 시스템 구축 프로젝트를 수행하고 있다.

최형기(인벤티지랩)

한동대학교를 졸업하고 메가인베스트먼트에서 ICT 서비스 및 플랫폼, 교육 분야의 다양한 초기 기업에 투자하였다. 현재는 바이오 벤처인 인벤티지랩에서 전략기획 업무를 담당하고 있으며, 카이스트 기술경영전문대학원 석사과정에 재학 중이다.

최희수(기초과학연구원)

고려대학교 환경생태공학과 및 경영학과를 졸업하고, KAIST 기술경영전문대학원에서 공학 석사학위를 취득했다. 기초과학연구원에 재직 중이며, 현재 기획협력본부 기획팀에서 대정부 업무를 담당하고 있다.

국가안보 차원에서 관리되기 시작하는 핵심 기술

4차 산업혁명, 디지털 트랜스포메이션 등 기술 중심의 사회로 발전하면서 경영 환경에도 많은 변화가 일어나고 있다. 이제는 기술 경쟁력이 기업 경쟁력을 좌우하고, 국가 간 무역 경쟁의 중심에도 첨단기술이 자리 잡고 있다. 최근 들어 미국과 중국의 갈등, 그리고 러시아 사태 등 국가 간의 대립이 점차 첨예화되면서 기술력으로 상대를 통제하려는 움직임이 본격적으로 나타나기 시작했다.

지난 2022년 2월 미국 백악관 소속 국가과학기술위원회에서는 미국이 앞으로 국가안보 차원에서 관리할 18개 기술 분야를 발표하였다. 보고서에 의하면 세부 기술은 총 103개로 정의되어 있으며, 향후 해당 기술이나 관련 부품을 해외로 수출할 경우 사전에 정부의 승인을 받아야 한다.

국가 차원에서 첨단기술을 관리하고자 하는 움직임은 한국, 일본, EU 등 여러 국가에서도 나타나고 있으며, 첨단기술을 국가 핵심 역량 중 하나로 인식하고자 하는 움직임이 널리 확산되고 있다. 최근에 미국이 발표한 국가안보 차원의 기술관리 전략은 향후 동맹국들 간의 교류를 통해 기술과 시장 생태계를 구축하는 한편 경쟁 국가들과는 거리를 두겠다는 것이다. 하지만 이는 동맹국이라도 서로 교류할 수준 높은 기술력을 보유하지 못하면 기술 생태계에서 멀어질 수 있다는 것을 의미한다.

이제 첨단기술에 대한 세계적 수준의 경쟁력을 갖추는 것이 기업과 국가 차원에서도 시급한 현실로 다가오고 있다. 그러나 개방형 혁신(Open Innovation)을 통해 새로운 기술이 끊임없이 출현하는 등 변화무쌍한 기술발전 방향을 이해하고 신기술 출현을 적시에 감지하는 것이 쉽지 않아지면서 체계적인 기술전략이나 R&D 투자전략을 수립하는 것이 갈수록 힘들어지고 있다.

갈수록 복잡해지는 기술 환경 분석

기술전략이나 R&D 투자전략을 수립하여 세계적 수준의 기술 경쟁력을 달성하기 위해서는 급변하는 기술 환경을 이해하고 새로이 출현하는 기술을 신속하게 감지하며 우리의 기술력이 현재 정확히 어떤 수준인지 객관적으로 분석 · 판단하는 것이 절대적으로 필요하다. 하지만 인터넷, 미디어, 시장 보고서 등에서 쏟아지는 수많은 정보에서 구체적인 신기술을 감지해 내는 것이 현실적인 한계에 부딪히고 있다.

일반적으로 기술 혁신은 일정 기간 R&D 과정을 통해 신기술이 개발되고 이후 여러 검증을 거쳐 시제품이나 첫 서비스가 시장에 소개되면서 알려진다. 이러한 정보는 주로 언론, 인터넷, SNS, 기술 전시회 혹은 유료 보고서에 정리되어 공개되는데, 이를 접하고 해당 신기술의 출현을 처음 알게 되면 이미 시기적으로 한발 늦은 것이다. 왜냐하면 정보가 공개되기 3~7년 전부터 경쟁기업은 이미 R&D를 통해 신기술에 대한 역량을 축적해 왔고 정보가 공개된 시점에는 더 수준 높은 기술력을 이미 확보하고 있는 경우가 대부분이기 때문이다. 따라서 공개된 정보를 처음 접하고 해당 기술을 따라잡기 위해 뒤늦게 R&D 투자를 할 경우 경쟁 우위를 달성할 수 있는 기술 개발의 성공 확률은 떨어질 수밖에 없다.

앞서가는 기업들은 기술의 경쟁 우위를 선점하고 남들보다 앞서 첨단기술을 개발하며 후발주자와의 초격차를 유지하기 위한 기술전략을 추구하고 있다. 하지만 현재의 기술전략 방법으로는 신기술을 적시에 감지하는 것도 쉽지 않으며 전체적인 기술의 최신 landscaping을 분석해 더 경쟁력 있는 기술을 확보하기 위한 전략을 수립하는 것에도 한계가 있다.

이러한 문제에 직면하게 되면서 이제 기업들은 기존의 한계를 벗어나 새로운 기술 환경에 적합한 분석 방법과 전략 수립 방법을 필요로 하게 되었다.

Big Data 분석 기반의 기술전략 수립

기업은 R&D와 기술 개발 활동을 하면서 그 결과물로 특허를 출원한다. 특허는 독창적인 아이디어의 소유에 대한 법적 권리를 보호해 주는 장치로서 수많은 혁신적 아이디어가 특허로 발표되고 있다. 2020년 한 해에만 공개된 전 세계 특허 수는 약 300만 건으로, 전 산업에 걸쳐 기술 혁신이 얼마나 치열하게 진행되고 있는지를 보여준다. 공개되는 특허의 내용을 기반으로 Big Data 분석을 하면 최신 기술발전 추이, 기술 경쟁관계의 변화, 잠재적 기술 동향 등 다양한 시사점을 매우 구체적으로 인지할 수 있다. 그리고 새로운 기술이 대중에 알려지기 전에 신기술 출현의 잠재 가능성을 인지할 수 있고, 구체적으로 어떤 기술이 누구에 의해서 어느 국가 시장으로 진출하기 위해 현재 개발되고 있는지 등도 감지할 수 있다.

본서는 KAIST 기술경영전문대학원 재학생들이 특허 데이터 기반의 기술분석과 기술전략 수립방법을 배우고 실제 업무에 적용한 과제를 정리한 것이다. 대부분 학생들은 현재 혹은 이전에 다닌 대기업, 중견기업, 정부출연연구소에서 기술 기획, 기술전략 및 R&D 전략 등의 업무를 다년간 수행해 왔으며, 실무 지식과 경험을 토대로 Big Data 기반 분석을 통해 체계적이고 전략적인 기술기획안을 수립했다.

이 책의 구성

본서는 아래 최신 기술 10개 분야에 대하여 특허 데이터를 분석하여 전략적 시사점을 도출하였다. 먼저 해당 기술에 대한 기술 Taxonomy를 정의하였으며, 이를 기반으로 전 세계 특허를 추출하여 체계적인 분석을 진행하였다. Taxonomy 기반으로 기술발전 추이가 어떠하며 국가 간 기술력 비교에서 한국의 위상이 어떠한지도 분석하였다. 그리고 해당 기술 분야에서 주요 기업들의 특허 성과를 분석하고 기술 경쟁의 구도도 파악해 보았다. 마지막으로 여러 특허 분석 과정을 통해 도출된 시사점을 종합적으로 정리하여 향후 기술 발전 방향이나 한국이 고려하여야 할 사항을 정리하였다.

1. 우주 발사체 기술
2. 뉴 스페이스 시대, 위성통신 기술의 재조명
3. 환경보호의 필수 기술, 친환경 플라스틱
4. 대체육 기술의 출현
5. 전기 자동차의 도약과 배터리 기술전략
6. 항공기 전기화 기술 동향과 특허 분석 기반 시사점 도출
7. 미세 유체기술의 출현
8. 수술 로봇 기술 혁신 패턴의 변화
9. 기술 수용 주기로 본 AR 산업 동향
10. SWOT 분석을 통한 ASML사의 기술 혁신 역량 분석

대표 저자의 역할

KAIST 기술경영전문대학원의 '데이터 기반 기술전략 개발' 과정은 이론과 실무 지식, 그리고 Big Data 분석을 기반으로 기술전략을 수립하는 것이다. 본

과정의 전략적 중요성을 고려하여 다수의 교수들도 참여하였다.

김원준 교수는 KAIST 기술경영전문대학원 원장으로 본 과정을 처음으로 디자인하였고, 학생들이 실무에서 좀더 체계적이고 포괄적으로 기술전략을 수립할 수 있는 새로운 approach의 중요성을 강조하였다. 또한 급변하는 최신 기술 환경에는 기존 방법론이 한계가 있음을 지적하고 이를 개선하기 위한 새로운 기술 분석의 필요성과 전략 수립 Framework를 제시하였다.

김진우 교수는 산업 현장의 다양한 기술 분석 형태와 전략 수립에 대해 실무 경험을 바탕으로 강의하면서 학생들에게 특허 데이터의 분석 기법과 결과에서 시사점을 도출하는 방법을 설명하였다. 동시에 기술전략, 개방형 혁신, 서비스 혁신, 디지털 트랜스포메이션 등의 주제에 대해 최신 SCI급 논문을 학생들이 읽고 발표하는 과정에서 기업 현장의 실무 사례를 같이 설명하여 학생들이 최신 framework와 현장의 실무에 대한 균형적 감각을 유지할 수 있도록 하였다.

김의석 교수는 과목 전반에 걸쳐 기술 혁신의 다양한 이론과 사례들을 강의하면서 기술전략 수립의 과정이 체계적이고 논리적으로 진행될 수 있도록 하였다. 또한 개별 산업의 기술전략이 고려해야 하는 핵심을 짚어주면서 주변 상황 변화에 유연성을 가지고 대처할 수 있도록 지식과 경험을 전달하였으며, 기술적 방향을 설정할 때 어떤 요소가 중요하며 왜 그러한지 등을 자세히 강의하였다.

이 과목은 철저한 이론 교육과 최신 논문을 기반으로 한 토론, 그리고 특허 데이터를 실제 분석해 보면서 학생들 스스로 과제를 수행해 최종 결과물까지 발표하는 과중한 형태로 진행되었다.

특허 분석 솔루션 : 드웬트 이노베이션(Derwent Innovation)

본 과제의 특허 분석은 클래리베이트(Clarivate)사의 드웬트 이노베이션(Derwent Innovation) 특허 분석 솔루션을 사용하였다. 이 솔루션은 특별히 제작된 DWPI · DPCI 특허 DB를 사용하며, 미국 · 중국 · 일본 · 유럽 · 한국(IP5) 등 전 세계 특허청 심사관들과 해외 글로벌 기업들이 사용하고 있다. 학생들은 고급 특허 분석 솔루션으로 과제를 수행하면서 고품질의 특허 DB와 분석 기능을 직접 경험할 수 있었다.

학생들은 각자의 직장 및 연구소에서 바쁜 업무를 수행하면서 동시에 본 과제를 수행하였다. 한 사람의 낙오도 없이 성공적으로 과제를 마쳤으며 학생들의 결과물이 제시하는 분석이나 시사점은 실무에 활용하여도 전혀 손색이 없을 정도이다. 어렵고 힘든 과정이지만 불평 없이 모두가 과정을 잘 마쳐준 것에 대해서 감사의 마음을 전한다.

대표저자들 또한 학생들에게 많은 지식과 경험을 전달하면서 과제 선정부터 중간 · 최종 발표까지 전체 분석 과정을 함께하였다. 과제를 수행하면서 학생들이 직면하는 문제와 의문점에 대해 아낌없는 조언을 해주었으며 항상 새로운 관점을 가지고 문제를 볼 수 있도록 학생들을 격려해 주었다. 열정을 가지고 학생들을 지도해 준 대표저자분들에게도 감사드린다.

그리고 학생들이 고급 특허 분석 솔루션을 사용할 수 있도록 물심양면으로 지원해 준 한국 클래리베이트의 송민진 본부장과 권순우 과장에게 감사의 마음을 전한다.

마지막으로 이 책이 잘 출판될 수 있도록 많은 조언과 지원을 아끼지 않은 율곡출판사 여러분께도 감사의 말씀을 전한다.

2022년 6월

김원준

| 차례 |

1 장

우주 발사체 기술

—우주 시장 진출의 핵심, 글로벌 우주 발사체 기술

박주원(대한항공)

1. 우주 발사체 시장의 성장
2. 우주 발사체 기술이란?
3. 우주 발사체 기술 특허 분석
4. 분석 결과의 시사점

출처 : pxhere.com

정부 주도에서 민간 주도로 전환되고 있는 글로벌 우주 산업,

어떤 기술이 부각되고 있고, 한국의 기술 경쟁력은 어디인가

1. 우주 발사체 시장의 성장

푸른 하늘과 하얀 구름, 밤하늘의 반짝이는 별, 이것들 너머에는 무엇이 있을까? 이는 누구나 한 번쯤은 생각해 봤을 질문이다. 이처럼 우주는 늘 우리 인간에게 미지의 세계이자 지적 호기심의 대상이다.

이러한 호기심에 대한 과학적이고 체계적인 접근은 제2차 세계대전 이후 미국과 소련이 냉전 중이었던 1950년대부터 시작되었는데, 두 나라는 장거리 군용 미사일을 위성 발사체, 유인 우주 비행체 등으로 사용하며 치열한 우주 개발 경쟁을 시작하였다. 냉전 이후에는 인공위성을 이용한 통신위성의 상업화가 진행되면서 미국뿐만 아니라 유럽국, 인도, 중국, 일본 등 다양한 국가도 우주 개발에 뛰어들기 시작하였다.

우주 개발에 참여한 많은 국가들의 공통점은 [그림 1-1]에서 보는 바와 같이 대부분 국책 연구소를 중심으로 기술 개발을 시작하였다는 것이다. 그 이유는 우주 관련 기술 확보에는 오랜 시간과 많은 비용이 들어 기술이 없는 개인

[그림 1-1] 전 세계 국가별 항공우주 연구기관

출처 : ResearchGate, "Approaches to Optimize Deep Space Telecommunications Networks to Support a NewSpace Paradigm", 2018.

이나 민간 기업이 뛰어들기에는 기술 확보가 매우 어려워 국가 주도의 기술 개발이 아니면 시장 진입이 불가능하기 때문이다. 2000년대부터 우주 개발에 소요되는 비용을 줄이기 위해 미국은 '민간 우주 사업 추진' 정책을 시작하였고(〈표 1-1〉), 점차 다른 나라들도 우주 기술을 민간에 공유하기 시작하였다.

〈표 1-1〉 미국 정부의 민간 우주 관련 정책

연도	정책	주요 내용
2003	민간 우주 사업 추진 정책 (U.S. Commercial Remote Sensing Space Policy)	민간 기관의 무인 우주선 발사체 허가
2013	국가 우주 교통 정책 (National Space Transportation Policy)	공공 및 민간 우주선 교통 시스템 구축
2016	NOAA 민간 우주 정책 (NOAA Commercial Space Policy)	우주 활동에 요구되는 지정학적 자료를 민간 기관과 공유

출처 : KOTRA.

이러한 흐름은 현재 세계적인 추세가 되었고, 이를 통해 우주 개발을 정부가 아닌 민간이 주도하는 New Space 시대가 도래하게 되었다. 이를 반증하듯 2021년은 과거 어느 때보다 국내외적으로 민간 기업의 우주 관련 이슈가 많았다. 발사체 재사용으로 유명한 민간 우주 기업을 대표하는 미국의 스페이스X는 2021년 한 해 31번의 로켓 발사를 완료하며 2020년 최고 기록인 26번을 넘어섰다. 특히 31번의 로켓 발사 중 29번이 모두 재사용 로켓으로 진행되며 로켓 1개당 10회 재사용이란 목표를 이루었고, 같은 해에만 모두 989개의 Starlink 초소형 통신위성을 우주에 보냈다. 또한 미국의 버진 갤럭틱은 인류 최초의 민간 우주여행을 성공적으로 마치며 새로운 우주 산업 시대를 열었다. 우리나라도 이러한 추세에 뒤쳐지지 않기 위해 2021년 5월 달 유인 기지 건설

프로젝트인 아르테미스 프로젝트(Artemis Program)1에 참여하였고, 같은 해 10월 누리호를 발사하며 민간 우주 시대를 향한 국가적 노력을 다하고 있다.

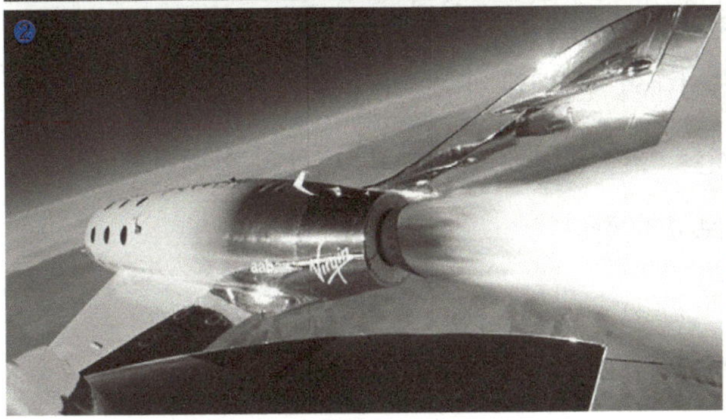

▲ 2021년 국내외 주요 우주 산업

❶ 스페이스 X의 Falcon 로켓(출처 : SpaceX, aa.com.tr, Elon Musk's SpaceX launches fresh crew to International Space Station)

❷ 버진 갤럭틱의 우주비행선(출처 : Virgin Galatic, www.mnfieldtriplibrary.org/space-for-humanity-win-a-dream-trip-into-space/)

❸ 우주 발사체에 실린 60대의 초소형 위성(출처 : Starlink 프로젝트, www.motorgraph.com/news/articleView.html?idxno=22445)

❹ 한국형 발사체 누리호(출처 : 서울신문, www.seoul.co.kr/news/newsView.php?id=20211022001003)

---

1. 아르테미스 계획(Artemis Program)은 2017년 시작된 NASA, 유럽 우주국, JAXA, 대한민국 과학기술정보통신부, 호주, 캐나다, 이탈리아, 룩셈부르크, 영국, 아랍 에미리트, 우크라이나, 뉴질랜드 등이 참여하는 유인 우주 탐사 계획이다(출처 : 위키백과).

이러한 New Space 시대가 의미하는 것은 단순히 기술이 정부에서 민간으로 이전되었다는 것뿐만 아니라 우주 개발이 상업적인 가치, 즉 돈이 된다는 의미이기도 하다. 실제로 스페이스 X는 현재 국제 우주정거장(International Space Station ; ISS)[2]으로 화물을 운송해 주거나 위성을 우주로 올려주는 사업을 하고 있는데, 미국의 시장조사 업체인 트레피스(Trefis)에 따르면 스페이스 X는 로켓 발사당 6,000~1억 5,000만 달러의 매출을 올린다고 한다. 이러한 New Space 시대에 우주 사업을 하기 위해서는 무엇보다 우주로 나갈 수단이 있어야 할 것이다. 다시 말해, 우주 사업을 위해 기본적으로 발사체가 필요하다는 것이며, 최근에는 우주 수송 비용을 낮추기 위해 전 세계 많은 나라와 기업들이 소형 우주 발사체 개발에 직접 뛰어들고 있다.

본 장에서는 이러한 시대의 전 세계 우주 발사체 기술 동향을 파악하기 위해 우주 발사체 관련 기술 특허 분석을 실시하고, 더불어 한국의 기술 수준은 지금 어디쯤인지 살펴보고자 한다.

2. 우주 발사체 기술이란?

우주 발사체란, "A launch vehicle or carrier rocket is a rocket-propelled vehicle used to carry a payload from Earth's surface to space, usually to Earth orbit or beyond(탑재물을 지구 표면으로부터 우주 공간으로 옮기는 데 사용되는 로켓 추진체)"로 정의된다. 여기서 알 수 있는 것은 우주 발사체는 기본적으로 로켓 추진체라는 것이다. 그리고 로켓 추진체는 추진제(연료와 산화제)를 점화시켜 발생하는 고온 · 고압의 가스를 노즐을 통해 배출하여 추진력을 얻는 장치를

2. 국제우주정거장(International Space Station)은 러시아와 미국을 비롯한 세계 각국이 참여하여 1998년에 건설이 시작된, 연구시설을 갖춘 다국적 우주정거장이다(출처 : 위키백과).

말한다. 이러한 발사체의 구성을 살펴보면 [그림 1-2]에서 보는 바와 같이 단으로 구분되어 구성되는데, 한국형 발사체인 누리호의 경우는 총 3단으로 구성되어 있다. 각 단은 크게 엔진과 추진제(연료&산화제) 탱크로 구성되는데, 발사체의 최상단에는 인공위성, 우주비행선, 우주망원경, 행성탐사로봇과 같이 우주로 보내고자 하는 대상(탑재물)이 추가로 포함된다. 여기서 우주 발사체라 함은 이러한 탑재물을 제외한 모든 부분을 칭한다.

[그림 1-2] 한국형 우주 발사체 누리호

누리호 제원 및 특징

길이 · 중량	47.2m/200톤, 연료(56.5톤), 산화제(126톤)
탑재중량	1,500kg
투입궤도	600~800km
최대직경	3.5m
단 구성	- 1단 : 75톤급 액체엔진 4기 - 2단 : 75톤급 액체엔진 1기 - 3단 : 7톤 액체엔진 1기

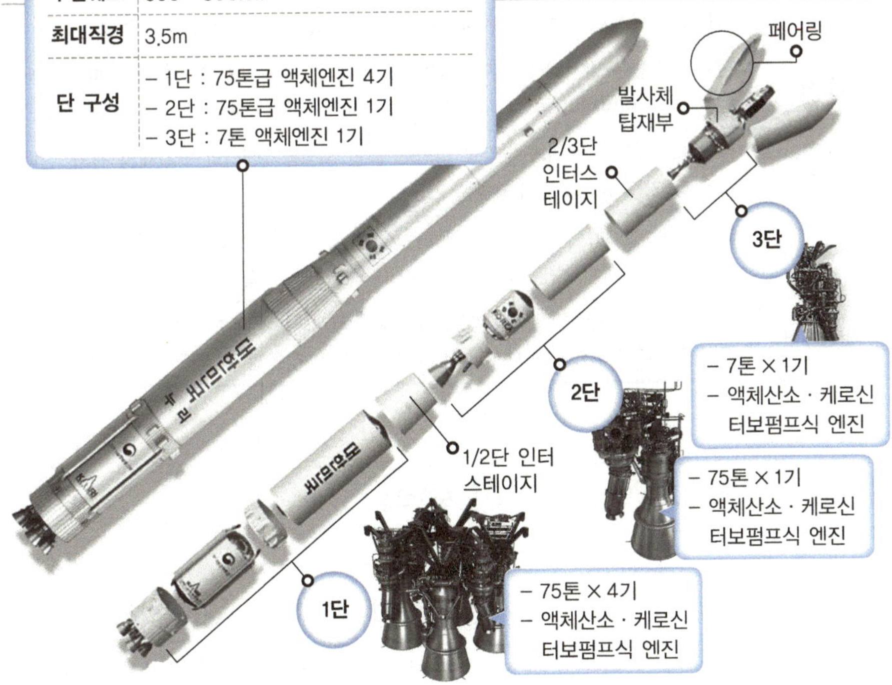

출처 : 전자신문.

이러한 우주 발사체 기술의 특허 검색을 위해 발사체의 하위 시스템(Subsystem)을 분류한 후 그와 관련된 기술을 추가로 분류하였다. 하위 시스템과 기술에 대한 분류와 간략한 설명은 〈표 1-2〉와 같다.

〈표 1-2〉 우주 발사체 기술 분류

하위 시스템	기술 설명
구조	구조 설계는 발사체가 비행하는 동안 외부로부터 받는 하중을 계산하고 이를 견딜 수 있도록 구조체를 설계하는 기술로, 발사체의 구조물뿐만 아니라 탄소·유리복합소재(CFRP·GFRP)와 같은 소재 기술도 포함
추진	추진 시스템은 자동차의 엔진과 같은 역할로 공급받은 추진제를 점화시켜 발사체의 추진력을 발생시키고, 요구되는 추진력을 지속할 수 있도록 제어하는 기술
연료	연료 시스템은 발사체에 탑재된 연료와 산화제 등을 점검·관리하고, 필요한 만큼의 연료와 산화제를 추진 시스템으로 공급하는 기술
전원	전원 시스템은 발사체에 전기를 공급하는 시스템으로 탑재된 배터리 등을 통해 전기를 발생시키고, 정해진 절차에 따라 전력을 공급·점검·관리하는 기술
전자	전자 시스템은 발사체에 탑재된 장비, 시스템 간 주고받는 신호를 관리하고 통제하여 추진, 비행제어 등 각 시스템이 제 기능(임무)을 수행할 수 있게 하는 기술
통신	통신 시스템은 발사체가 우주로 나가는 동안 지상통제센터와 발사체의 위치, 상태 정보 등 각종 데이터를 주고받는 기술
비행제어	비행제어 시스템은 발사체가 비행하는 동안 설계된 프로그램에 따라 자동으로 발사체의 자세, 위치, 방향, 속도 등을 측정·제어하는 기술
환경제어	환경제어 시스템은 발사체의 비행 과정에서 겪게되는 급격한 온도 변화와 우주 방사선 등으로부터 발사체 내부 장비가 정상적으로 작동할 수 있도록 보호하는 기술

3. 우주 발사체 기술 특허 분석

특허 검색은 〈표 1-2〉에 따라 분류된 기술별로 keyword를 도출하여 실시하였다. 특허 분석의 도구로는 영국의 데이터 분석 전문 업체인 Clarivate사의 Derwent Innovation을 사용하였고, 특허 데이터와 특허 인용 데이터는

Derwent Innovation에서 전 세계 특허 데이터를 가공하여 제공하는 Derwent World Patents Index(DWPI)와 Derwent Patent Citation Index(DPCI)를 각각 사용하였다.

또한 특허 분석은 전 세계 우주 발사체 기술 동향을 파악하기 위한 '기술별 특허 분석'과 선진국들의 우주 발사체 분야 기술 동향 파악을 위한 '국가별 특허 분석'으로 각각 나누어 진행하였고, 각 분석에 사용한 데이터는 특허 출원(Patent) 수와 발명(DWPI Family) 수를 구분하여 적용하였다. 그 이유는 1개의 기술 발명이 여러 국가에 다수의 특허로 중복 출원될 수 있기 때문에 출원 수만으로는 실질적인 기술의 동향이나 어느 한 국가의 역량을 파악하기 어렵기 때문이다.

3.1 기술별 특허 분석

전 세계 우주 발사체 기술 동향을 파악하기 위해 먼저 기술별 전체 특허 출원 수와 발명 수를 조사하였고, 최근의 기술 동향을 좀 더 세부적으로 살펴보기 위해 2011년부터 2020년까지 10년간의 데이터를 추가로 조사하였다. 그 결과는 다음과 같다('-' 표시는 해당 연도에서 검색되는 특허 출원 데이터가 없음을 의미).

〈표 1-3〉 기술별 전 세계 특허 검색 결과

구분	구조	추진	연료	전원	전자	통신	비행제어	환경제어
특허 출원 (Patent)	28,736	14,770	16,293	7,374	24,346	12,515	18,430	21,708
특허 발명 (DWPI)	10,795	5,866	5,566	3,073	8,923	4,433	6,977	8,180

출처 : Clarivate's Derwent Innovation, DWPI/DPCI database.

〈표 1-4〉 최근 10년간 기술별 특허 검색 결과(2011~2020년, 10년간 특허 수)

출원 연도	구조	추진	연료	전원	전자	통신	비행 제어	환경 제어
2011	298	–	–	–	–	–	–	–
2012	343	193	224	–	318	188	242	272
2013	438	249	221	115	359	183	274	310
2014	512	257	254	157	430	203	270	417
2015	557	312	245	186	436	201	338	414
2016	614	296	277	210	476	238	400	396
2017	762	350	295	224	529	277	464	484
2018	775	337	295	231	595	311	481	542
2019	926	431	390	281	654	355	589	627
2020	1,091	494	430	309	758	433	726	750
합계	6,316	2,919	2,631	1,713	4,555	2,389	3,784	4,212
최근 3년 성장률	44.21%	43.23%	42.38%	47.93%	44.06%	46.00%	47.46%	45.56%

위 결과를 분석하기 위해 [그림 1-3]과 같이 그래프로 표현하여 살펴보면 전 세계 발사체 관련 특허는 구조 분야가 가장 많았고 그 다음으로 전자 분야가 많음을 확인할 수 있다. 또한 최근 3년간 세계에서 출원된 특허 양의 추세를 살펴보면 모든 분야에서 40% 이상의 높은 성장률을 보이고 있고, 특히 전원 분야와 비행제어 분야의 기술 혁신이 상대적으로 빠르게 진행되고 있음을 보여주고 있다. 최근에 상대적으로 많은 특허가 출원되고 있는 것을 보면 전 세계 많은 기관들이 우주 발사체에 대한 기술 혁신 경쟁에 뛰어들고 있음을 알 수 있다.

여기서 주목할 부분은 최근 3년간 특허 수 증가로 인해 과거 발사체의 구조, 전자 분야의 기술 개발보다 최근 전원, 비행제어, 통신 분야의 기술 개발의

[그림 1-3] 기술별 전체 특허 수와 최근 3년간 증가율

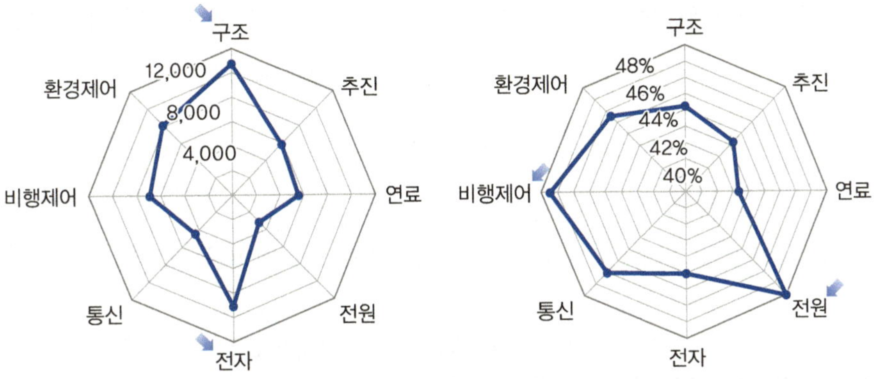

(a) 하위 기술별 특허 출원 수 (b) 하위 기술별 특허 출원 증가 비율

주 : 최근 3년간 증가율 = 최근 3년간(2018~2020년) 출원된 특허 수 ÷ 지난 10년간 출원된 총 특허 수(2011~2020년)의 비율. 최근에 얼마나 많은 특허가 출원되었는지 분석.

[그림 1-4] 전 세계 특허 비중 변화

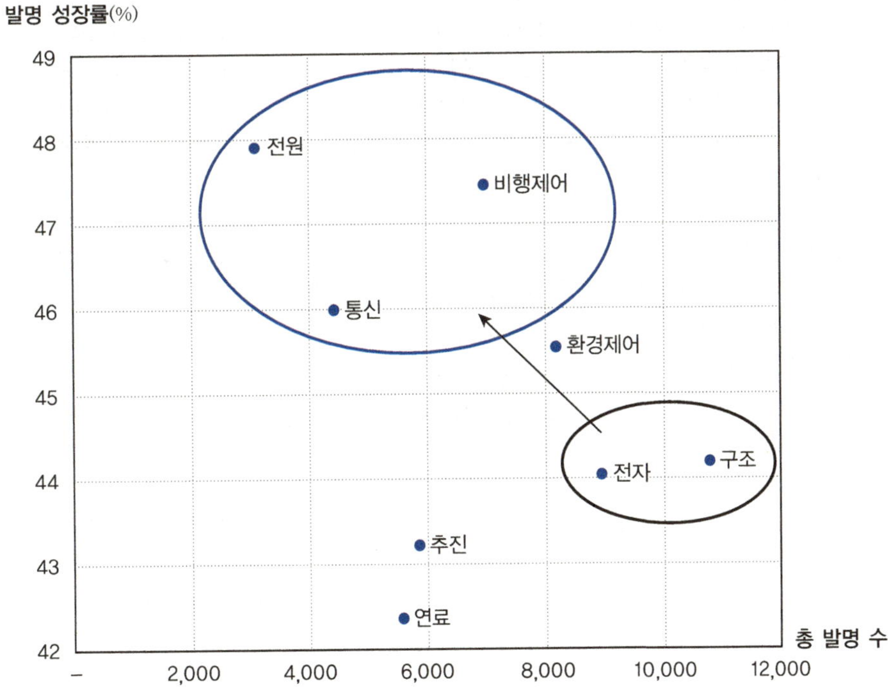

비중이 높아지고 있다는 것이다([그림 1-4]). 즉, 발사체 개발 초기에는 구조와 전자, 추진, 연료와 같은 로켓 추진체의 기본 기능과 관련된 기술이 많이 개발되었다면, 이제는 우주 발사체를 하나의 운송 수단으로 이용하기 위한 제어, 통신기술 등이 많이 개발되고 있다는 것이다.

최근 들어 활발히 개발되고 있는 우주 발사체의 통신, 비행제어, 전원 분야의 기술이 어떤 부분인지 확인해보면 〈표 1-5〉에 정리한 것처럼 통신기술

〈표 1-5〉 통신 · 비행제어 · 전원 분야 세부 내용

통신 분야	비행제어 분야	전원 분야
▪ SPACECRAFT, SATELLITE, ORBIT, ROCKET, LAUNCH VEHICLE, ATTITUDE CONTROL, PROPELLANT	▪ SPACECRAFT, SATELLITE, ORBIT, ROCKET, LAUNCH VEHICLE, ATTITUDE CONTROL, PROPELLANT	▪ SPACECRAFT, SATELLITE, ORBIT, ROCKET, LAUNCH VEHICLE, ATTITUDE CONTROL, PROPELLANT
▪ ANTENNA, MILLIMETER WAVE, RADIATING, RADAR, RADIO FREQUENCY, WIRELESS COMMUNICATION, MOBILE TERMINAL	▪ COMPUTING, TRANSITORY, TOUCH, INFORMATION PROCESSING, USER, VIRTUAL, MANAGEMENT	▪ SECONDARY BATTERY, ELECTROLYTE, NEGATIVE ELECTRODE, FUEL CELL, NONAQUEOUS, CURRENT COLLECTOR, CATHODE ACTIVE
▪ WIRELESS COMMUNICATION, CHANNEL STATE INFORMATION, USER EQUIPMENT, BEAMFORMING, UPLINK, RADIO FREQUENCY, TRANSMITTING	▪ AUTONOMOUS VEHICLE, PARKING	▪ CHARGING, WIRELESS POWER, BATTERY, PACK, DIRECT CURRENT, VOLTAGE, RECHARGEABLE
▪ LIDAR, RADAR, LIGHT DETECTION AND RANGING, DISTANCE MEASURING, OBJECT, TRACKING, SATELLITE	▪ AUTONOMOUS VEHICLE, ROUTE, NAVIGATION, MAP, GYROSCOPE, NAVIGATIONAL, ROAD	▪ SEMICONDUCTOR, LAYER, SUBSTRATE, OLED, GATE, SOURCE DRAIN, LIGHT EMITTING
▪ COMPUTING, TRANSITORY, TOUCH, INFORMATION PROCESSING, USER, VIRTUAL, MANAGEMENT	▪ LIDAR, RADAR, LIGHT DETECTION AND RANGING, DISTANCE MEASURING, OBJECT, TRACKING, SATELLITE	▪ COMPUTING, TRANSITORY, TOUCH, INFORMATION PROCESSING, USER, VIRTUAL, MANAGEMENT

출처 : Clarivate's Derwent Innovation, DWPI/DPCI database.

분야는 안테나, 무선통신 등이 주를 이루고 비행제어 분야는 정보처리, 자율 비행체, 항법 등이며, 전원기술 분야는 2차 전지, 연료 전지, 무선 전력, 배터리 등과 같은 기술들로 최근 자율 주행 자동차, 무인 드론 등과 같이 다른 산업에서도 화제가 되고 있는 기술이다. 이와 같은 분석을 통해 타 산업에서 발명된 기술들이 우주 분야로도 확대 적용되고 있음을 알 수 있다.

3.2 국가별 특허 분석

전 세계 국가별 특허 동향을 분석하기 위해 우주 발사체 전 기술 분야에서 특허 보유 상위 5개국을 선정하였다([그림 1-5]). 특허 검색 결과 상위 5개국은 아래 그림과 같이 미국, 중국, 러시아, 일본, 독일로 나타났다. 본 장에서는 우리나라의 현황도 살펴보기 위해 한국을 추가하여 분석을 진행하였다.

[그림 1-5] 전 세계 특허 보유 현황

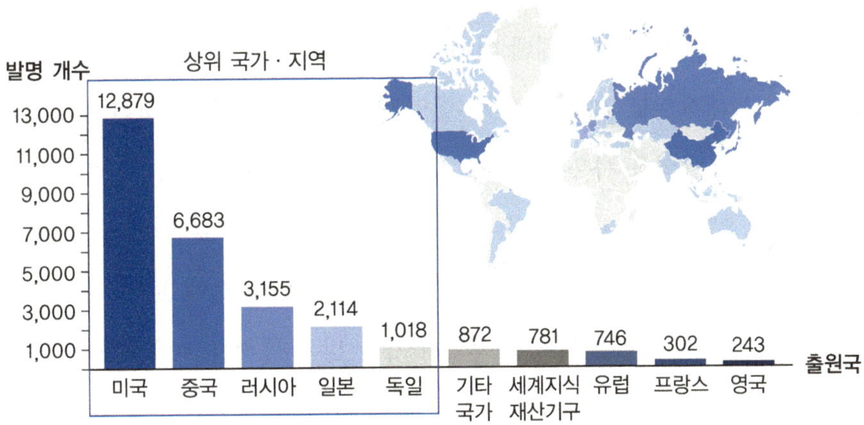

출처 : Clarivate's Derwent Innovation, DWPI/DPCI database.

3.2.1 국가별 특허 출원 수(volume) 분석

먼저 선정한 6개국이 보유한 우주 발사체 특허 수를 정리하면 다음의 〈표 1-6〉과 같다.

〈표 1-6〉 국가별 특허 보유 현황

국가	구조	추진	연료	전원	전자	통신	비행제어	환경제어	합계
미국	3,790	2,124	2,203	908	3,571	2,357	3,151	3,213	21,317
중국	3,128	920	845	746	1,508	674	1,458	1,732	11,011
러시아	817	1,305	564	500	926	447	831	764	6,154
일본	1,177	427	762	520	1,198	415	380	1,058	5,937
독일	685	268	312	129	526	104	345	467	2,836
한국	138	56	177	42	150	33	74	95	765

위 결과를 살펴보면 특허 발명 수에서 미국, 중국, 러시아, 일본, 독일, 한국 순으로 많았는데, 미국 특허 수가 비교 국가들에 비해 절대적으로 많았음을 알 수 있다. 반면 냉전 시대에 미국과 경쟁적으로 우주 개발을 한 러시아의 특허 수는 상대적으로 적음을 알 수 있었는데, 이는 공산주의 국가에서 개인이나 기업들이 발명을 사유 재산으로 인정해 주지 않고 국가가 그 권리를 갖는 분위기로 인해 특허 제도를 적극 활용하지 않은 것으로 보인다.

각국이 보유한 특허를 [그림 1-6]과 같이 정리해 분석해 보면 미국은 추진 분야를 제외하고 모든 기술 분야에서 가장 많은 특허를 보유하고 있어 우주 산업 선진국의 면모를 보여주고 있다. 중국과 독일은 구조 기술 분야에, 러시아는 추진 기술 분야, 일본은 전자 기술, 그리고 한국은 연료 기술 분야에서 상대적으로 많은 특허를 보유하고 있음을 확인할 수 있었다.

[그림 1-6] 국가별 특허 보유 포트폴리오 비교

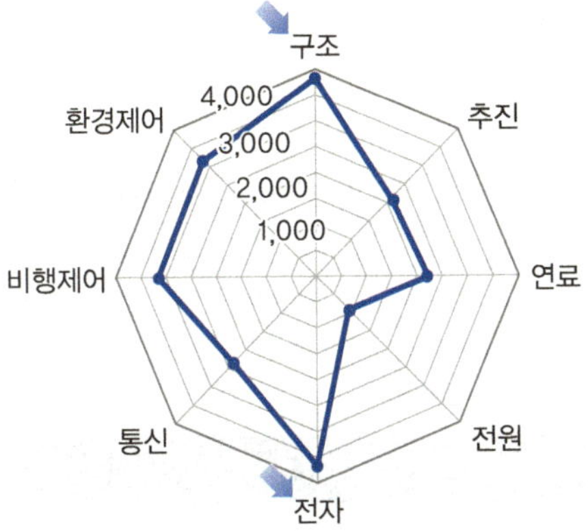

(a) 특허 발명 수(미국)

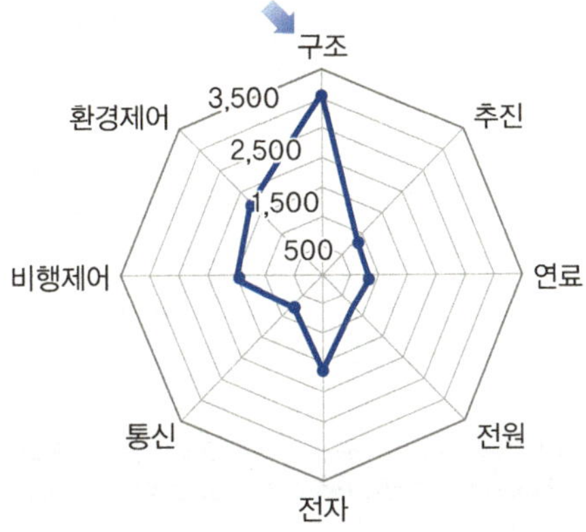

(b) 특허 발명 수(중국)

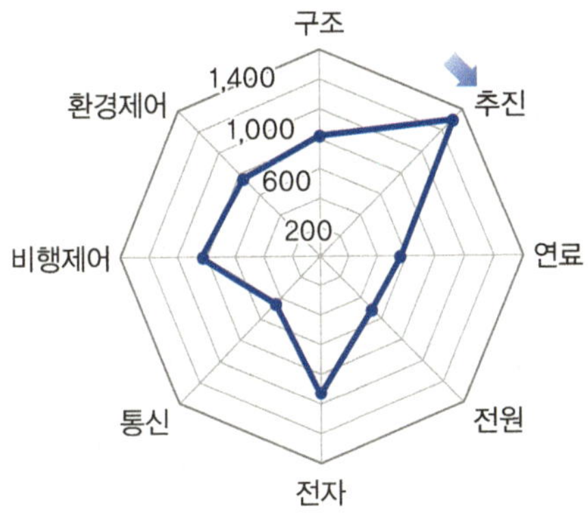

(c) 특허 발명 수(러시아)

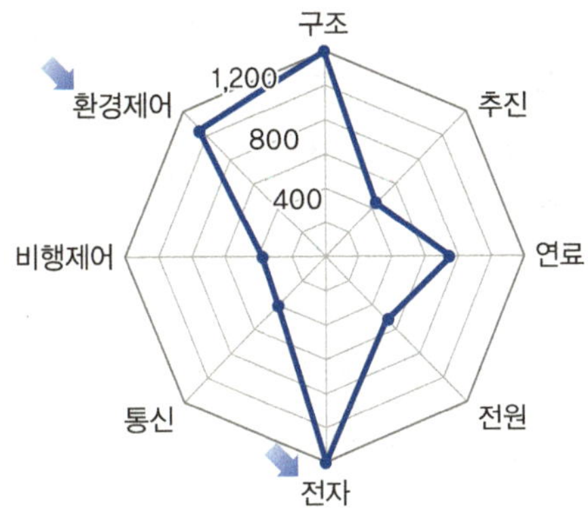

(d) 특허 발명 수(일본)

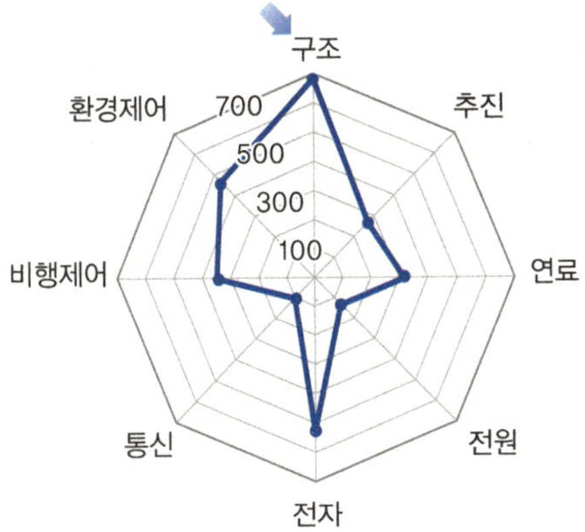

(e) 특허 발명 수(독일)

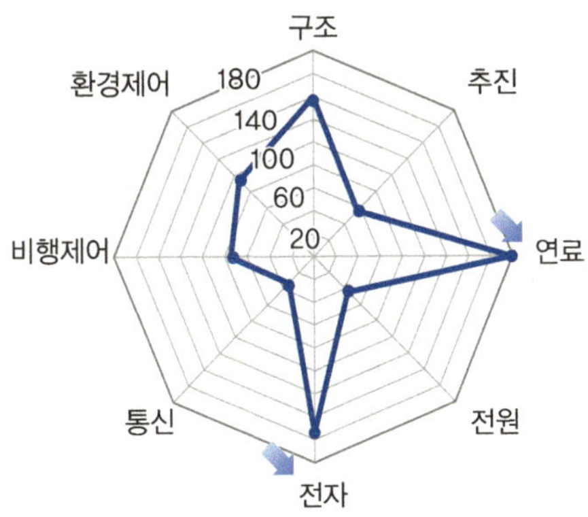

(f) 특허 발명 수(한국)

3.2.2 국가별 특허 인용 영향력 분석

한편 국가별로 보유한 특허의 질적 성과 비교를 위해 특허의 전방 인용(Forward Citation) 수를 조사하여, 특허 인용 영향력(Patent Citation Impact)[3]을 분석한 결과는 다음과 같다.

〈표 1-7〉 국가별 특허 인용 영향력

국가	구조	추진	연료	전원	전자	통신	비행제어	환경제어	평균
미국	8.8	9.3	9.4	10.2	10.1	8.3	8.2	8.7	9.0
중국	1.0	1.2	1.3	0.9	1.1	1.2	1.0	1.2	1.1
러시아	1.4	1.5	1.6	1.5	1.5	1.8	1.5	1.6	1.5
일본	3.0	3.1	3.3	1.6	1.7	2.4	3.3	3.5	2.7
독일	3.5	3.4	4.0	1.7	1.2	4.4	3.9	3.7	3.2
한국	1.9	0.9	2.8	0.4	0.2	2.2	1.6	2.8	1.7

위 〈표 1-7〉의 결과에서 살펴본 바와 같이 특허 인용 영향력은 미국, 독일, 일본, 한국, 러시아, 중국 순으로 높게 나타나고 있다. 미국의 특허 인용 영향력이 압도적으로 높으며 미국은 특허의 수뿐만 아니라 기술력 또한 상대국가들에 비해 매우 앞서가고 있음을 알 수 있다. 여기서 주목할 만한 부분은 특허 수가 중국이나 러시아에 비해 월등히 적은 독일과 한국이 특허 영향력 면에서는 이들 국가를 앞선다는 것이다. 하지만 한국은 전반적인 기술 분야에서 미국, 독일, 일본 등과 적지 않은 기술 격차가 있음을 보여주고 있다. 국가별로 어떤 기술 분야에 높은 인용 영향력을 보유하고 있는지 세부적으로 살펴보면 [그림 1-7]과 같다.

3. 특허 인용 영향력 = 특허가 받은 인용 수 총합 ÷ 전체 특허 수

[그림 1-7] 국가별 특허 인용 영향력 세부 현황

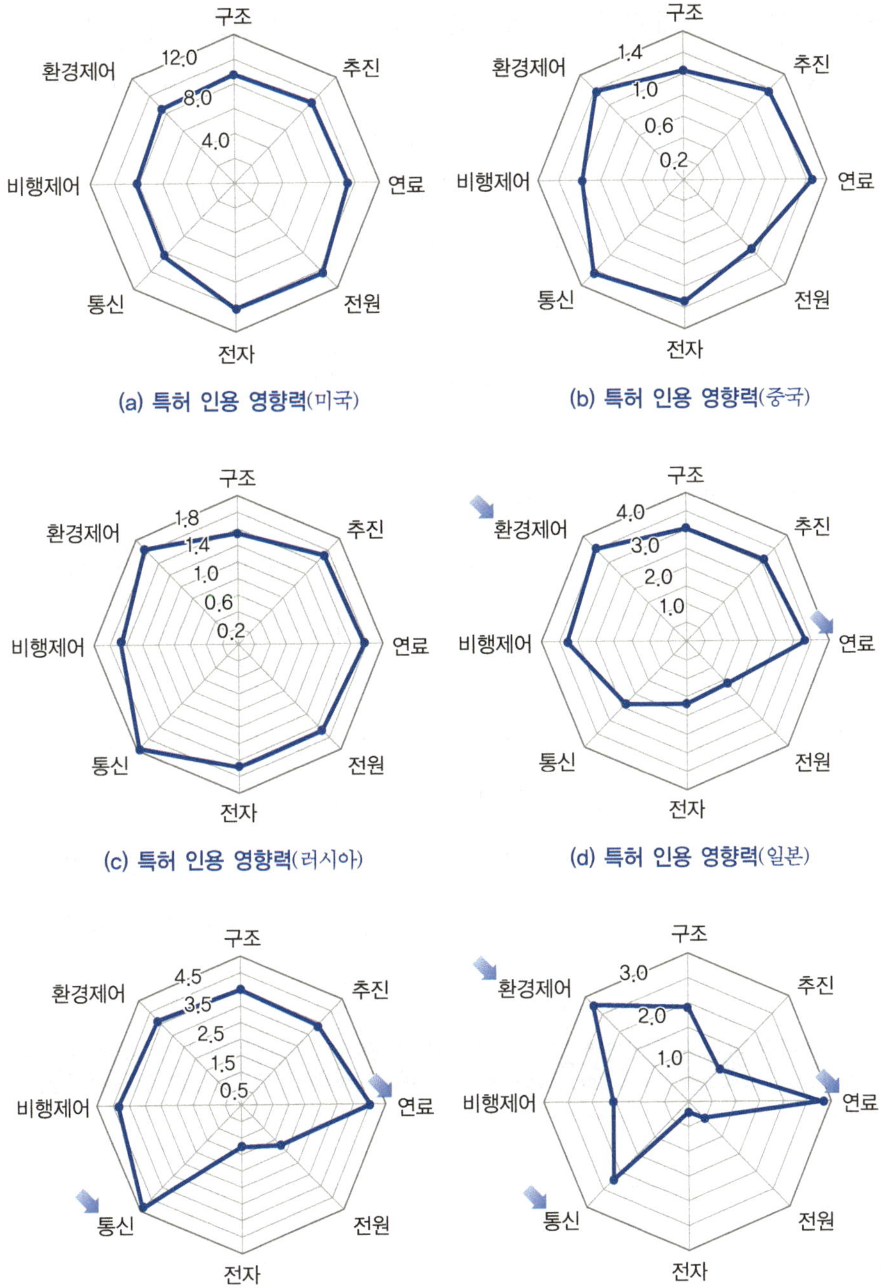

(a) 특허 인용 영향력(미국)

(b) 특허 인용 영향력(중국)

(c) 특허 인용 영향력(러시아)

(d) 특허 인용 영향력(일본)

(e) 특허 인용 영향력(독일)

(f) 특허 인용 영향력(한국)

위 결과를 보면 미국은 전반적인 기술 분야에서 압도적인 특허 인용 영향력을 보여주고 있어 우주 발사체 모든 분야에서 강한 면을 가지고 있음을 알 수 있다. 이에 반해 중국과 러시아는 전체적으로 낮은 특허 영향력을 보이고 있다. 한국은 연료, 환경제어, 통신기술 분야에서 다른 기술에 비해 상대적으로 높은 영향력을 보이고 있지만, 일본과 독일의 수치가 비슷하여 기술 경쟁이 예상된다.

3.2.3 국가별 해외 특허 출원 비율 분석

한편 국가별 우주 발사체 기술이 해외 시장 진출에 얼마나 적극적인지를 확인해 보면 〈표 1-8〉과 같다. 해외 출원 비율은 기술 발명 하나가 평균적으로 몇 개의 해외 국가에 특허로 출원되었는지 데이터를 분석하는 것으로 특정 국가에서 기술 아이디어의 법적인 권리를 보호받기 위해서는 해당 국가 특허청에 특허 출원해야 한다. 예를 들어 〈표 1-8〉에 의하면 미국의 우주 발사체 기술 발명은 평균 24.7개국에 출원되어 있는 반면에 중국은 2.8개국에 불과하다. 전반적으로 미국, 독일, 일본이 해외 시장 진출에 적극적으로 준비하고 있음을 알 수 있는데, 독일이 근소하지만 미국을 제치고 가장 높은 해외 특허

〈표 1-8〉 국가별 특허 해외 출원 비율

국가	구조	추진	연료	전원	전자	통신	비행제어	환경제어	평균
미국	24.3	25.0	24.5	30.1	24.6	25.5	24.1	23.7	24.7
중국	2.2	4.3	2.7	2.1	2.8	6.3	2.6	2.6	2.8
러시아	3.5	3.4	2.5	3.0	2.8	3.9	2.2	3.5	3.1
일본	17.1	16.9	18.9	21.4	20.2	20.7	14.9	17.1	18.4
독일	29.2	17.3	26.1	30.6	23.9	35.1	22.0	23.0	25.1
한국	12.3	16.1	10.0	9.8	13.2	12.5	4.3	14.7	11.6

신고 비율을 보이고 있었다. 이를 통해 독일이 우주 관련 분야의 해외 시장에 적극적으로 진출하고 있음을 알 수 있다. 중국은 미국 다음으로 가장 많은 특허를 보유하고 있음에도 해외 출원 비율은 가장 낮았다. 기술이 해외 시장에서 그 우수성을 인정받기 어렵거나, 자국의 내수 시장이 충분히 큰 경우는 해외 출원에 적극적이지 않을 수 있다. 참고로 앞서 수행한 국가별 특허 인용력 분석을 살펴보면 중국은 낮은 성과를 보이고 있다. 국가별로 어떤 기술 분야의 해외 출원 비율이 높은지 세부적으로 살펴보면 [그림 1-8]과 같다.

[그림 1-8] 국가별 특허 해외 출원 비율 세부 현황

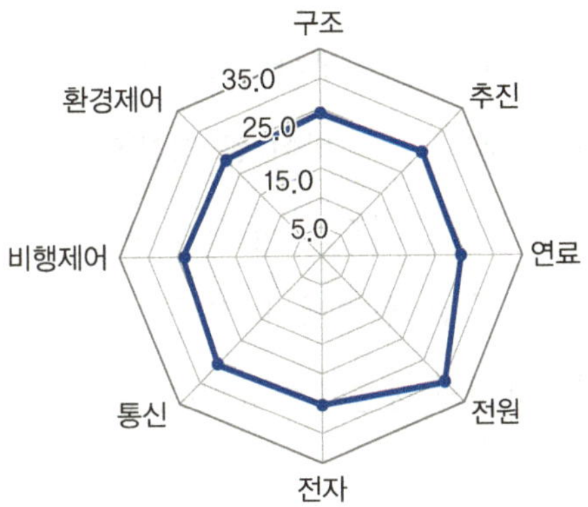

(a) 해외 특허 신고 비율(미국)

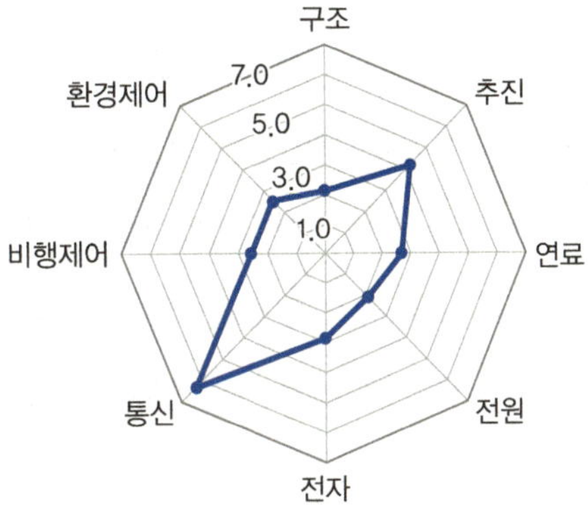

(b) 해외 특허 신고 비율(중국)

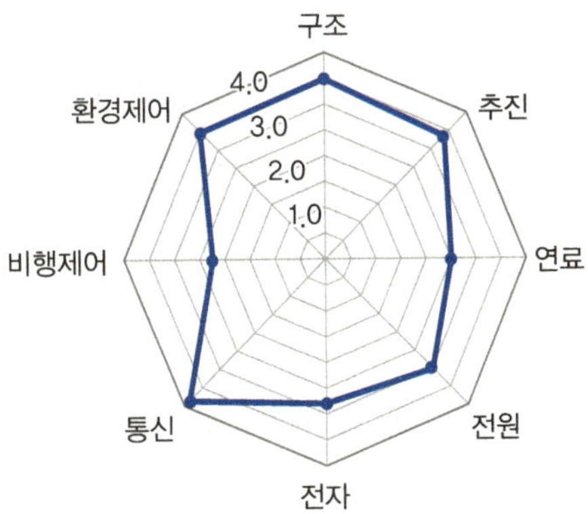

(c) 해외 특허 신고 비율(러시아)

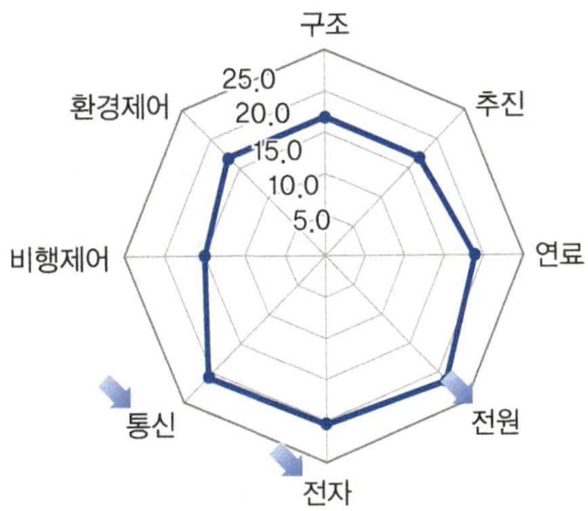

(d) 해외 특허 신고 비율(일본)

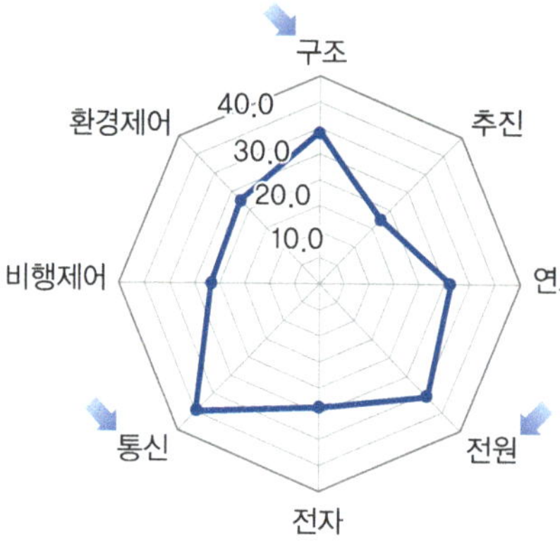

(e) 해외 특허 신고 비율(독일)

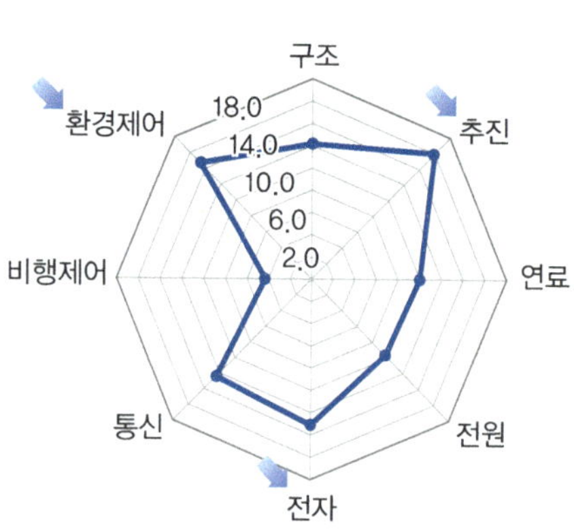

(f) 해외 특허 신고 비율(한국)

먼저 가장 높은 해외 출원 비율을 보인 독일은 통신, 전원, 구조 분야에서 특히 높은 비율을 보이고 있는 반면, 미국의 경우는 전 분야에서 고른 분포를 보이고 있음을 확인할 수 있다. 다음으로 해외 출원을 많이 한 일본은 전원, 전자, 통신 분야에서 높은 비율을 보이고 있어 전통적으로 전기, 전자 분야에 많은 특허를 갖고 있음을 알 수 있다. 한국은 추진, 환경제어, 전자 분야의 해외 출원이 가장 많았는데, 일본과 전자 분야에서의 경쟁이 예상된다.

3.2.4 특허 분석으로 살펴본 한국의 기술 경쟁력

마지막으로 한국의 우주 발사체 기술 개발 현황을 살펴보기 위해 한국이 보유한 특허 중 최근 3년간의 특허를 별도로 분석하였다. 그 결과는 [그림 1-9]와 같이 통신, 비행제어 분야의 기술이 최근 활발히 발명되고 있음을 확인할 수 있었다.

이를 [그림 1-6]의 한국의 특허 발명 수와 비교해 보면 한국은 과거 연료, 전자, 구조 분야에 가장 많은 특허를 보유하고 있었으나, 최근에는 [그림 1-10]과 같이 통신, 비행제어 분야의 특허가 활발히 증가하고 있음을 알 수 있다.

[그림 1-9] 한국의 최근 3년 특허 비율

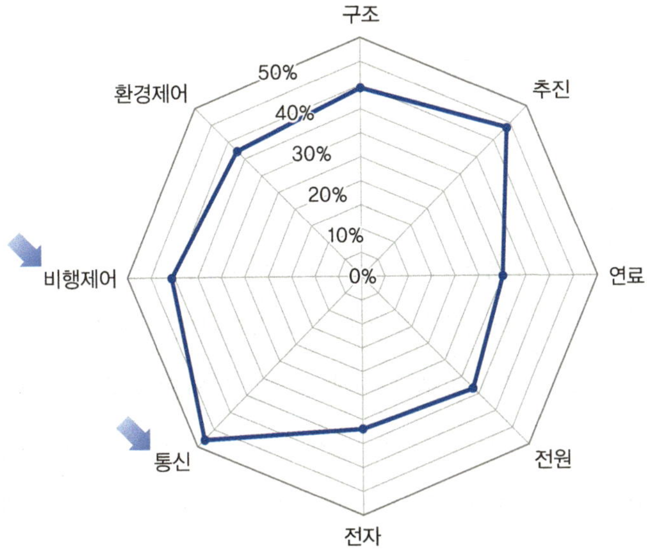

출처 : Clarivate's Derwent Innovation, DWPI/DPCI database.

[그림 1-10] 한국의 특허 비중 변화

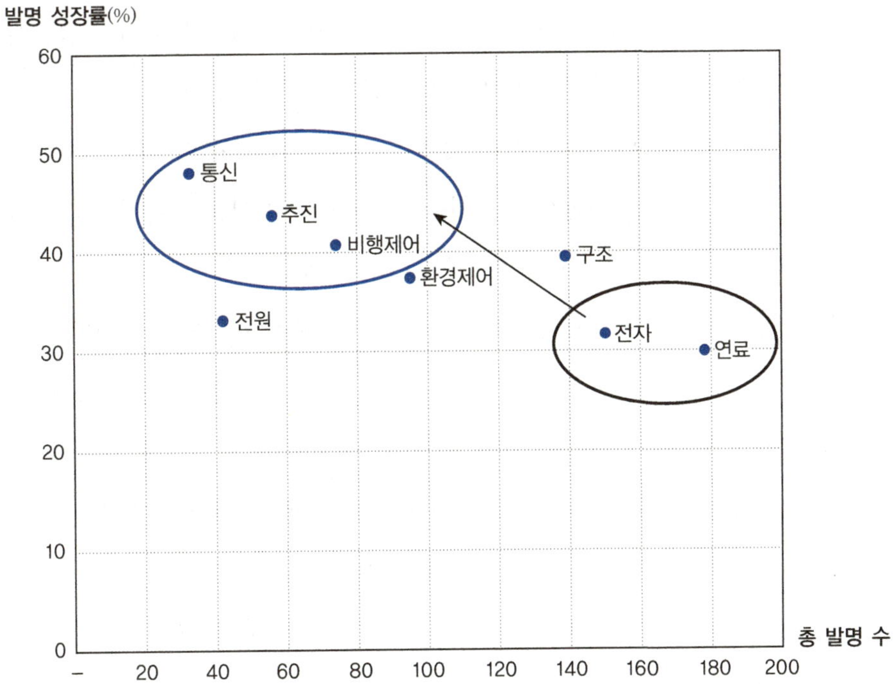

다시 말해, 최근 국제적 기술 개발 추세에 맞춰가는 모습을 보인다는 것이다.

4. 분석 결과의 시사점

본 장의 분석 결과가 시사하는 바는 크게 2가지라고 할 수 있다. 첫 번째는 전 세계 우주 발사체 분야의 기술 동향 파악이고, 다음으로는 이러한 추세 속에 우리나라는 과연 어느 위치에 있는지를 살펴보았다는 점이다.

먼저 전 세계 우주 발사체 분야의 기술 동향은 기술별 특허 분석에서도 살펴보았듯이 과거에는 발사체의 구조, 전자 분야에서 활발한 기술 개발이 이루어졌지만 최근에는 비행제어, 통신, 전원 분야의 기술 개발이 활발해졌다. 또한 이러한 새로운 기술들은 우주 발사체 분야에서 개발된 것이 아니라 [그림 1-11]에서 보는 바와 같이 무인항공기, 자율주행 자동차, 2차 전지 등 다른 산업에서 개발된 기술이 유입된 것을 확인할 수 있었다. 이러한 기술의 융복합 부분은 추가 연구를 통해 정량적인 데이터를 얻는다면 어느 분야의 기술들이 얼마나 유입되었는지 구체적으로 확인할 수 있는 연구가 될 것이다.

다음으로 우리나라의 특허 수는 미국의 약 4%, 중국의 약 7%, 러시아와 일본의 약 13% 수준으로 매우 큰 격차를 보였다. 특허 인용 영향력에서는 선진국에 비해 많이 뒤처져 있었지만 중국과 러시아보다는 앞서는 모습을 보였고 비록 적은 수의 특허를 보유하였지만 특허의 기술력만큼은 뒤처지지 않음을 확인할 수 있었다. 또한 과거에는 발사체의 장비 · 구성품 수준의 전자, 연료 분야에서 기술 개발이 이뤄졌다면, 최근에는 발사체에서 가장 큰 비중을 차지하는 추진 분야와 발사체 서비스를 위해 필요한 통신, 비행제어 분야의 고부가가치 기술을 개발하며 국제적 추세에 맞춰가고 있음을 확인할 수 있었다.

이러한 분석 결과가 보여주는 우리나라의 기술 추세는 [그림 1-12]와 같

[그림 1-11] 우주 발사체에 적용된 다양한 분야의 기술

출처 : ❶ 무인항공기(위키피디아, https://en.wikipedia.org/wiki/General_Atomics_MQ-9_Reaper), ❷ 자동차(현대차그룹, https://blog.naver.com/hyundai_blog/221755537724), ❸ 배터리(LG에너지솔루션), ❹ 로켓(NASA's Space Launch System)

이 최근 추진되고 있는 우주 사업을 통해서도 확인할 수 있는데, 정지궤도 통신위성인 천리안 3호와 한국형 위성항법 시스템(Korean Positioning System ; KPS)

등이 그 대표적인 예이다.

[그림 1-12] 천리안 3호 통신위성 모델과 한국형 위성항법 시스템 구성도

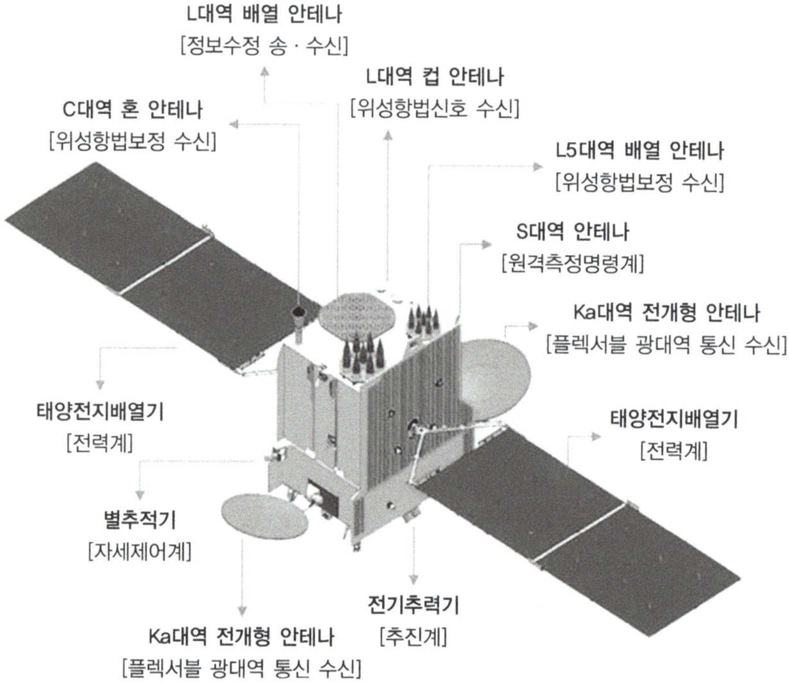

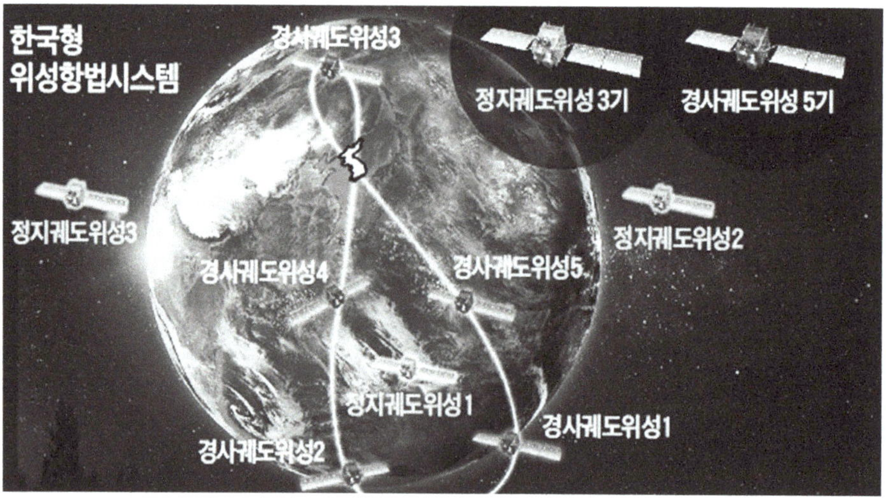

출처 : 과학기술정보통신부(상), LIG 넥스원(하)

끝으로 우리나라가 우주 발사체 분야의 선진국으로 나아가기 위해서는 위 사례와 같이 특정 분야부터 국가 주도의 연구개발을 통해 기술을 하나하나 확보해 나감과 동시에 확보한 기술을 민간에 이전하고 또 일정 수준의 수익성을 국가가 보장해 크고 작은 민간 기업의 참여를 독려해야 할 것이다. 우주 개발은 마라톤과 같은 장거리 경주이지 100m 같은 단거리 싸움이 아니다. 장기적이고 비전있는 목표를 가지고 국가와 민간 기업의 역량을 모은다면 우리 나름대로의 시장을 형성하며 세계와 경쟁할 수 있으리라 생각한다. 우리나라의 우주 개발이 많은 이들의 꿈을 이룰 수 있는 기회의 장이 되기를 기원한다.

[그림 1-13] 정부의 미드 스페이스 역할

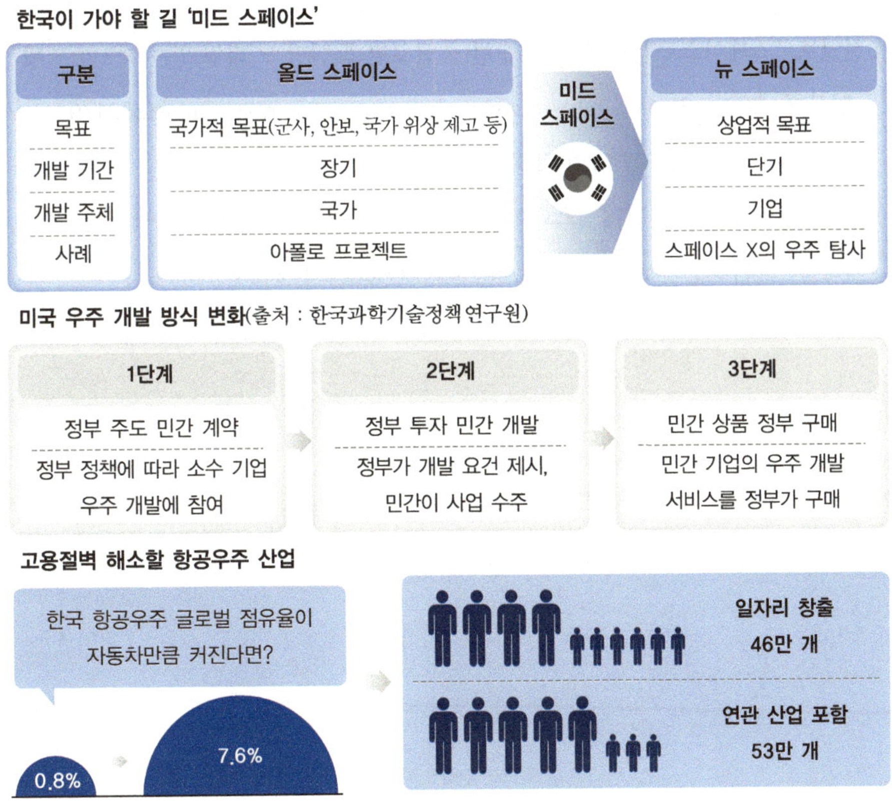

출처 : 매일경제, "한국, 이대로 우주로 못간다…상업성 제쳐두고 오로지 연구만", 이진우 외, 2021. 3. 16.

[참고문헌]

김예슬, "제18회 국가우주위원회 개최 결과", 한국항공우주연구원, 2020. 12. 29., https://www.kari.re.kr/cop/bbs/BBSMSTR_000000000011/selectBoardArticle.do?nttId=7810

나무위키-스타링크, 2022. 1. 10., https://namu.wiki/w/%EC%8A%A4%ED%83%80%EB%A7%81%ED%81%AC

매일경제, "한국, 이대로 우주로 못간다…상업성 제쳐두고 오로지 연구만", 이진우, 이새봄, 원호섭, 안갑성, 김희래, 2021. 3. 17., https://www.mk.co.kr/news/economy/view/2021/03/251207/

이석원, "제21회 국가우주위원회 보도자료", 과학기술정보통신부, 2021. 11. 15.

조선일보, "스페이스X의 로켓 사업 순항… 글로벌 통신망 '스타링크'는 제2의 잭팟", 안상현, 2021. 3. 19., https://www.chosun.com/economy/mint/2021/03/19/VE6DHAWQXZFQTG74AOD7BTBNPA/

한겨레, "로켓 회수 100번째…스페이스엑스의 2021년은 기록적이다", 곽노필, 2021. 12. 22., https://www.hani.co.kr/arti/science/future/1024289.html

Wikipedia-Launch vehicle, 2022. 1. 10, https://en.wikipedia.org/wiki/Launch_vehicle

2장

뉴 스페이스 시대, 위성통신 기술의 재조명

-지구를 초고속 통신망 속으로, 첨단화되는 위성통신 기술

이철우(KAIST)

1. 뉴 스페이스 시대의 도래
2. 위성통신 산업의 분류 및 변화 분석
3. 특허 분석으로 살펴본 글로벌 위성통신 기술 추이
4. 뉴 스페이스 시대, 위성통신 기술 혁신전략

출처 : pixabay.com

한국의 위성통신 기술 역량과 세계적 수준과의 격차는 어떠하며,
급격히 부상하는 이 산업에서 우리가 직면한 도전과 기회는 무엇인가?

1. 뉴 스페이스 시대의 도래

1.1 국가 중심의 올드 스페이스

최근 우주 산업은 민간 기업 중심으로 점차 발전하고 있다. 대표적인 기업으로 2021년 민간 우주여행에 성공한 테슬라 최고경영자(CEO) 일론 머스크의 '스페이스 X(SpaceX)', 아마존 창업자 제프 베조스의 '블루 오리진(Blue Origin)' 그리고 리처드 브랜슨의 '버진 갤럭틱(Virgin Galatic)'이 있다. 반면 과거에는 우주 산업 발전이 국가 중심으로 이루어졌다. 우주 산업 발전 축의 전환에 따라 과거 국가 중심의 우주 산업 발전을 '올드 스페이스(Old Space)', 최근 민간 중심의 우주 산업 발전을 '뉴 스페이스(New Space)'라고 한다.

올드 스페이스가 이루어졌던 대표적인 시대가 1950년도 냉전 시대이다. 이때 우주 산업의 발전은 국가 중심으로 이루어졌다. 당시는 미국과 소련 간 우주 패권 경쟁이 이루어지고 있는 시대였다. 1957년 10월 4일 소련이 세계 최초로 인공위성 스푸트니크 1호 발사에 성공하여 미국에게 충격을 안겨주었고, 이에 대응책으로 미항공우주국(NASA)이 1958년 10월에 설립되었다.

이후 NASA는 소련을 추월할 역량을 개발하기 위해 1970년 이전에 우주인을 달에 보낸다는 목표를 내걸고 미국 정부의 전폭적인 지원을 받아 국가 중심의 우주 개발을 시작했다. 이를 바탕으로, NASA는 1969년 7월 아폴로 11호 발사를 통해 세계 최초로 우주인을 달에 착륙시키는 아폴로 계획을 성공적으로 완수하였다. 당시 강대국의 국가 주도 우주 산업 경쟁으로 인해 인류 최초의 달 착륙 등 급격한 발전을 이뤄냈고, 이는 우주 산업 발전의 큰 축이 되었다. 이후 중국, 인도를 비롯한 다양한 국가들에서 국가 중심의 우주 산업 발전 모델을 추구하면서 전 세계에 우주 산업 발전이 국가 주도 발전의 '올드 스페이스' 패러다임이 발전되어 왔다.

[그림 2-1] 올드 스페이스와 뉴 스페이스

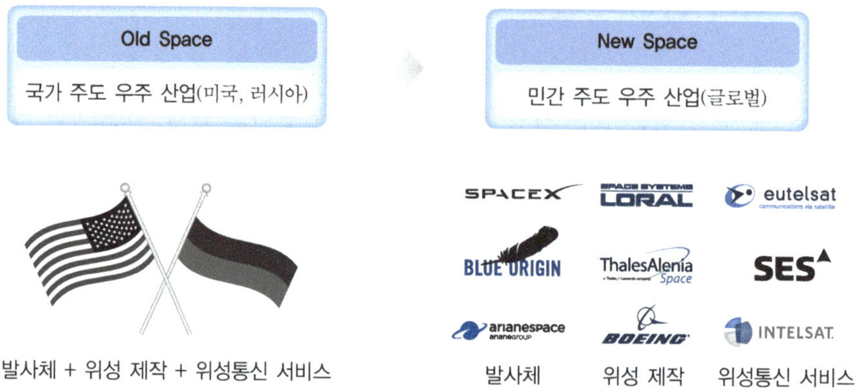

1.2 민간 중심의 뉴 스페이스

국가 중심의 우주 발전은 아폴로 계획이 종료된 1972년부터 주춤하기 시작했다. 소련이 유인 우주 달 탐사 계획을 포기하면서 NASA의 대외적 임무가 국민 공감대를 얻기 힘들어졌다. 이에 미 연방정부에서 NASA 예산 비중은 1970년대 이후 급격하게 줄어들게 된다. 이에 미국 정부와 NASA가 오랜 고민 끝에 도출해낸 전략은 민간으로의 기술 이전과 민간 중심의 우주 발전을 추구하는 것이었다. 기존 NASA에서 추진했던 프로젝트의 기술을 민간 기업으로 이전하여 새로운 우주 산업 생태계를 조성하였다. 이를 통해 기존 예산 문제로 인해 추진되지 못했던 기술 발전 정체를 돌파하고 민간 중심의 새로운 혁신을 추구하겠다는 전략이었다.

이는 우주 산업 발전의 축을 NASA에서 실리콘밸리로 이동하게 만들었고, 현재의 스페이스 X, 블루 오리진, 버진 갤럭틱 등 혁신 우주 기업 탄생의 발판

[그림 2-2] 미국 우주 투자 예산 규모 및 주체 변화

아폴로 11호 발사 이전과 이후의 NASA 예산 변화

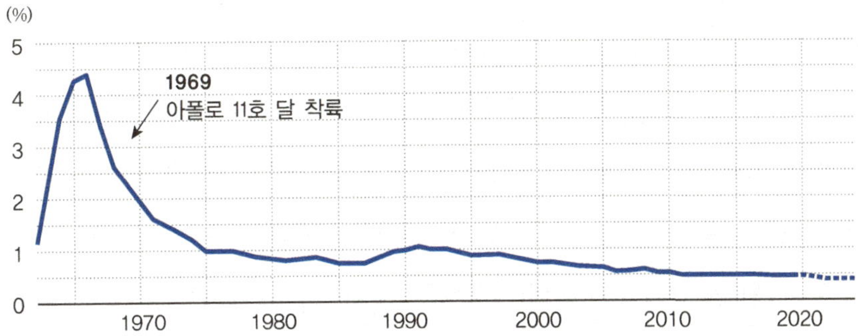

(a) 미 연방정부 예산 대비 NASA 예산 비중

2009년 이후 현재까지의 투자

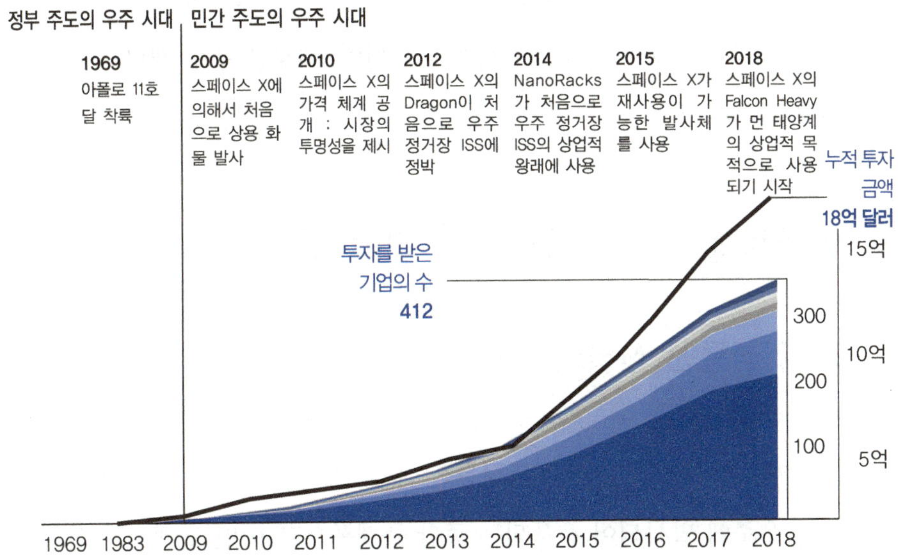

(단위 : 억 달러)

	위성	발사	미디어와 교육	우주생활 공간	산업	연구	행성 기술	물류
기업 수	250	77	35	13	11	8	8	10
예산	8.3	8.6	15	515	154	77	244	147

(b) 10년간 우주 개발 벤처캐피탈 투자 규모

출처 : 미국 예산관리국(상), 스페이스엔젤스(하).

을 마련했다. 이를 통해 민간 기업 중심의 우주 산업 생태계가 발전하면서 민간 투자금이 지속적으로 유입되었으며([그림 2-2]), 우주 기술은 스페이스 X를 비롯한 민간 기업을 중심으로 급격한 발전을 이루게 되었다. 이를 통해 미국은 민간 중심의 우주 산업 생태계 구축에 성공했고, 이는 '뉴 스페이스'로 이름이 붙여져 퍼지게 되었다. 2021년 리처드 브랜슨의 버진 갤럭틱이 세계 최초로 민간인 우주여행에 성공(2021년 7월 11일)했으며, 같은 해 제프 베조스의 블루 오리진은 7월 20일 우주여행에 성공했다. 일론 머스크의 스페이스 X 관광용 우주선이 지난 2021년 10월 18일 사흘간 우주여행을 마치고 무사 귀환했다. 3개 기업의 민간 우주여행 방식은 각자 달랐지만 민간 중심의 뉴 스페이스 시대를 열었다는 점에서 의미 있는 발자국이었다. 이를 계기로 민간 중심의 우주 개발 '뉴 스페이스'의 실효성이 검증되며, 새로운 우주 개발의 패러다임으로 자리잡게 되었다.

2. 위성통신 산업의 분류 및 변화 분석

2.1 위성통신 산업의 성장

뉴 스페이스 시대가 되면서 위성통신 산업에도 많은 변화가 일어났다. 인공위성은 우주에 발사되어 운용되는 종합 플랫폼으로 어떤 탑재체가 설치되는지에 따라 달라지는 기술 집약적 시스템이다. 인공위성에 통신 중계기가 설치되면 지상과 우주 간 통신이 가능한 통신위성이 되고, 광학 카메라가 설치되면 광학 위성, SAR[1] 센서가 설치되면 스캐닝이 가능한 SAR 위성, GPS가 장

1. 합성개구레이더(Synthetic Aperture Radar ; SAR). 합성개구레이더는 지상 및 해양에 대해 공중에서 레이더 파를 순차적으로 쏜 이후 레이더 파가 굴곡면에 반사되어 돌아오는 미세한 시간차를 처리하여 지상지형도를 만들거나 지표를

착되면 위치 정보를 제공하는 GPS 위성이 되는 것이다.

우리가 다루게 될 위성통신 산업은 인공위성에 통신 중계기가 설치된 통신위성을 기반으로 조성된 산업이다. 위성통신 산업은 위성 제작, 발사, 운용, 모뎀 장비 및 안테나 등 복합적인 산업 분야로 다양한 이해 관계자들이 존재한다. 먼저 통신위성을 제작하는 위성 제작사가 있으며 대표적으로는 보잉, 원웹(OneWeb), 노스롭그루먼 등이 있다. 이후 위성을 우주 궤도에 올려놓을 발사 회사가 있으며 대중에게 잘 알려진 블루 오리진, 스페이스 X 등이 있다. 통신위성을 운용하여 수익을 창출하는 위성 운용 회사가 있으며, 위성통신을

[그림 2-3] 인공위성 종류와 산업 분류

- 인공위성 종류 : 위성은 우주 서비스 플랫폼으로 동일 산업 내 다양한 산업 존재

인공위성	
통신위성	통신, 방송 서비스 제공(위성TV, 위성전화, 위성 인터넷)
광학 위성	이미지 정보 제공(지도 서비스, 관측 등 목적 사용)
SAR 위성	레이더 스캐닝 정보 제공(환경 관측, 군 등 다용도 목적 사용)
GPS 위성	위치 정보 제공(네비게이션)

- 위성통신 사업 분류 : 위성은 우주 서비스 플랫폼으로 동일 산업 내 다양한 산업 존재

위성통신 산업	
발사 회사	위성을 발사하는 회사(스페이스 X, 아리안 스페이스, 블루 오리진 등)
위성 제작사	통신위성을 만드는 제작 회사(보잉, 스페이스 X, 원웹 등)
위성 운용사	통신위성을 운용하며 수익 창출(인텔샛, 비아샛, 유텔샛)
안테나 제작사	위성 안테나 및 단말 안테나 제작(카이메타, 인텔리안, KNS 등)
모뎀 제작사	위성 데이터 통신에 사용되는 모뎀 제작(아이다이렉트, 휴즈 등)
서비스 이용자	위성통신 서비스를 이용하는 다양한 고객군

관측하는 레이더 시스템이다(출처 : 위키피디아).

가능케 하는 안테나 단말, 통신 모뎀 제조사가 존재한다. 최종적으로 위성통신 서비스를 이용하는 다양한 이용자가 존재하게 된다. 위성통신 산업은 다양한 기술과 이해관계자가 복합적으로 결합된 구조로, 신기술 개발과 적용에 장기간이 소요되는 특징이 있다.

2.2 뉴 스페이스 시대, 위성통신 산업의 변화

뉴 스페이스 시대가 도래하면서 위성통신 산업에도 세 가지 변화가 일어났다. 첫 번째, 위성통신 산업 주체의 변화이다. 과거 국가 중심으로 운용되던 위성통신 산업이 민간 영역으로 넘어가는 과정으로, 민간이 운용하는 위성통신 회사가 다수 생겨나고 있다. 대표적 기업은 스페이스 X다. 스페이스 X가 추진 중인 스타링크 프로젝트는 1단계에서 저궤도에 12,000기의 위성을 발사, 2단계에서는 30,000개를 추가로 배치, 최종 42,000개의 저궤도 통신위성군을 운용하는 것이다. 이를 통해 세계 어느 곳에서든 초고속 인터넷을 서비스 할 수 있는 초대형 위성군을 구축하는 프로젝트다. 2015년 1월 최초로 위성 개발 단지 설립 발표가 이루어진 후, 2019년 4월 미 연방통신위원회(FCC)는 1만 2천 대의 스타링크 통신위성 배치를 허가했고, 같은 해 10월 추가적으로 3만 대의 통신위성에 대해 승인을 허가했다. 2019년 5월 첫 60기 발사 이후 위성을 지속 발사해 2021년 5월 26일 기준 1,737개를 발사하였고, 이 중 1,638개가 정상 운용 중이다. 가입자는 이미 10만 명을 돌파해 서비스를 가속화하고 있다. 스타링크 프로젝트는 위성군 개발 비용만 미화 100억 달러(한화 약 12조 원)에 달하는 대형 프로젝트다. 해당 프로젝트가 이목을 끌며 성공을 이끌자 2020년부터 저궤도 위성통신 붐이 일어났다. 스페이스 X 외에도 원웹, 텔레셋(Telesat), 아마존 등 다수 민간 기업이 저궤도 위성통신 프로젝트를 추진하고 있다. 이를 통해, 뉴 스페이스 시대 위성통신 산업의 주체가 국가에서 민간으로 이전되고 있음을 확인할 수 있다.

▲ 스타링크 1단계의 위성 궤도 (출처 : 스페이스 X)

▲ 발사 전 적층된 스타링크 위성군(출처 : 한국과학기술기획평가원-『소형 위성』(2020-14호))

두 번째, 통신위성의 궤도 변화이다. 최초 통신위성 발사 이후 주류를 이루어 왔던 통신위성 궤도는 정지궤도(고도 35,800km)이지만, 기술 발전으로 초고속 위성 인터넷이 가능한 저궤도(고도 160~2,000km)로 중심이 이동하고 있다. 정지궤도 통신위성의 경우 지구와 자전 속도가 같아 저궤도, 중궤도 대비 안정적 운용이 가능하지만 왕복 지연 시간이 약 477ms로 속도가 느린 단점이 있다. 반면 저궤도 통신위성의 경우 낮은 궤도로 인해 위성 운용에 정지궤도 대비 고도의 기술이 요구되며, 위성 수명이 짧은 대신 통신 지연 시간이 줄어들어 초고속 인터넷이 가능하다. 저궤도 위성은 160km에서 2,000km에 위치하여 왕복 지연 시간이 2ms에서 27ms까지 줄어들게 된다. 제 4 차 산업혁명의 발전에 따라 요구되는 인터넷 속도가 빨라지면서 저궤도 통신위성 수요가 높아지고 있다. 저궤도 위성의 경우 앞서 소개된 스페이스 X, 원웹, 텔레셋, 아마존 등이 치열한 경쟁을 벌이고 있다.

〈표 2-1〉 궤도별 인공위성

	저궤도(LEO)	중궤도(MEO)	정지궤도(GEO)	고궤도(HEO)
고도	200~2,000km	2,000~25,000km	35,800km	근지점 1,000km, 원지점 40,000km
공전주기	90~100분	2~14시간	24시간	2~14시간
위성 수	2,612기	139기	562기	59기
주요 목적	지구 관측, 통신	GPS, 방송, 통신	방송, 통신, 기상	통신

출처 : UCS, 유진투자증권, 2021년 1월 31일 기준.

세 번째, 위성체 크기 변화다. 일반적으로 통신위성이라고 하면 2.5톤의 거대 위성체를 떠올릴 것이다. 그러나 위성 기술의 발전과 비용 대비 효율성을 고려하여 최근에는 소형 위성체가 늘어나고 있는 추세이다. 이에 따라 기업들이 발사하는 저궤도 위성 역시 기존 위성체 대비 크기가 소형화되고, 군집화되고 있다. 아마존의 Kuiper, 원웹의 OneWeb Satellite Constellation, 스페이스 X사 스타링크 모두 소형, 군집 위성에 해당된다. 이러한 추세에 힘입어 실리콘밸리에 소형 인공위성을 개발하고 있는 스타트업들이 다수 등장하고 있으며, 산학계에서는 큐브 위성 경연대회를 통해 소형 위성 기술 개발에 박차를 가하고 있다. 소형 위성은 기존의 중·대형 위성보다 비용적인 리스크가 적고, 임무 수행에 있어 효율성이 높다는 측면에서 최근 많이 활용되고 있다.

위에서 설명한 3가지 변화(우주 산업 주체 변화, 궤도 변화, 위성체 변화)가 뉴스페이스 시대 위성통신 산업 변화의 큰 축이다.

2.3 새로운 전략의 필요성

뉴 스페이스 시대 변화에 따라 위성통신 산업도 급변하고 있다. 기술 발전으로 인해 통신위성 개발에 소요되는 비용과 시간이 줄어들긴 하였으나, 여전히 타 산업 대비 높은 개발 비용과 장시간 투자가 요구되는 특성을 지닌다. 빠르게 변화하는 우주 산업의 흐름 속에서 위성통신 산업 접근에 있어 전략적 선택과 집중이 중요해지고 있다.

2017년 모건스탠리는 2040년 글로벌 우주 산업 시장 규모를 약 1조 달러로 전망했지만, 2020년 BOA(Bank of America)는 시장 규모를 2030년 1.4조 달러(한화 1,600조 원)로 전망하며 우주 산업의 성장뿐만 아니라 전망치 또한 증가되고 있음을 보여주었다([그림 2-4]).

[그림 2-4] 글로벌 우주 산업 전망(2017, 2020년)

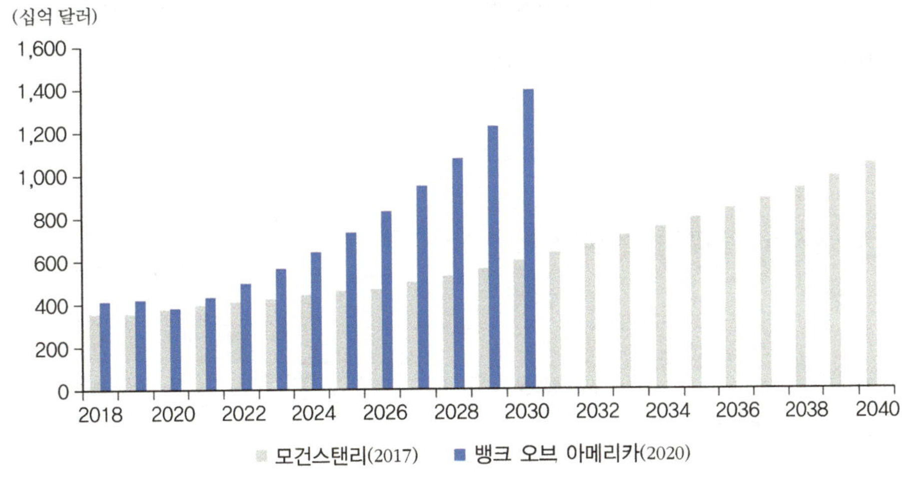

출처 : 모건스탠리, BOA, 유진투자증권.

빠른 상승세를 보이는 글로벌 우주 산업에서 한정된 시간과 예산으로 집약적 성장을 하려면 위성통신 산업에 대한 새로운 전략 도출이 필요하다. 만

약 기존 올드 스페이스에서 쓰던 우주 산업 전략을 그대로 추진할 경우 글로벌 산업에서 도태될 가능성이 크다. 우주 산업의 패러다임이 변화되었고 통신위성 개발에 소요되는 시간과 비용을 고려하면 '전략적 선택'과 '집중'을 통한 성장을 도모할 필요가 있다. 이를 위하여 국가별 위성통신 산업의 현 상태를 진단해 보고 뉴 스페이스 시대 위성통신 산업의 새로운 성장전략을 살펴 보고자 한다.

3. 특허 분석으로 살펴본 글로벌 위성통신 기술 추이

3.1 특허 분석 Overview

특허 분석을 위해 우선 위성통신 기술을 안테나(Antenna), 배터리(Battery), 중계기(Transponder), 통신 모듈(Communication Module), 자세제어(Position Control), 센서(Sensor) 등 6가지의 세부 기술로 정의하였다. 최근 10년간(2011~2020년)

[그림 2-5] 위성통신 기술 랜드스케이프 맵(Technology view)

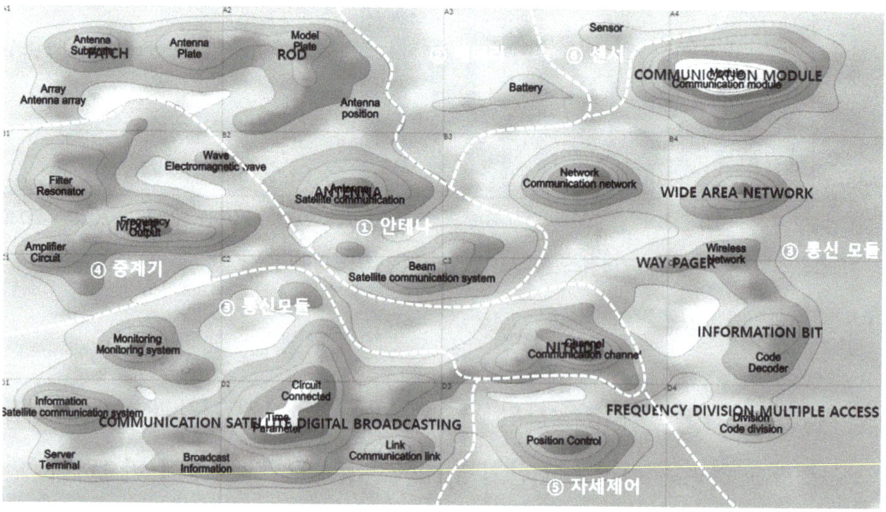

출처 : Clarivate's Derwent Innovation, DWPI/DPCI database.

전 세계에서 출원된 기술 특허를 분석하여 위성통신 기술의 포트폴리오를 [그림 2-5]와 같은 랜드스케이프 맵(Landscape Map)으로 표시해 보았다.

위성통신 기술 변화에 따라 최근 추세가 소형화, 대용량, 초고속 전송으로 집중되고 있는 만큼 관련된 3가지 기술(안테나, 중계기, 통신 모듈)이 넓은 분포를 이루며 발전하고 있다. 맵에서 등고선이 높은 봉우리는 관련 기술의 특허 수가 많다는 의미인데, 높은 봉우리들이 안테나, 중계기, 통신 모듈에 상대적으로 집중되어 있는 것을 확인할 수 있다.

한편 최근 10년간(2011~2020년) 위성통신의 특허 기술이 활용 가능한 응용 분야(Application View)를 분석해 보면 [그림 2-6]과 같은 2가지 분야의 성장이 돋보인다. 위성통신 기술이 차량 · 항공 · 해양 등 모바일 영역으로 확산되고, 위치 정보와 융합되는 성장이 이루어지면서 ① 모바일 응용 분야와 ② 위치정보 응용 분야가 두드러지게 나타났다. 분석한 특허 랜드스케이프에서도 높은 봉우리가 모바일 솔루션과 위치정보 기술에 집중되어 있는 점을 확인할 수 있다.

[그림 2-6] 위성통신 기술 랜드스케이프 맵(Application view)

출처 : Clarivate's Derwent Innovation, DWPI/DPCI database.

3.2 위성통신 특허 기술의 변화 추이

최근 20년간(2001~2020년) 위성통신 기술 발명 추이를 보면 2000년부터 2011년까지는 기술 발명이 정체되었지만 2012년도부터 특허 수가 다시 급격히 증가한 점을 확인할 수 있다([그림 2-7]).

[그림 2-7] 위성통신 기술 발명 추이

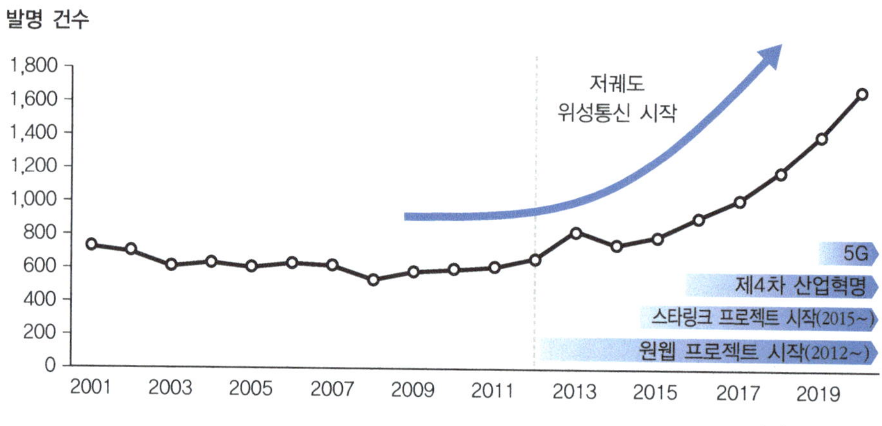

출처 : Clarivate's Derwent Innovation, DWPI/DPCI database.

2012년도부터 저궤도 위성통신 개발 열풍이 불기 시작하면서 원웹이 2012년부터 사업을 시작했고, 2015년 스페이스 X가 스타링크 프로젝트를 시작하면서 시장이 발전하여 특허 증가 속도가 급격히 빨라졌다. 이와 함께 2018년 5G 확산에 대한 기대감과 제4차 산업혁명으로 인한 고속 위성통신에 대한 수요 확산으로 기술 발명 속도가 가속화되는 양상을 보였다.

기술의 변화 추이를 살펴보기 위해서 2010년과 2020년 당해 연도에 출원된 위성통신 기술 특허 랜드스케이프를 비교하면 [그림 2-8]과 같이 위성통신 기술 특허 발전 동향을 명확히 확인할 수 있다. 2010년에는 특허인 빨간

[그림 2-8] 위성통신 특허 비교

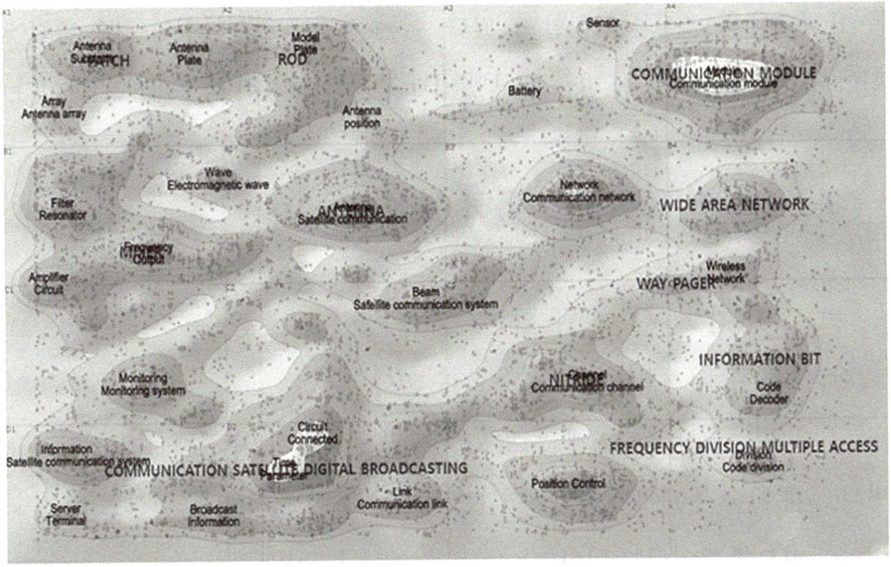

(a) 2010년 위성통신 특허

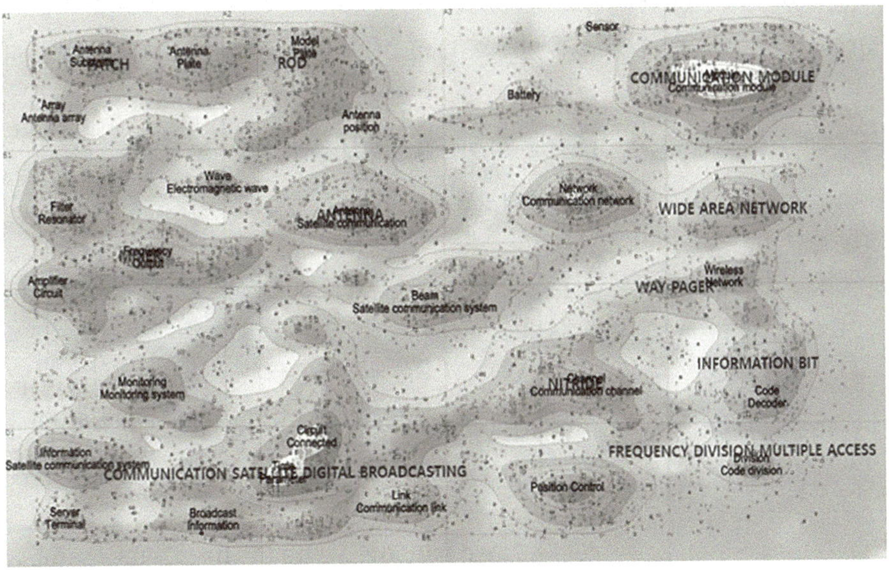

(b) 2020년 위성통신 특허

출처 : Clarivate's Derwent Innovation, DWPI/DPCI database.

점이 표시된 영역이 많지 않지만, 2020년에는 전 기술 영역으로 확장되어 다수 표시되어 있는 것을 확인할 수 있다. 이는 저궤도 위성통신의 기술 발전에 힘입어 10년간 위성통신 기술 특허 발명과 출원이 급격히 이루어진 결과이다.

3.3 기술별 위성통신 특허 분석

최근 10년간(2011~2020년) 위성통신 기술별 특허를 증가율과 출원 비중으로 살펴보면 두 가지 시사점을 도출할 수 있다.

첫째, 위성통신 기술 6개 분야 모두 발명 증가율이 최근 빠르게 성장하고 있다. 6개 기술 분야에서 최근 3년간 발명 증가율이 모두 30% 이상으로, 기술 영역이 빠르게 발전하고 있다.

둘째, 6개 기술 중 안테나, 중계기, 통신 모듈이 글로벌 기술 경쟁이 가장 치열하고 활발한 분야다. 3개 기술은 발명 건수가 각 2,500건 이상, 해외 특허

[그림 2-9] 기술 동향 분석 종합

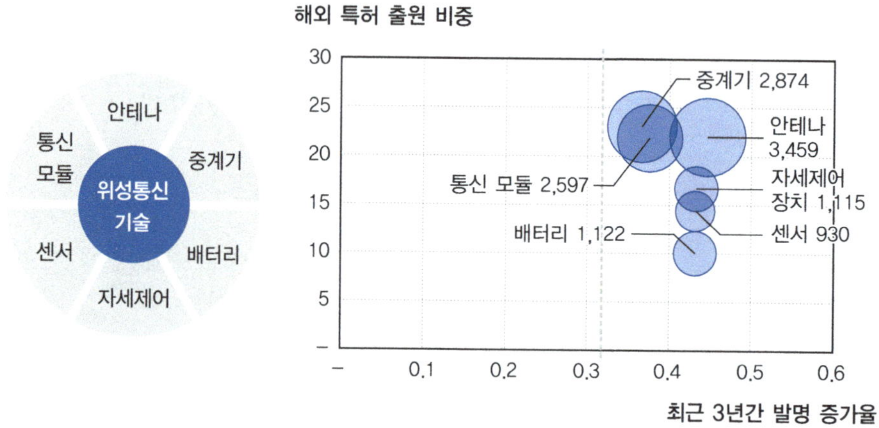

(a) 기술 분류

(b) 기술 동향 분석 종합

출원율[2] 20% 이상으로 치열한 기술 개발과 글로벌 경쟁 양상을 보여주고 있다. 상기 그래프를 10년간 위성통신 기술 발명 수, 발명 증가율(10년 대비 3년

[그림 2-10] 위성통신 기술 발명 비교

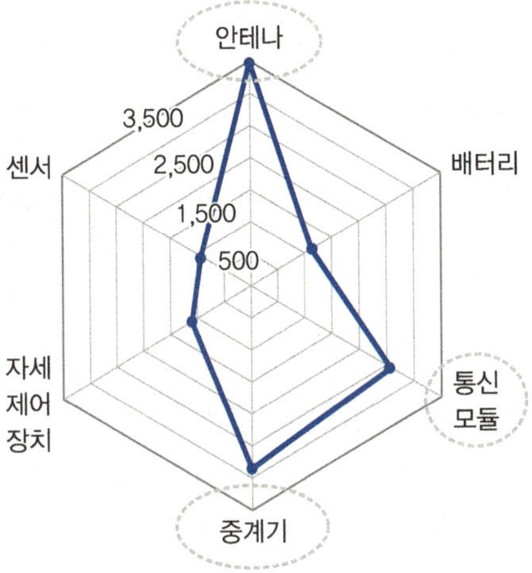

(a) 위성통신 기술 발명 수

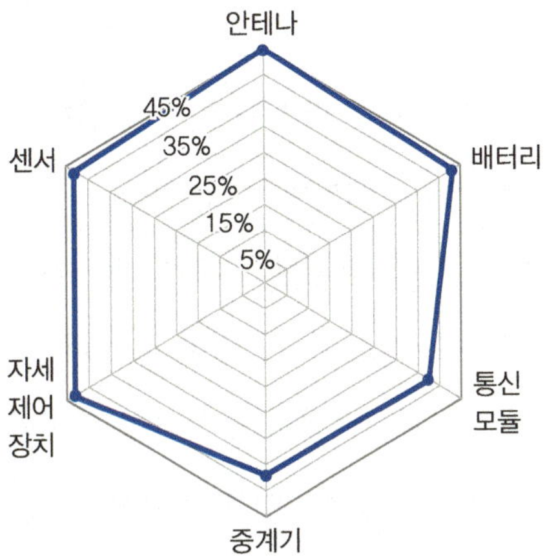

(b) 발명 증가율(10년 대비 3년간)

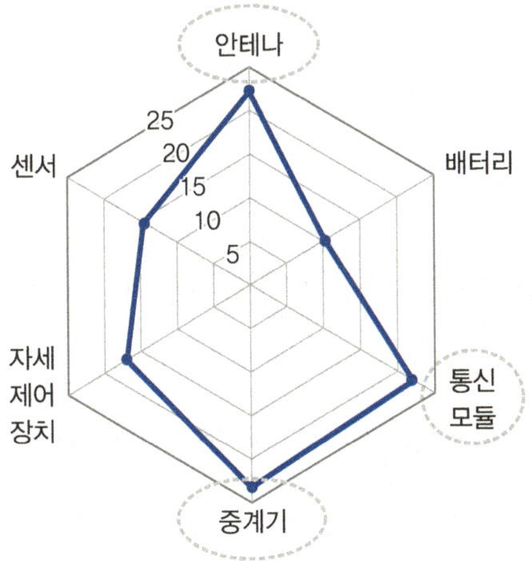

(c) 발명당 해외 특허 출원 비율

2. 기술 발명 중에서 2개국 이상 특허 출원한 발명의 비율. 발명은 특허 출원한 국가에서만 법적 권리를 보호받을 수 있음. 따라서 기술 발명이 여러 국가 시장에 진출해서 법적 권리를 보호받기 위해서는 해당 국가에 특허 출원해서 등록을 받아야 함.

간), 발명당 해외 특허 출원 비율로 분류해 보면 [그림 2-10]을 통해 해당 추이에 대해 더 자세히 확인할 수 있다.

그렇다면 위성통신 6개 기술에서 '안테나, 중계기, 통신 모듈' 기술이 타 기술 대비 특허 출원 경쟁이 치열한 이유는 무엇일까? 이는 기술 개발이 활발한 저궤도 위성통신에서 답을 찾을 수 있다. 저궤도 위성통신 기술 개발이 2012년 이후 활발해 지면서 안테나 분야에서는 위성을 추적하는 기술 및 평판 안테나 개발이 집중적으로 진행되었으며, 중계기 분야에서는 고속 인터넷이 가능한 '고용량 중계기' 개발이 활발했다. 통신 모듈 분야에서는 5G 및 이동체에서도 끊기지 않고 통신이 가능한 '차세대 통신 모듈' 개발이 추진되었다. 따라서 저궤도 통신위성 기술의 개발과 함께 '안테나, 중계기, 통신 모듈' 기술 분야의 발전이 두드러졌다.

3.4 국가별 위성통신 특허 분석—양적 분석

3.4.1 기술 특허의 양적인 분석

최근 20년간(2011~2020년) 국가별 위성통신 기술 발명 통계를 도출해 보면 위성통신 기술 발명 수는 중국이 5,023건으로 가장 많고 미국이 3,137건, 일본이 686건, 한국이 370건으로 1위에서 4위까지 차지하고 있다([그림 2-11]).

자세한 분석을 위해 상위 4개 국가에 대해 2006년부터 2019년까지 국가별 특허 출원을 분석해 보면([그림 2-12]), 중국의 그래프가 2009년 이후 '우주굴기'를 바탕으로 위성통신 특허 출원이 폭발적으로 증가하고 있는 모습을 보인다. 중국은 위성통신 기술 특허 출원을 거듭하며 2012년 위성통신 특허 건

[그림 2-11] 국가별 위성통신 기술 발명 수

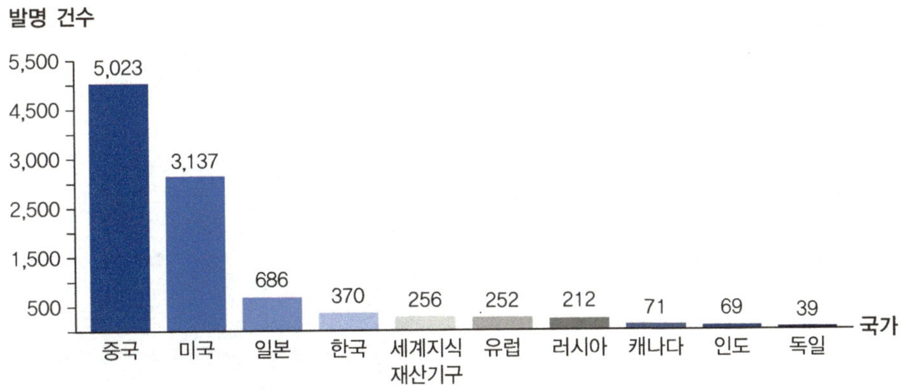

출처 : Clarivate's Derwent Innovation, DWPI/DPCI database.

[그림 2-12] 위성통신 기술 국가별 특허 출원 추이

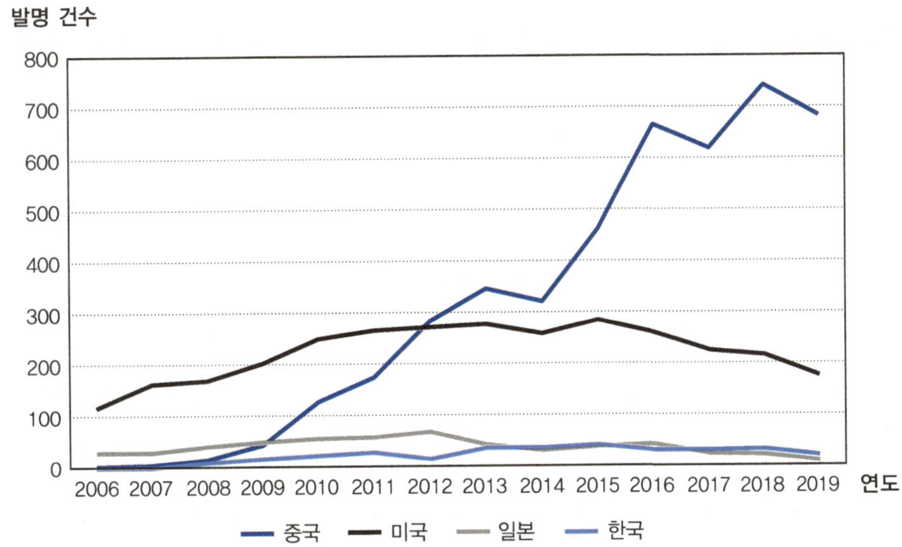

수 1위인 미국을 추월하였다. 이후 중국은 양적으로 위성통신 분야 특허 세계 1위를 유지하고 있다([그림 2-13]).

미국과 중국의 위성통신 기술 패권 경쟁은 20년간 특허 등록 건수를 국가

별 그래프로 도출하면 두드러진다. 전 세계 위성통신 기술 특허 출원의 80.7%가 중국과 미국에서 등록되고 있으며, 이 중 49.7%가 중국, 31.0%가 미국에서 출원되고 있다. 위성통신 기술의 경우 미래 UAM(Urban Air Mobility), UAV(Unmanned Aerial Vehicle), 국방 무기, 스마트 선박 및 자율 주행 등 여러 기술의 기반 기술과 국가 단위 인프라로 활용되므로 국가 간 기술 패권 경쟁이 치열하다. 미국은 민간 중심의 기술 기반으로 지속 발전을 추구하고 있으며, 중국은 '우주 굴기'를 바탕으로 국가 단위의 위성통신 기술 개발에 박차를 가하고 있다. 양 국가 간의 전략과 방법 차이는 존재하지만 기술 패권 경쟁이 위성통신 분야에서 치열하게 이루어지고 있다.

[그림 2-13] 위성통신 국가별 출원 수 분석

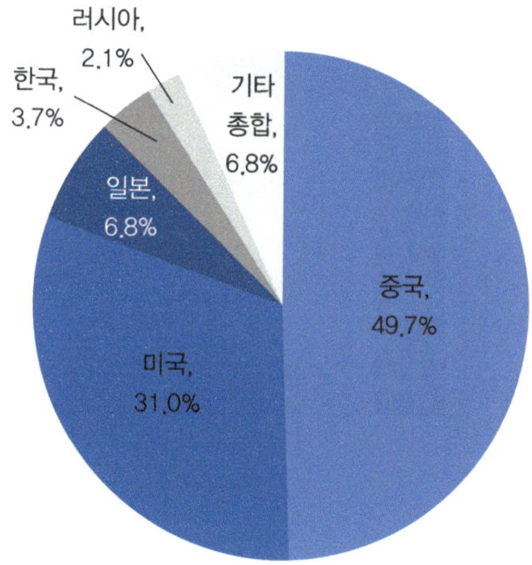

3.4.2 기술 특허의 질적인 분석

앞서 시행한 특허 수 기반 양적 분석과 달리 인용 수 기반의 질적 분석을 시행한 결과 미국의 인용 수가 타 국가에 비해 최상위를 기록했다. 2011년부터 2020년까지 10년간 특허 인용 지수와 해외 출원 수를 분석한 결과([그림 2-14]), 미국의 경우 특허 수 대비 인용 비율이 4.0을 넘는 상태로 위성통신 특허가 질적으로 상위에 있다고 볼 수 있다. 반면, 중국의 위성통신 기술 특허 양은 세계 1위를 기록하고 있지만, 인용 수가 확연히 떨어지는 점을 보여주고 있다.

[그림 2-14] 국가별 위성통신 특허 분석 종합(2011~2020년)

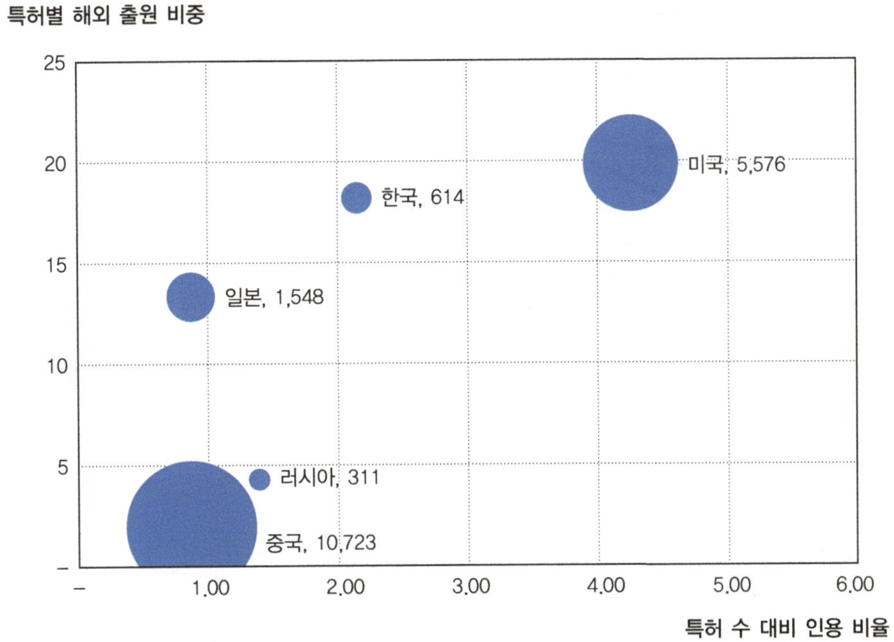

해외 특허 출원에서도 미국의 경우 전체 특허 출원 중 20%를 해외에 출원하는 높은 해외 특허 출원 비중을 보였고, 뒤를 이어 한국과 일본도 각각 18.2%와 13.4%를 기록하며 비교적 높은 해외 특허 출원 비중을 보였다. 반면 러시아와 중국의 경우 10.0% 이하의 낮은 해외 특허 출원 비중을 보이며 내수 중심의 기술 발전 경향을 보여주고 있다.

현재까지 도출된 점을 종합해 보면 미국의 경우 위성통신 기술 특허 인용 수가 많아 기술의 질적 성장을 달성하였으며, 해외 출원 역시 활발한 모습을 보이고 있다. 반면 중국의 경우 특허 수에 비해 인용 수가 적어 특허의 양적 성장에 비해 질적 성장이 부족한 면을 보여주었다. 또한 중국 특허는 미국, 한국, 일본과 달리 해외 출원이 낮은 내수 중심의 발전을 이루고 있는 점도 특징이다.

[그림 2-15] 위성통신 기술별, 국가별 인용 비율 분석(2011~2020년)

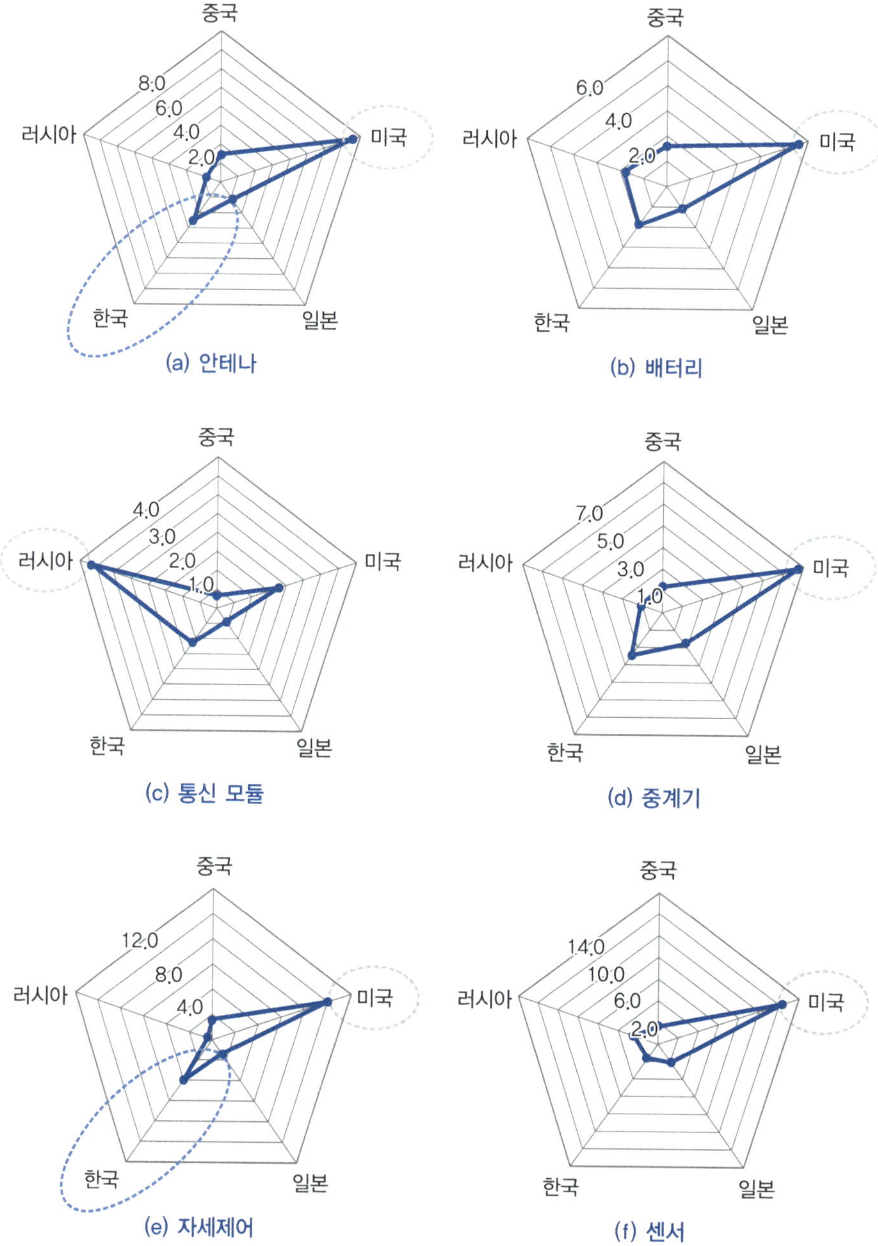

위성통신 기술별 · 국가별 인용 지수를 살펴보면 국가별 강점 기술 분야를 확인할 수 있다. 미국이 6개 기술 중 통신 모듈을 제외한 5개 기술 영역에서 1위를 기록하고 있다. 러시아의 경우 통신 모듈 기술에서 강점을 보였으며, 한국은 최상위를 기록한 영역은 없었으나 안테나와 자세제어 분야에서 상위 인용 비율을 보여주었다. 반면 중국은 전체 영역에서 5개국 중 최하위 인용 비율이 도출되었다.

상기 내용을 정리하면 미국의 경우 위성통신 기술의 품질이 전반적으로 우수하다고 볼 수 있으며, 중국의 경우 위성통신 기술의 양적 성장은 이루었으나, 인용 비율이 5개국 중 최하위로 질적 성장이 부족했다는 점을 확인할 수 있다. 한국의 경우 '자세제어', '안테나 기술' 분야에서 상대적으로 우수한 모습을 보였다([그림 2-15]).

3.5 기업별 위성통신 특허 분석

지난 20년간 위성통신 기술 특허 출원 수 기준 상위 10대 기업을 분석하면([그림 2-16]), 위성통신 기술의 패권 경쟁 변화를 확인할 수 있다. 2001년부터 2010년까지 일본 주요 기업들이 세계 위성통신 기술 출원 1위부터 6위까지 모두 차지하고 있었으나 2011년부터는 중국과 미국 기업의 강세 구도가 이어진다.

2001년부터 2010년 자료를 살펴보면 1위부터 6위는 일본의 미쓰비시 전자, NEC CORP, 샤프, 소니, 파나소닉, 도시바 등 일본 기업이 차지하고 있으며, 7위와 8위는 미국의 퀄컴과 노스롭그루먼, 9위는 한국의 한국전자통신연구원(ETRI), 10위는 미국의 인텔이 차지하고 있다.

반면 최근 10년(2011~2020년) 분석 결과에는 중국 기업이 대거 등장하여

[그림 2-16] 위성통신 기술 특허 출원 회사 비교

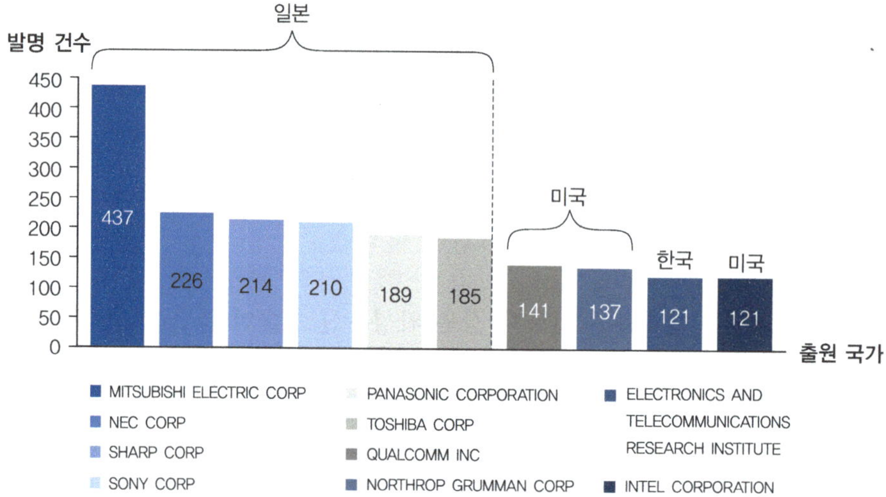

(a) 2001~2010년

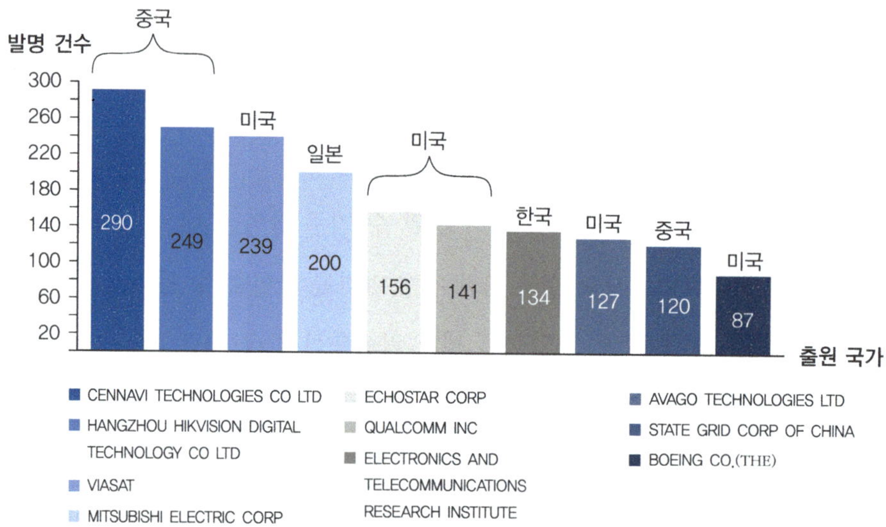

(b) 2011~2020년

출처 : Clarivate's Derwent Innovation, DWPI/DPCI database.

특허 출원 수 1 · 2 · 9위를 차지하고 있으며, 미국의 5개 기업이 10위 안에 위치하고 있다. 일본 미쓰비시가 4위, 한국 전자통신연구원이 7위를 기록하고 있다. 2001년부터 2010년까지는 볼 수 없었던 미국과 중국의 위성통신 기술 패권 경쟁이 2011년부터 본격화된 것을 확인할 수 있다.

[그림 2-17] 특허 출원 회사별 해외 출원 비율 및 특허 인용 수 비교

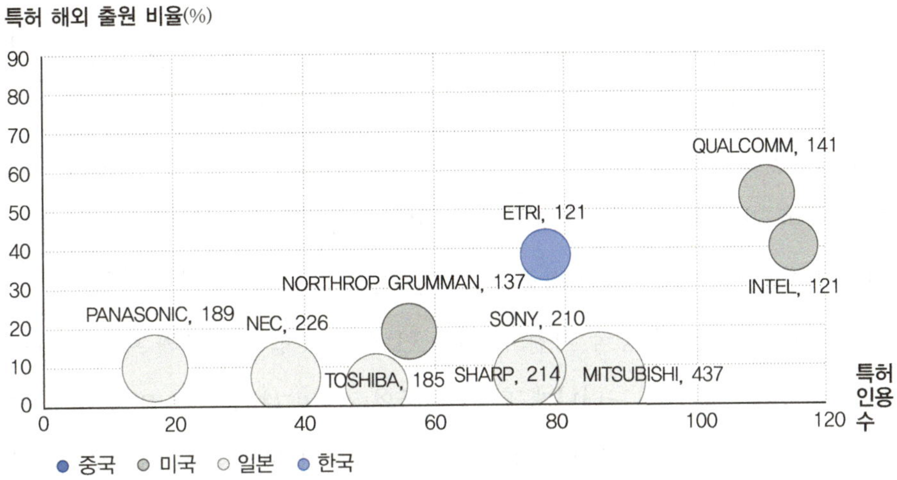

(a) 특허 출원 수 상위 10대 기업(2001~2010년)

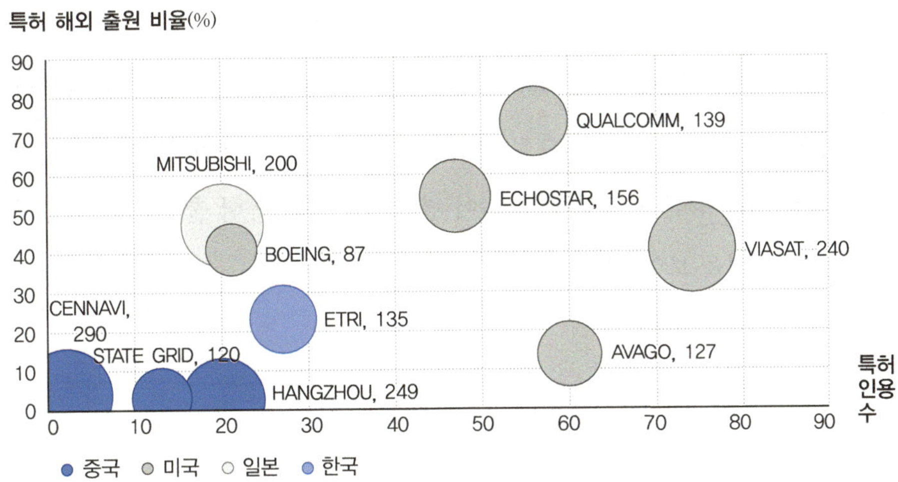

(b) 특허 출원 수 상위 10대 기업(2011~2020년)

20년간 특허 출원 수 상위 10대 기업의 해외 출원 비율과 특허 인용 수를 분석하면([그림 2-17]), 국가별 기업의 전략과 특징이 명확히 드러난다.

2001년부터 2010년까지는 일본 기업이 특허 출원 양으로는 강세를 이루었으나, 특허 인용 지수 측면에서는 미국의 퀄컴과 인텔이 높은 수치를 보여 미국 기업의 특허 기술 품질이 우수했음을 보여준다. 또한 일본 기업에 비해 미국 기업들이 해외 출원을 활발히 추구했음을 보여준다.

2011년부터 2020년까지는 중국 기업들이 대거 등장한다. 양적으로는 상위권을 기록하고 있지만, 특허 인용 수에서는 미국 기업에 비해 낮은 특징을 보인다. 반면 미국 기업은 높은 특허 인용 수를 보이며 질적 성장을 보여준다. 또한 중국 기업들은 내수 중심의 기술 개발로 해외특허 출원 비중이 낮지만, 미국의 경우 높은 해외 출원 비중을 보여준다.

더 나아가 미국과 중국 기업의 특허 포트폴리오 맵을 도출해 보면 국가별 전략의 차이가 확연히 드러나게 된다. 미국의 경우([그림 2-18]) 민간 주도 기술 발전으로, 기업별 강화된 기술 영역에 특허 점이 군집을 이루며 분포하게 된다. 특허 기술이 군집을 이루는 분야는 기업이 전략적으로 특화된 영역으로, 기술의 경쟁우위를 도출하며 질적으로 성장을 추구한다.

반면 중국의 경우([그림 2-19]) 국가 주도 기술 발전으로 인해 기업 특허들이 군집을 이루기보다 전체적으로 산포되어 있는 경향을 보여준다. 이는 기업별 특화된 기술 강점 기반의 전략 없이 전체적인 양적 특허 출원 발전을 추구하고 있다는 점을 보여준다.

[그림 2-18] 위성통신 기술 특허 출원자별 분석(미국)

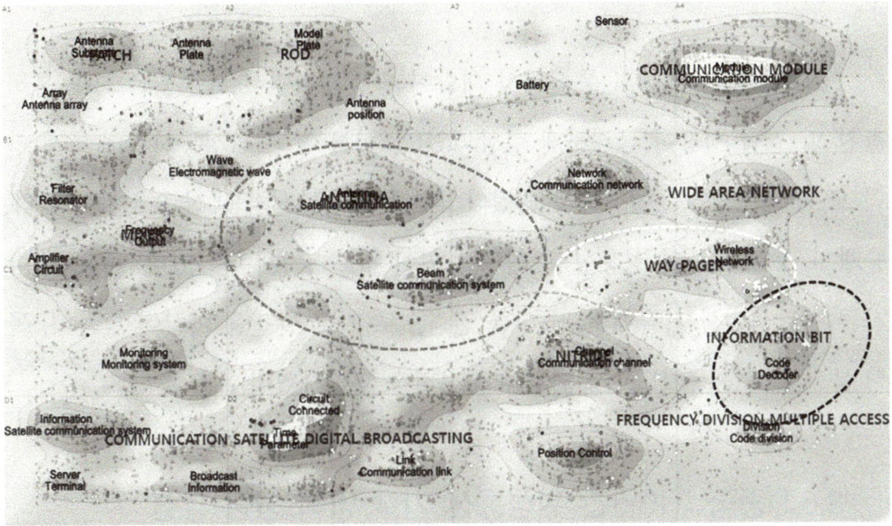

● VIASAT ○ ECHOSTAR CORP ○ QUALCOMM INC ○ AVAGO TECHNOLOGIES LTD ● BOEING CO.

출처 : Clarivate's Derwent Innovation, DWPI/DPCI database.

[그림 2-19] 위성통신 기술 특허 출원자별 분석(중국)

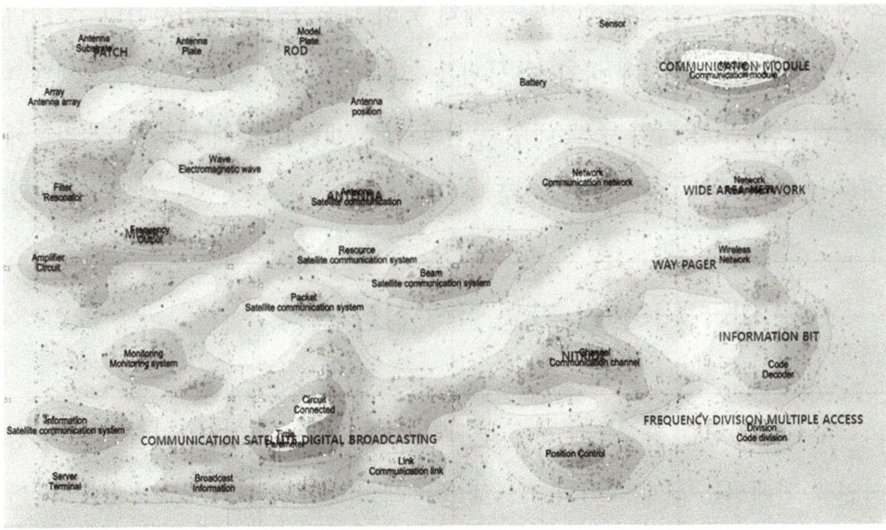

● CENNAVI TECHNOLOGY ○ HANGZHOU HIKVISION DIGITAL ○ STATE GRID CORP OF CHINA

출처 : Clarivate's Derwent Innovation, DWPI/DPCI database.

3.6 분석 결과 종합 및 시사점 도출

2012년 이후 저궤도 통신위성 개발이 활발해지면서 위성통신 기술 특허 출원 및 질적 성장이 급격하게 향상되었다. 이를 통해 위성통신 기술 6개 영역 모두 전반적으로 성장하게 되었다. 이 중 위성통신의 핵심 요소인 안테나, 중계기, 통신 모듈의 성장성 및 해외 출원이 두드러지게 나타났다. 이에 각 국가들은 위성통신 기술에 각기 다른 전략으로 기술 발전을 이끌어 왔는데, 특허 분석 결과를 국가별로 종합하여 시사점을 도출하였다.

3.6.1 중국 : 10년간 위성통신 기술 양적 성장 달성

중국의 경우 10년간 위성통신 기술 특허의 양적 성장을 달성하였다. 지난 10년간 전 세계 특허의 49.7%가 중국에서 출원되었으며, 2012년 이후 특허 수에서 미국을 추월하여 위성통신 세계 특허 보유 1위를 차지하였다. 그러나 특허 인용 수에서는 4개 국가 중 하위를 기록하며 특허 질적 측면의 경쟁력은 저조하였다. 또한 국가 주도 내수 중심의 기술 개발로 인해 해외 시장 진출에 대한 준비도 매우 제한적인 것으로 나타났다.

3.6.2 미국 : 10년간 기술 질적 성장 달성

미국은 10년간 위성통신 기술의 질적 성장을 달성하였다. 기술 특허의 양적인 측면에서는 세계 특허의 31%로 중국에 비해 2위를 기록하고 있으나, 인용 측면에서 세계 1위를 기록하고 있다. 이는 미국의 위성통신 기술이 질적 성장을 달성했다는 점을 보여주고 있다. 특히, 미국은 민간 주도의 기술 발전으로 특허 출원 수 10개 상위 기업 중 5개 기업이 미국 기업이며, 각 기업의 특허 기술이 기업별 강점에 맞게 군집을 이루고 있어 질적 성장 결과를 보여주었다. 기술의 영향력뿐만 아니라 해외 출원도 세계 1위를 기록하여 위성통신 기술 강국의 면모를 보여주었다.

3.6.3 일본 : 20년 사이 성장세 둔화

일본의 경우 2001년부터 2010년까지 위성통신 특허 출원 수 상위 1위부터 6위까지 일본 기업이 차지하는 기술 강국의 면모를 보였으나, 최근 중국과 미국의 기술 성장세에 밀려 성장률이 둔화되는 모습을 보여주고 있다. 2011년부터 2020년까지 특허 출원 수 10위 내 일본 기업이 1개만 존재하고 있다. 이는 20년 사이 일본의 위성통신 기술 성장세가 중국과 미국 대비 상대적으로 둔화되었다는 점을 시사하고 있다.

3.6.4 한국 : 질적 성장 달성과 국가 주도 산업의 한계

한국의 경우 특허 수에 비해서는 인용 수가 상대적으로 많은 편으로, 질적 성장을 추구·달성하고 있는 상태이다. 특히 위성 안테나 기술과 자세제어 기술 면에서는 질적 성장을 달성하며 강점을 보였다. 또한 활발한 해외 특허 출원을 하며, 해외 특허 출원 수 상위권을 기록하며 발전했다. 그러나 기술 특허가 국가 기관에 집중되어 있으며, 민간 기업 중심의 기술 성장을 달성하지 못하여 성장 한계를 드러냈다. 이 때문에 혁신의 지속성에 한계가 있다는 시사점이 도출되었다.

〈표 2-2〉 특허 분석 종합 및 시사점 요약

분류	요약 및 시사점	비고(한국)
산업 동향	2012년 이후 기술 발명 급증(저궤도 위성 개발 열풍)	
기술 동향	1) 위성통신 6개 기술 분야 모두 성장 2) 핵심 기술인 안테나, 중계기, 통신 모듈에서 특허 활발	
양적 특허 분석	1) 미 · 중 특허가 전체의 80.7%로 기술 패권 경쟁 중 2) 위성통신 특허 중 49.7%가 중국에서부터 출원 - 2012년부터 특허 출원 수 1위 등극	한국 : 위성통신 특허 출원 수는 세계 4위
질적 특허 분석 (인용 수 분석)	1) 미국 : 특허 품질 및 해외 출원 비중 1위 2) 중국 : 특허 양은 1위. 특허 인용 수는 낮음. 내수 중심 3) 한국 : 일본에 비해 특허 수는 절반(53%)이지만 특허 인용 수는 일본 대비 상위 4) 일본 : 특허 출원 수 세계 3위, 해외 출원 한국 대비 활발	한국 : 위성통신 특허의 질적 수준은 우수 - 기술적 장점 : 안테나 기술, 자세제어 기술 발달 - 산업적 장점 : 해외 특허 출원이 활성화
국가별 분석	1) 양적 측면 : 중국 > 미국 > 일본 > 한국 2) 질적(인용 수) 측면 : 미국 > 한국 > 일본 > 중국	한국 : 기술 특허 인용 수 및 질적 성장 우수
사업자 분석	1) 미국 : 5개 민간 기업이 분야별 세계 기술 주도 2) 중국 : 국가 주도 성장, 최근 10년간 급격히 성장 3) 한국 : 국가 주도 성장, ETRI가 대부분 기술 특허 보유 4) 일본 : 20년 사이 위성통신 성장세 둔화 (* 위성 10대 기업 : 2001~2010년 : 6개 일본 기업 → 2011~2020년 : 1개 일본 기업)	한국 : 국가 주도 발전으로 ETRI에 특허 집중된 상태

4. 뉴 스페이스 시대, 위성통신 기술 혁신전략

특허 분석에서 살펴본 것과 같이 현재 미국과 중국의 위성통신 기술 패권 경쟁은 치열하게 이루어지고 있다. 20년 전 일본과 미국 사이 위성통신 기술 패권 경쟁은 이제 중국과 미국 중심으로 전환되었다. 현재 각 국가와 기업들은 위성통신 기술이 미래 핵심 플랫폼으로 성장할 중요 요소임을 인식하고, 차별화된 전략 수립과 추진을 통해 각자 위성통신 발전을 추구하고 있다. 기술 변화와 뉴 스페이스 시대에 걸맞은 과거와는 다른 '새로운 위성통신 전략'이 필요한 때이다. 새로운 위성통신 시대를 위해 앞서 도출한 시사점에 기반하여 4가지 전략을 제안하고자 한다.

첫째, 특허 기술의 질적인 경쟁력 성장을 추구한다.

특허에 있어 양적 성장은 간과할 수 없는 부분이지만 질적 성장이 더 중요하다. 특허 품질은 기업의 기술력과 경쟁력에 직결되는 부분으로, 기술력과 질적 성장을 달성한 회사는 급변하는 환경에도 굳건히 살아남는 모습을 보여주었다. 대표적인 예가 미국의 퀄컴이다. 퀄컴의 경우 20년간 위성통신 관련 특허 출원 상위 10위권 내를 유지하고 있다. 특히, 특허 인용 수에서는 20년간 상위 3위권 내를 기록하고 있는 점을 확인할 수 있는데, 이는 퀄컴의 기술 경쟁력을 보여주는 것이다. 이처럼 새로운 위성통신 시대에도 양적 성장보다는 질적 성장을 추구할 경우 급격한 산업 변화에도 살아남는 기업을 만들 수 있을 것이다.

둘째, 장기적으로 민간 주도 위성통신 혁신이 필요하다.

미국이 위성통신 기술의 질적 달성을 할 수 있었던 이유는 민간 위주의 우주 산업 발전의 토대를 마련했기 때문이다. 천문학적 비용이 지속 발생되는 우주 산업 특성상, 국가 예산 중심의 기술 발전 추진은 장기적으로 지속성에 한계를 가질 수밖에 없다. 미국은 NASA의 아폴로 달 탐사 프로젝트를 경험하며 국가 주도 우주 혁신에 한계를 느끼면서 일찍부터 민관 협력을 통한 기술 라이센싱 및 기술이전을 이용해 민간 주도의 우주 산업 생태계를 육성해 왔다. 이는 민간 우주 기업의 발전을 이끌고 자연스럽게 투자금 유입을 유도하고, 해당 투자금이 다시 기술 개발에 투입되어 혁신을 이끄는 혁신 사이클을 만들었다. 이를 통해 분야별 특화된 우주 기업이 육성되었고 민간 주도의 위성통신 혁신이 가능하게 되었다. 마찬가지로 우리나라 위성통신 산업도 장기적으로는 민간 주도 위성통신 혁신이 필요하다.

셋째, 전략적 파트너십을 통한 기술 발전을 추구한다.

위성통신의 경우 타 산업 대비, 기술 개발에 많은 비용과 시간이 소요되는 특징을 가진다. 따라서 전략적 파트너십을 활용한 기술 발전을 추구해야 한다. 먼저, 산학협력을 이용한 기술력 강화이다. 제한된 인프라와 시간 내 기술 경쟁력 강화를 위해서는 긴밀한 산학협력이 필요하다. 산업현장 전문가와 기술 개발 전문가, 학계 전문가들이 유기적으로 협력하여 경쟁력 있는 신기술을 만들어낼 수 있는 생태계 조성이 필요하다. 이를 통해 산업계와 학계의 지식 및 기술 순환을 통한 유기적 성장을 추구해야 한다. 추가적으로, 해외 기업과의 전략적 제휴 및 개방형 혁신이 필요하다. 신기술이 요구되는 통신위성 고급 기술의 경우, 초기 독자 개발에 어려움이 있을 수 있다. 이 경우 해외 기업과의 전략적 제휴 및 개방형 혁신을 통해 기술력 강화가 필요하다. 이를 통해 해외 기술을 점진적으로 습득하고 기술의 효율적인 발전을 추구하는 노력이 필요하다.

넷째, 인재 양성을 통한 기술의 질적 성장 추구가 필요하다.

위성통신 산업의 장기적 성장을 위해서는 우수한 인재 확보가 핵심이다. 세계적으로 우수한 우주 인재 확보 경쟁이 치열해지고 있고, 우주 산업에서는 스카우트 전쟁이 일어나고 있다. 그러나 인재를 외부에서 채용해 오는 것은 단기적 해결 방안이 될 수 있으나, 장기적으로는 해결책이 될 수 없다. 따라서 핵심 인재를 국가 또는 기업 내부에서 양성할 수 있도록 체계적인 교육과 인재 양성 계획을 수립하는 것이 필요하다. 핵심 인력 양성에 있어 현실적이고 실질적인 전략과 계획을 바탕으로 인재를 육성할 때 장기적인 기술의 질적 성장 발전이 가능할 것이다.

[참고문헌]

동아사이언스, "지구 상공에 '위성 그물망' 펼쳐...오지서도 초고속 인터넷 쏜다", 고재원, 2020. 1. 10.

「세계 전역을 커버하는 저궤도 위성, 치열한 선점 경쟁 전개」, 글로벌 과학기술정책정보 서비스, 2020.

이재민, 최충현, 「소형위성, KISTEP 기술동향브리프(2020-14호)」, 한국과학기술기획평가원, 2020.

「2020년 기술수준평가(우주 · 항공 · 해양)」, 한국과학기술기획평가원, 2020.

「2020 우주산업 실태조사」, 과학기술정보통신부, 2019.

"'20~'22 우주개발계획", 한국항공우주연구원, https://www.kari.re.kr/kor/sub04_02_03.do

정의훈, 「우주를 줄게」, 유진투자증권, 2021.

「제3차 우주개발 진흥 기본계획 : 2021년도 우주개발 진흥 시행계획」, 관계부처합동, 2021.

조동연, 『우주 산업의 로켓에 올라타라』, 미래의창, 2021. 10. 18.

조선일보, "[박상현의 디지털 읽기] 1200조원 우주 시장 쟁탈전 시작됐다", 2020. 8. 21.

「초소형위성 및 6G 위성통신기술 개발방안」, 관계부처합동, 2021.

페터 슈나이더(한윤진 역), 『우주를 향한 골드러시』, 쌤앤파커스, 2021. 1. 27.

Caleb Henry, "Space startup investments continued to rise in 2018", SPACENEWS, 2019.

"SpaceX Eyes Satellite Internet Expansion Amid 'Extraordinary Demand'", PC Magazine, 2020.

"The big future of satellite internet just took a promising step forward", INVERSE, 2020.

"The State of Space Exploration, 50 Years After the Moon Landing", Stratfor Worldview, 2019.

3장

환경보호의 필수 기술, 친환경 플라스틱

—환경 이슈 대응을 위한 기업들의 혁신전략

최상빈(SK에코플랜트)

1. 친환경 플라스틱 기술의 배경
2. 기업의 혁신전략에 대한 이론적 고찰
3. 친환경 플라스틱 기술 특허 분석
4. 분석의 시사점 및 맺음말

출처 : 위키피디아

강화되는 환경 규제와 지구를 살리기 위한 노력에서 우리의 기술력은 무엇이며, 기업의 영속성을 유지하기 위한 혁신전략은 무엇인가?

1. 친환경 플라스틱 기술의 배경

최근 경제, 사회, 문화 등 다양한 분야에서 혁명적인 수준으로 변화의 흐름이 거세지고 있다. 2008년 금융위기 이후 뉴노멀(New normal)로 일컬어질 만큼 저성장이 일반화되고 있으나 한편으로는 그동안 새로운 성장 동력을 찾기 위한 노력의 일환으로 기술 분야의 발전이 축적되어 왔다. 그 결과로 최근 다양한 분야에서 변화가 일어나고 있으며, 이 변화는 기술에 기반한 근본적인 변화로, 기존에 해결하기 어려웠던 문제에 다양한 솔루션을 제공함에 따라 신성장 동력으로서 기대감을 높이고 있다. 또한 저성장을 타계하기 위한 재정적 수단으로 저금리, 완화적 재정정책이 풍부한 자금을 새로운 기술과 새로운 시도를 하는 기업들에게 지원하며 변화의 속도는 가속화되고 있다.

이와 함께 급격한 기후환경 변화와 그 인식이 최근 들어 급격하게 높아지고 대중화되어 점차 상식처럼 받아들여지고 있다. 2010년 이후 발행된 메가트렌드[1] 관련 자료에는 환경과 관련된 내용이 대부분 포함되어 있었으나 그동안 해결방법의 부재와 경제적 이유 등으로 등한시되거나 외면되었다. 최근에는 앞서 언급한 기술역량의 축적으로 환경문제를 신기술 혁신을 통해 해결하고자 하는 노력이 지속되고 있다.

저성장을 탈피하기 위한 목적 및 환경문제 해결을 위한 다양한 노력이 결합되며 새로운 시장을 열어가고 있는 한편, 탈탄소 및 환경 규제의 강화로 인해 사회적 비용이 늘어난 사업 환경에서 기존 환경 하의 경쟁전략을 연구하던 전통 기업들은 현재의 지위를 유지하기에 매우 어려운 상황에 직면해 있다. 이러한 문제를 돌파하기 위한 여러 노력들이 시도되고 있으며 대표적으로 전

1. 메가트렌드(megatrends)란 미국의 미래학자 존 네이스비츠의 저서인 『메가트렌드』에서 유래된 용어로 10년 혹은 그 이상의 기간 동안 개인, 사회, 세계적 삶을 형성하는 중요한 방향성을 의미.

기차, 수소 및 에너지 저장장치 등 다양한 사업을 시도하고 있으나 기업의 대응 역량의 수준은 천차만별이다.

그중에서도 지구의 환경오염을 가중시키는 여러 위협 요인 중 우리 삶과 가장 가까운 곳에 영향을 주고 있는 부분은 플라스틱으로 인한 폐기물 문제이다. 석유화학 산업은 삶과 밀접한 연관을 맺고 있는 다양한 제품들을 플라스틱을 통해 저렴한 가격으로 생산하여 인류 후생을 높여주었다. 하지만 최근 플라스틱 산업은 성장성이 정체되고 있으며, 기존의 제품들을 대체할 수 있었던 높은 화학적 안정성이라는 장점이 최근에는 자연적으로 분해가 어려워 환경문제의 주범이라는 단점으로 치환되면서 이에 따라 사용을 억제하기 위한 각종 규제 등으로 인해 수익성도 점차적으로 악화되고 있는 실정이다.

이에 본 장에서는 기존 석유화학 산업을 영위하고 있는 기업 또는 친환경 플라스틱 산업에 진출하고자 하는 기업들, 특히 친환경 플라스틱 시장의 후발주자가 시장 진입전략을 세우는 방법으로 어떤 분야를 진출할 것인지 제언하고자 특허 분석을 이용한 사례를 제시하고자 한다.

1.1 친환경 플라스틱의 등장 배경

앞서 서두에서 간략하게 언급한 바와 같이 플라스틱은 우수한 기능 그리고 저렴한 가격으로 인류의 풍요로운 생활과 산업 발전에 크게 이바지해 왔다. 가볍고 적정한 내구성으로 식품 저장 용기 개발을 통해 장기간 음식을 보관할 수 있게 되었다. 또한 20세기 최대의 발명품 중 하나로 꼽히는 합성섬유인 나일론은 우리 의복 생활에 지대한 영향을 끼쳤다. 또한 당구공의 소재로 사용되었던 코끼리 상아를 대체함에 따라 생물 다양성에 기여한 사례와 같이 우리 삶과 생태계 전반에 영향을 끼쳤다.

하지만 이러한 인류 복지와 효용을 진작했던 장점들이 최근에는 환경을 위협하고 있다. 일반적으로 탄소 기반 화합물이라고 하는 유기물은 생분해(biodegradation)[2]라는 과정을 거쳐 분해된다. 플라스틱은 탄소를 기반으로 하는 석유화학 제품의 일종으로 대표적인 유기물질 제품 중 하나이다. 플라스틱 또한 탄소 기반 화합물로 타 화합물과 같이 생분해 과정을 거치나 그 구조적 안정성으로 인해 분해에 상당히 오랜 시간을 거치게 된다. 완전히 분해되는 시간은 비닐 봉지가 10~20년, 페트병이 450년 소요된다고 알려져 있다. 이로 인해 2015년까지 누적된 플라스틱 생산량 83억 톤으로 알려져 있으며 이는 코끼리 10억 마리의 무게에 해당하는 양으로 조사되었다.[3] 기존의 장점이었던 구조적 안정성(dimensional stability), 즉 충격 완화에 효과적이며 잘 썩지 않고 반영구적이라는 특성이 환경오염이라는 역풍으로 되돌아오고 있다.

이 때문에 플라스틱 폐기물의 처리에 의한 환경문제가 심각한 수준이다. 이러한 플라스틱 폐기물의 처리에는 대표적으로 소각, 분해, 매립 등이 있는데 이 과정에서 예외 없이 환경문제가 발생한다. 매립 시 환경호르몬 침출로 인한 토양오염 문제가 발생하며, 소각 시에는 다이옥신(dioxine), 대기오염 물질, 온실가스의 배출 등을 초래하여 심각한 환경오염을 초래하고 있다. 과거에는 분해 시 환경오염에 미치는 영향이 적을 것으로 생각했으나 미세플라스틱의 발생으로 인해 생태계 전반에 미치는 악영향을 미친다는 연구결과들이 나타나고 있다.

이러한 문제를 해결하기 위해, 세계 각국은 여러 환경 규제를 강화하고 있다. 독일, 이탈리아, 미국 등 각 선진국은 법제화를 통해 쇼핑백, 플라스틱병

---

2. Biodegradation, 유기물질이 특정 효소나 물질을 첨가하는 등의 인위적인 활동없이 박테리아(bacteria)에 의해 자연적으로 분해되는 과정.
3. Jenna Jambeck, Plastic waste inputs from land into the ocean, *SCIENCE*, 2015.

에 친환경 플라스틱을 사용을 의무화하는 움직임을 보이고 있다. 전 세계 공장으로서 역할을 하고 있으나 이와 함께 최대 환경오염 유발국이라는 오명도 함께 얻고 있는 중국도 변화의 움직임을 보이고 있다. 과거에는 국제적 오명에도 불구하고 경제 발전이 우선이었던 정책적 방향성이 조금씩 변화하는 모습이 감지된다. 자국 내 환경오염 문제가 심각해지면서 2018년에는 자국 내 폐플라스틱 수입금지 조치를 시행하는 것을 필두로 2020년에는 '고체환경오염방지법 개정' 및 중국 국가발전개혁위원회를 통해 '플라스틱 오염관리 강화 제안'을 발표하는 등 플라스틱 제품에 대한 생산 및 판매 금지에 대한 단계적 조치를 시행하는 변화를 보이고 있다.

우리나라의 경우 COVID-19 대유행 기간 동안 의약품과 포장에 대한 수요가 급격히 증가함에 따른 플라스틱의 환경 파괴 문제가 중요한 이슈로 떠오르게 되었다. 비대면 소비(포장, 택배, 배달 음식 등)가 더욱 증가되면서 플라스틱 포장재 쓰레기들이 넘쳐나고 있다. 국내 통계에 따르면 코로나19 팬데믹 이후 2021년 플라스틱류 일회용품 증가 추세는 15.6%로 급증하였다.[4] 이에 우리나라도 기존의 플라스틱 제품에 환경 개선을 목적으로 부과되는 폐기물 부담금을 인상하는 정책을 마련하고 다양한 정책 등을 통해 친환경 플라스틱 제품 사용을 유도하고 있다.

1.2 친환경 플라스틱의 정의와 구분[5]

일반적으로 친환경 플라스틱으로 칭하는 바이오 플라스틱(bioplastic)'은 현재 각종 국내외 보고자료에서 많이 사용되는 분류 기준으로 살펴보면 바이오

4. 포스트코로나 시대를 대비한 플라스틱 재사용 이슈, 한국환경산업기술원, 2021.

5. https://www.european-bioplastics.org/bioplastics

매스[6]로부터 유래된 플라스틱, 즉 '바이오 기반 플라스틱(bio-based plastic)'과 '생분해성(biodegradable) 플라스틱'을 의미한다. 여기서 생분해성 플라스틱은 미생물에 의한 분해 작용에 의해 수개월 내지 수년 이내에 물, 이산화탄소, 메탄가스 등으로 완전 분해되는 플라스틱을 말한다. 또한 바이오 기반 플라스틱은 생분해성일 수도 있고 아닐 수도 있다.[7] 이를 바탕으로 일반인이 보다 직관적으로 이해할 수 있는 친환경 플라스틱의 정의는 ① 환경에 무해한 원료를 사용하거나, ② 자연 환경에서 기존 플라스틱 대비 빠르게 분해되거나, ③ 생산 과정에서 탄소 배출이 적은 플라스틱을 의미하는 것으로 이해하면 쉬울 것이다.

이에 따라 전체 플라스틱은 [그림 3-1]과 같이 분류할 수 있다. 여기서 색상이 있는 부분이 바이오 플라스틱 영역이며, 회색으로 표시된 부분은 환경에 무해한 원료를 사용하여 만들어진 플라스틱으로 1사분면은 생분해성인 경우에 해당한다. 또한 2사분면은 바이오 기반 플라스틱이면서 생분해성이 아닌 경우인데, 소재에 따라 차이가 있겠으나 분해에 70년 이상 소요되는 것으로 알려져 있다. 하지만 기존 플라스틱이 아니라 바이오 플라스틱으로 분류된다. 생산 과정에서 탄소 배출이 적어 '탄소중립(carbon neutral)[8]' 개념 측면에서 포함된다. 반면 파란색 부분은 일반적으로 인식하는 쉽게 분해되어 환경에 우호적인 플라스틱으로 본 장에서 중점적으로 다루고자 하는 부분이다.

---

6. 바이오매스의 사전적 의미는, 앞의 정의와는 조금 다르게, 화학적 에너지로 사용 가능한 식물, 동물, 미생물 등의 생물체, 즉 바이오 에너지로서의 에너지원을 의미.
7. 과거에는 생붕괴성 고분자(Disintegrable Polymer)로 칭함.
8. 탄소중립이란 개념은 성장기에 물, 이산화탄소, 태양광을 이용하여 엽록체에서 광합성 작용을 통해 이산화탄소를 소비하고, 폐기되어 자연에서 분해될 때 성장기에 흡수한 정도의 이산화탄소만을 발생시켜 지구상의 이산화탄소 총량을 증가시키지 않는 개념.

[그림 3-1] 바이오 플라스틱의 분류

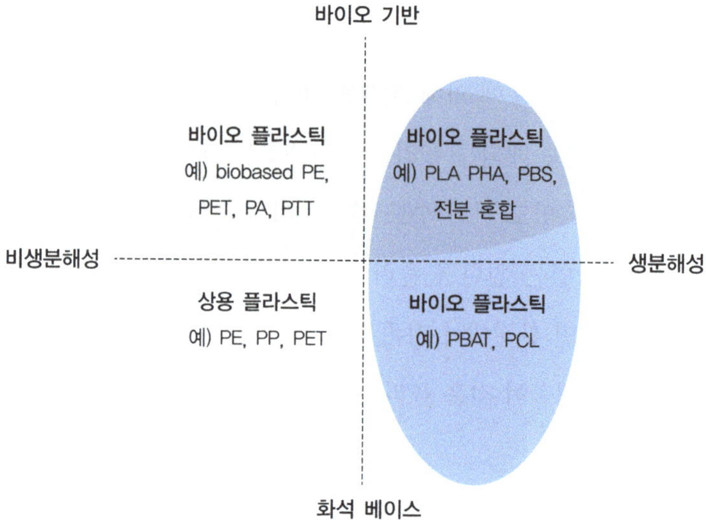

출처 : Bioplastics 2020-2025, IDTechEx.Ltd, "롯데케미칼, 생분해 플라스틱 PHA 상업화 기술 개발 박차", Chemical News, 2022.

1.3 시장 전망

폐기물 부담금 인상 등의 환경 규제는 플라스틱 산업의 성장에 장애로 작용하고 있으며, 이에 따라 세계 각국은 인체에 무해하고, 재활용이 용이하면서도, 가격 경쟁력과 기존 플라스틱의 이로운 물성을 유지하는 원료 및 제품 개발에 총력을 기울이고 있다. 친환경 플라스틱은 현재 농업용 필름, 식품 포장용 필름, 생활용품 등에 사용하고 있으며 세계 각국의 1회용 포장재, 식기 등에 대한 사용 규제 강화 및 선도 기업의 ESG 활동으로 친환경 플라스틱의 광범위한 실용화가 활발히 진행되고 있다. 이러한 흐름에서 친환경 플라스틱 시장은 장기적으로 성장할 것으로 보고 있으며, 세계시장 기준으로는 2018년부터 2024년까지 연평균 9.5%씩 성장하여 2024년 시장규모는 91.8억 달러에 이를 것으로 예상된다. 세계시장 중 아시아, 특히 인도와 중국 시장의 비약적 성장이 전망되며 특히 생분해 가능한 제품의 성장성이 매우 높을 것으로 예상된다. 국내 시장은 시장이 개화되는 시기로 글로벌 시장보다 보다 높은 성장이 예상되며, 국내 친환경 플라스틱 시장 전망은 생산량 기준으로 2017년 138백만 톤에서 2022년 369백만 톤의 생산 규모를 형성할 것으로 예측된다.[9] 향후 5년간 친환경 플라스틱 시장은 연평균 20%를 상회하는 높은 성장률을 보일 것이다.

2. 기업의 혁신전략에 대한 이론적 고찰

2.1 기업 성장의 수단으로의 다각화

석유화학 산업의 정체는 계속기업으로서 주주 부의 지속적인 성장을 이뤄내야 하는 기업가들에게는 신성장 동력 발굴의 과제로 부여되고 이는 사업 다각화의 모습으로 나타난다. 이를 그 목적을 통해 구분하면 크게 세 가지이다. 첫째, 기업의 시장 지배력을 확대하기 위해서 다각화를 추구한다는 시장 지배력(market power) 관점, 둘째, 주주가 아닌 경영자의 이익을 위해 다각화를 추구한다는 대리인(agency) 관점, 셋째, 사용되지 않는 자원을 다른 사업에 활용해 보다 높은 이익을 얻는 자원 기반(resource-based) 관점이 있다. 본 장에서 사업 다각화를 바라보는 관점은 기업 행위의 본질이 이익극대화와 자원의 효율적 활용이라고 봤을 때, 시장 지배력 관점과 자원 기반 관점이라 할 수 있다.

일반적으로 기술 다각화는 사업 다각화에 선행하는 특성이 있는데 사업 다각화는 기술의 다각화와 연관 지어서 생각해 볼 수 있다. 자원 기반 관점에

9. Global Bio-plastic and Bio-plastic Additives Market, Forecast to 2023, Frost & Sullivan, 2020.

서 접근할 경우, 사업 다각화를 위해서는 자원이 중요한데, 자원은 쉽게 모방될 수 없고, 대체와 거래가 불가능해야 하는 핵심 역량과 관련되어 있어 이러한 자원을 보유하기 위해서는 기술 다각화가 주요한 요소이기 때문이다. 따라서 기술 다각화는 사업 다각화의 중요 요소로 인식될 수 있다.

주지하는 바와 같이 하나의 제품을 생산하기 위해서는 다양한 기술들이 접목되어야 하기 때문에 기술 다각화의 정도는 일반적으로 사업 다각화의 정도보다 크다. 또한 이러한 특성 때문에 사업 다각화를 하고자 하는 기업은 기술 다각화를 하고자 한다.[10] 기업의 경쟁력을 유지하는 데 기술이 중요 요소로 인식되고 핵심 역량으로서 기업마다 중요 기술을 보다 다각화한다.

2.2 Open Innovation

서두에 언급한 바와 같이 기업 외부환경이 지속적으로 변화하고 있고 이를 대응하기 위한 비용도 갈수록 높아지고 있어 개별 기업의 자원과 역량만으로 지속적인 혁신이 어려워지고 있다. 이에 따라 기업 외부 자원을 적극적으로 활용하는 오픈 이노베이션이 기업에 있어 필수 전략으로 인식되고 있다. 개방형 혁신(Open Innovation) 이론은 미국 UC버클리대학의 Henry Chesbrough 교수가 처음 제시한 개념으로 '내외부 기술 및 아이디어 등 자원의 유출입을 활용'함으로써 조직 내에서 창출한 이노베이션을 조직 외부로 펼치거나 외부의 아이디어를 내부로 흡수해 성과를 극대화시키고 시장 기회를 확대하는 것을 의미한다. 외부와의 협력을 강조하는 기술 혁신전략으로 오픈 이노베이션의 형태는 크게 2가지로 제시되며 이는 '인바운드(in-bound) 오픈 이노베이션'

10. GeryBadze, A., and Stephan, M. Determinants of technological diversification : An analysis of corporate diversification patterns, 2002.

과 '아웃바운드(out-bound) 오픈 이노베이션'으로 구분된다. 인바운드 오픈 이노베이션은 제품의 기획 · 개발 및 생산을 위한 기술 혁신 과정에서 기업이 갖지 못한 기술 · 지식 · 정보 등을 외부로부터 인수하거나, 기업 외부의 공급업자와 고객 및 협력 관계에 있는 조직 등과의 공동개발을 통해 얻는 것을 뜻하고 아웃바운드 오픈 이노베이션은 기업이 보유한 지식 재산권 혹은 브랜드 등을 사업화 하는 데 적합한 외부조직을 탐색하는 것을 의미한다. 오픈 이노베이션을 통해 연구 · 개발 · 상업화에 이르는 혁신 과정을 개방해 외부 자원을 활용하면 기술 개발에 필요한 비용을 절감할 수 있을 뿐 아니라, 다양한 아이디어를 바탕으로 새로운 제품을 개발하는 등 경영 성과에 기여할 수 있다는 것이 본 이론의 골자로 이해할 수 있다.

2.3 성장전략

기업의 관점에서 성장을 위한 다양한 방법이 있을 수 있는데 Aneel Karnani 교수[11]는 성장에 대한 전략적 방법론으로써 성장의 방향(Direction of growth)으로, 점유 확대(Market Penetration), 지역적 시장 확대인 글로벌 진출전략, 가치사슬(Value Chain)상 사업 중심의 전후방 확대, 기존 사업과 연관된 사업으로 영역을 확장해가는 시너지 전략, 마지막으로 전혀 새로운 사업 영역으로 진출하는 대기업형 확장전략을 제시하고 있다.

성장 방법에 있어서 자립도에 따른 분류 기준으로 내부성장(Organic/internal Growth), 전략적 제휴(Strategic Alliances), 기업 인수합병(M&A)과 같은 방법이 있다. 이상의 두 가지 기준으로 도출할 수 있는 경우의 수의 조합인 5 X 3 매트

11. Aneel Karnani, Five Ways to Grow the Market and Create Value, 2010.

릭스는 대부분의 기업 성장전략과 그 사례를 표현할 수 있는 유용한 도구로써 활용이 가능하다.

이러한 이론적 배경에 근거하여 볼 때 메가트렌드에서 확인할 수 있었던 기업을 둘러싼 환경적 변화가 이미 시작되고 있어 이를 타계하기 위해서 석유화학 산업은 성장 모색을 위해 사업 다각화가 필요하다고 판단된다. 이 사업 다각화와 상관성을 지닌 기술 다각화를 이루기 위해서는 내재적인 연구를 통해 핵심 기술 자원을 보유하는 것이 좋은 방법으로 볼 수 있다. 하지만 급격하고 빠른 환경의 변화에 대응하고 사업적 관점에서 불확실성이 크다는 점에서 높은 성공을 위해서는 오픈 이노베이션을 통해 빠르고 유연하게 준비할 수 있어야 한다.

이러한 측면에서 후발주자의 경우 새로운 연구를 통해 진입하기 보다는 초기 시장에서의 선도자의 시장 실패 사례를 실증적으로 연구한 다양한 논문들을 바탕으로 할 때, 리스크를 분산하고자 하는 니즈를 지닌 기업과 협업을 통해 진입전략을 생각할 수 있다. 또한 오랜 시간 연구 등이 필요한 첨단 분야임을 감안할 때 시장의 개화기가 아직 도달하지 못한 것으로 판단되는 동 시장에서 기술적 능력은 뛰어나나 자금 여력이 충분치 않은 기업들이 존재할 가능성이 높다. 뿐만 아니라 기존 석유화학 사업자는 현재까지 안정적인 수익을 바탕으로 자금 여력이 충분함을 감안할 때 기술적 선도자와 협업하는 방안을 고려할 수 있다. 또한 불확실성을 감안할 경우 해외 시장보다는 국내 시장을 우선적으로 공략하는 것이 성공 확률을 높일 수 있을 것으로 판단된다. 이와 같은 시장 진입 관점에서 친환경 플라스틱의 특허 분석을 통해 적정한 분야를 도출해 내고자 한다.

3. 친환경 플라스틱 기술 특허 분석

3.1 특허 분석 대상 및 제약사항

새로운 성장동력을 확보하기 위해 친환경 플라스틱의 특허 분석을 통해 어떠한 분야에 집중할 것인지 분석하고자 한다. 앞서 살펴본 바와 같이 친환경 플라스틱은 크게 세 가지로 분류할 수 있다. 이 중에서 본 장에서는 생분해 플라스틱(Bio-degradable plastics)에 한정하여 분석을 진행하였다. 그 이유는 플라스틱 폐기물의 경우 탄소 감축 노력이 중요하나 기하급수적인 폐기물의 축적이 주요한 환경문제이므로 분해성에 초점을 두기보다는 공해물질 배출을 저감하는 방식인 바이오 베이스 플라스틱(Bio Based plastics)은 제외하였다. 또한 기존 범용 플라스틱 생산 방식에 첨가제를 사용하는 방식으로 제조하는 산화 생분해성 플라스틱은 배합 비율 등 독자적인 노하우가 중요하여 특허보다는 기업 비밀로서 연구될 가능성이 높은 것으로 판단하여 오픈 이노베이션을 통해 신규 진입자가 참여하기 어려운 부분으로 판단하여 제외했다. 또한 분석에 대한 여러 제약으로 인해 소재 중심으로 분석하였으며, 공정 등을 포함한 특허 분석은 일부 외부 분석자료 등을 인용하였다([그림 3-2], 〈표 3-1〉 참조).

[그림 3-2] 바이오 플라스틱 특허 주요 출원인 및 출원 수

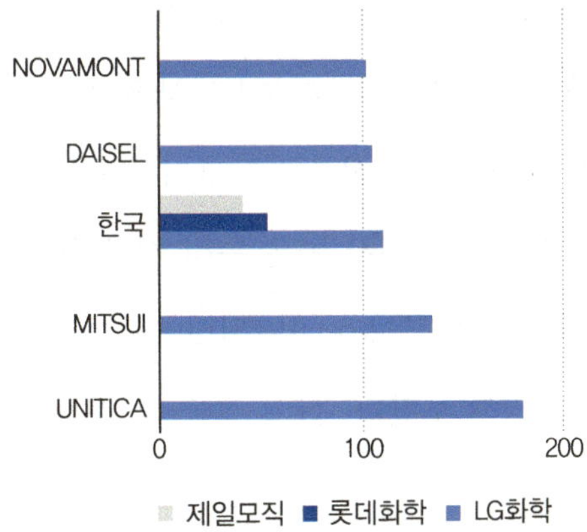

출처 : 중소기업 전략기술로드맵(2021~2023) 친환경소재 및 자원순환 통계 인용.

〈표 3-1〉 주요 출원인의 집중력

기업명	국가	개수	특허 점유율	누적
UNITICA LTD	일본	180	1.9%	-
MITSUI CHEM	일본	135	1.4%	3.3%
LG화학	한국	110	1.2%	4.5%
DAICEL CHEM IND LTD	일본	105	1.1%	5.6%
NOVAMONT SPA	이탈리아	101	1.1%	6.6%
MITSUBISH PLASTICS	일본	97	1.0%	7.7%
BASF	독일	91	1.0%	8.6%
TORAY INDUSTRIES INC	일본	64	0.7%	9.3%
MITSUBISHI CHEM	일본	64	0.7%	10.0%
TOYOBO CO LTD	일본	62	0.7%	10.6%
합계		9,497	100.0%	100.0%

출처 : 중소기업 전략기술로드맵(2021~2023) 친환경소재 및 자원순환 통계 인용.

3.2 분석 결과

생분해성 고분자 소재는 약 20가지 이상이 존재하는 것으로 알려져 있으나 그중 대표적인 소재 8가지로 분류하여[12] 전체적인 특허 관련 트렌드를 살펴보았다. 전체적인 성장률을 보기 위해 최근 3개년과 10년 특허 수를 비교하였으며, 모든 물질에서 높은 특허 성장률(평균 35%)을 보이고 있어 “활발한 연구”가 진행 중인 분야로 판단된다. 또한 시장 성숙도를 확인하기 위해 특허 집중력을 확인해 보았다. 산업 집중 및 시장 구조 측정 지표 가운데 일반적으로

12. 분류한 9개 물질은 아래와 같으며, PHA/PHB/PHV는 PHA 계열로 하나로 분류.
① PLA(Polylactic acid), ② TPS(thermo plastic starch), ③ PHA(poly hydroxyalkanoate)/PHB(poly-β-hydroxybutyrate)/PHV(poly-β-hydroly valerate), ④ PBAT(polybutyrate adipate terephthalate), ⑤ PGA(poly glycolic acid), ⑥ PBS(poly butylene succinate), ⑦ PES(poly ethylene succinate), ⑧ PVA(poly vinyl alcohol)

사용하는 지표는 Lustgarten(1975)의 상위 m기업 집중률(CRm : m-firm seller concentration ratio)로, 산업 혹은 품목 시장에서 상위 m기업 점유율의 합계를 나타낸다. 분석 결과 상위 4개 기업의 특허 점유율이 0.06으로 독과점 정도는 매우 낮은 수준으로 "초기 시장"으로 판단되며 협업을 통한 기술적 시장 진입 장벽을 극복한다면 진입 가능할 것으로 판단된다.

소재 분야 특허는 3가지 소재 물질이 특징적인 모습이 관찰되었다. 첫째로 PLA(Polylactic acid)이다. PLA는 화학 합성 고분자계의 일종으로 최다 특허 출원하였는데 이러한 결과가 나타나게 된 주요 요인들을 살펴보면 우선 생산의 용이성으로 판단된다. 미생물 생산 고분자에 비해 생산이 용이하고 기존 플라스틱과 물성 및 응용 분야가 유사하므로 개발 시 기술 진입 장벽이 상대적으로 낮아 가장 많은 특허가 출원된 것으로 사료된다. 생산 방식을 조금 더 자세히 들여다보면 옥수수, 사탕수수 등에서 포도당을 추출·발효하여 젖산을 만드는데 이를 고리 모양의 락티드(Lactide)로 변환시킨 뒤 고분자 중합 과정으로 PLA를 제조한다. 원료의 배합이나 중합 과정에 따라 다양한 PLA를 생산할 수 있다는 특징이 있어 다양한 연구가 진행되고 있다는 점에서 다수의 특허가 출원된 것으로 보인다.

한편 성장률이 높은 소재는 PBAT(polybutyrate adipate terephthalate)로 나타났다([그림 3-3]). PBAT는 석유를 기반으로 하는 생분해성 플라스틱으로 일반 플라스틱과 달리 자연에서 6개월 이내 빠른 속도로 분해된다는 특징이 있으며 비교적 다른 소재 물질에 비해 플라스틱의 성질을 구현할 수 있다는 장점이 있는 것으로 알려져 있다. 빠른 분해 속도, 유연성, 가공성으로 유연성이 떨어지는 PLA와 블렌딩(컴파운딩)[13]하여 단점을 상쇄할 수 있어 최근 높은 성장세

13. 플라스틱의 기능과 특성을 위해 두 종 이상의 소재를 혼합하는 작용.

를 보유한 것으로 판단된다.

[그림 3-3] 기술별 특허 경쟁력 분석

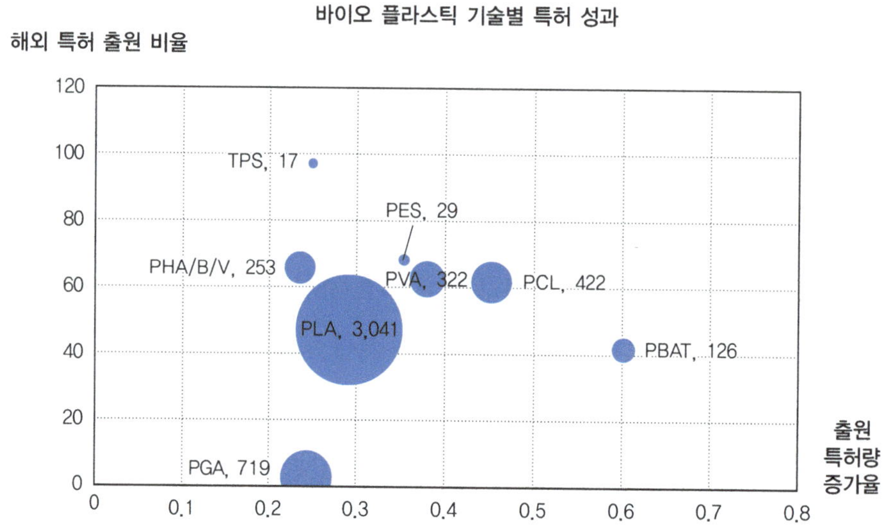

뿐만 아니라 해외 특허 출원 수를 통한 분석(Filling ratio) 시 TPS(thermo plastic starch) 해외 특허 출원이 상대적으로 높은 비율로 나타나고 있다. TPS는 기존 범용 수지인 폴리에틸렌, 폴리프로필렌 등처럼 일정 온도 이상에서 탄화되지 않고 형태가 자유자재로 바뀔 수 있는 열가소성 전분이다. 전분은 원료 공급상 지역적 제약을 받지 않고 원료가 저렴할 뿐만 아니라 전분은 고갈 위기에 처해 있는 석유 자원에 비해 지구상에서 녹색 식물이 존재하는 한 무한하게 공급이 가능하고 지역적 제약이 적어 글로벌하게 사용할 수 있어 Global 특허로 등록시키는 것으로 판단된다. 최근 연구들은 가공에 적합한 물성을 보유할 수 있도록 기술이 다양화되어 생분해성 필름, 용기를 생산 가능할 것으로 보이며 다른 물질과 혼합 사용하여 향후 생분해성 플라스틱의 주원료로써 활용 가치가 높아질 것으로 전망되어 상업화 가능성이 높다는 점도 많은 연구가 이뤄지는 배경으로 보인다.

특히 국내 기업이 동 사업에 참여하기 위해서는 국내에서 강점을 가지는 부분을 확인할 필요가 있다. 이를 위해 특허의 Quality를 분석하기 위한 특허의 Forward Citation(인용) 비율을 적용하였으며 본 데이터를 바탕으로 국가별

[그림 3-4] 국가별 요소 기술 경쟁력 분석

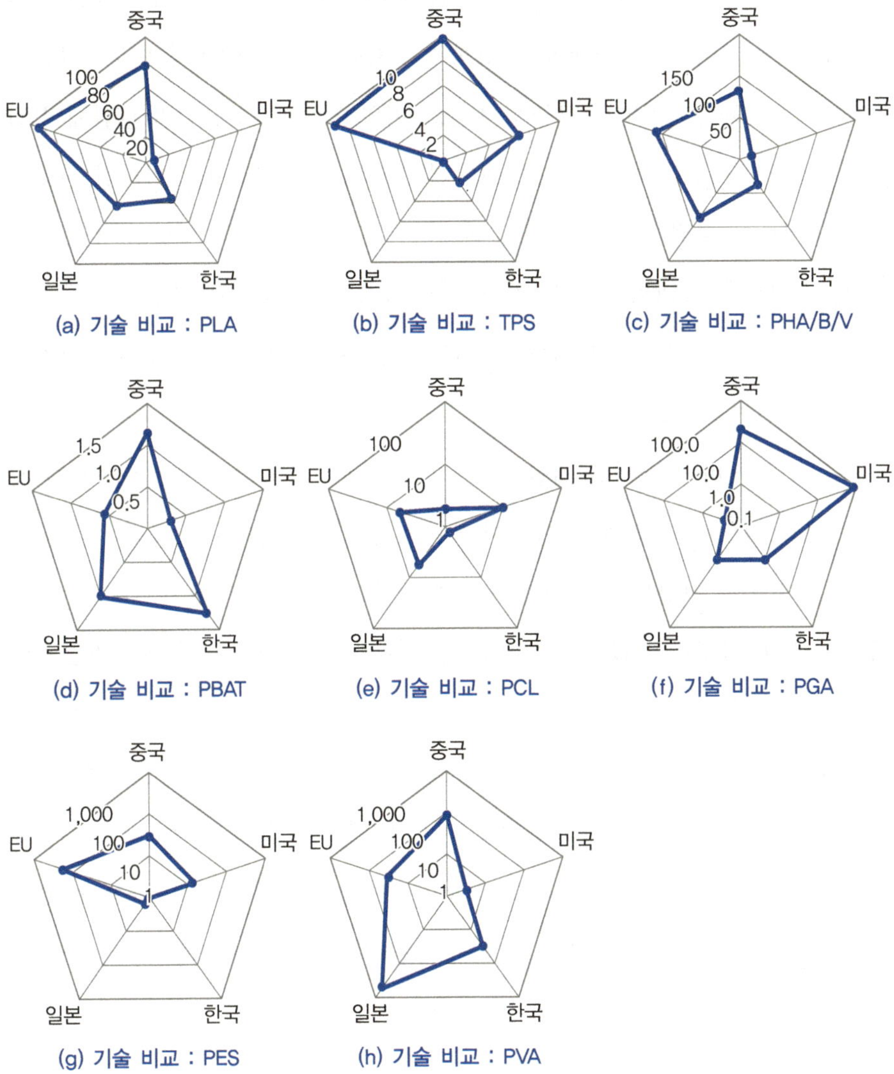

(a) 기술 비교 : PLA
(b) 기술 비교 : TPS
(c) 기술 비교 : PHA/B/V
(d) 기술 비교 : PBAT
(e) 기술 비교 : PCL
(f) 기술 비교 : PGA
(g) 기술 비교 : PES
(h) 기술 비교 : PVA

기술 강점을 분석하였다. 한국은 PBAT에 강점이 있는 것으로 파악되었다([그림 3-4]).

3.3 진입 영역의 도출

현재 바이오 플라스틱은 계속적인 연구가 필요하며 어떤 소재 물질이 지배적인 상황은 아니다. 다만 모든 소재에 투자하는 것은 현실적으로 불가능하기 때문에 상용화 · 상업화 가능성이 높고 이와 동시에 시장 진입 관점에서 리스크를 줄일 수 있으며, 오픈 이노베이션 관점에서 상대적으로 원활한 진입이 가능한 국내에 강점이 있는 소재로 진입하는 것이 바람직할 것으로 사료된다. 동 분석 결과를 토대로 특허와 관련된 데이터를 이용한 분석으로 볼 때 초기 시장인 바이오 플라스틱 분야에서 국내 석유화학 기업이 진입하기에 적정해 보이는 분야는 PBAT로 판단된다.

동 소재는 바이오 원료 기반 타 플라스틱 대비 성능 및 가격 측면에서 경쟁 우위가 있으며, 양산에 용이하여 생분해 플라스틱 중 수요 증가속도가 가장 빠를 것으로 전망되는데 이는 석유화학 및 천연물 기반 원재료를 병행 사용 가능하여 원재료 수급이 용이하고, 석유화학 제품제조 설비 및 공정활용이 가능하다는 장점이 존재하기 때문이다. 뿐만 아니라 물성적 측면에서 생분해성 플라스틱 중에서는 비교적 우수한 성질과 활용도를 갖추고 있을 뿐 아니라, 유연성이 떨어지는 PLA와 블렌딩하여 단점을 상쇄할 수 있어 점차 수요가 늘고 있다. 특히 세계 최대 플라스틱 소비국인 중국의 플라스틱 규제가 2021년부터 시행되기 때문에 지역적 근접성 측면에서 가격 경쟁력을 가질 수 있기 때문에 플라스틱 시장의 성장 가속화가 예상된다.

[그림 3-5] PBAT 시장 전망(생산량 기준)

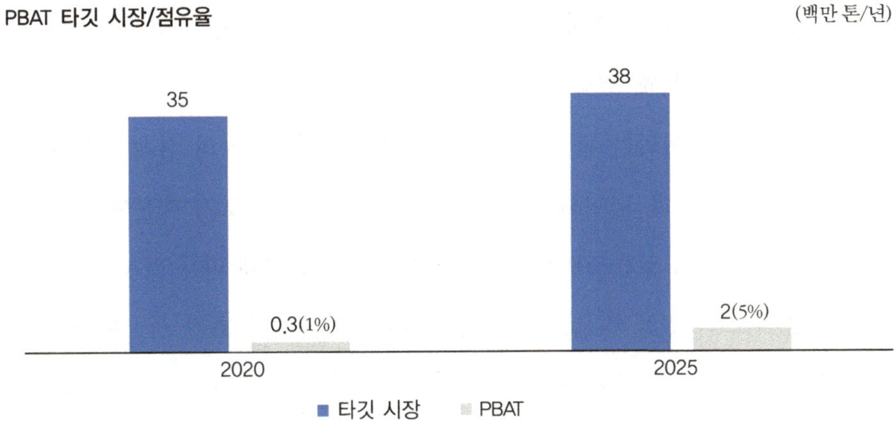

출처 : 바이오플라스틱, 코트라, 중국 플라스틱 협회 등.

4. 분석의 시사점 및 맺음말

4.1 분석 결과

동 분석은 앞서 언급한 바와 같이 여러 제약사항 및 조건 하에서 친환경 플라스틱 소재에 한정하여 분석을 진행하였다. 특히 신규시장 진입자 관점에서 중요도가 높은 시장을 우선적으로 확인할 필요가 있다는 관점에서 생분해 플라스틱(Biodegradable plastics)에 대해 접근하는 것이 중요하다고 보았다. 플라스틱의 구조적 안정성으로 인한 난분해가 환경오염에 가장 근본적인 문제라는 측면에서 생산 공정상 탄소를 저감하는 방식의 바이오 베이스 플라스틱(Bio Based plastics)보다 시급한 문제로 생각하였고, 기존 플라스틱 공정에서 첨가제를 포함하여 특정 조건에서 분해되는 산화 생분해 플라스틱(Oxo-Biodegradable plastics)은 영업 비밀에 가까운 특성이 있어 특허를 통한 확인이 어렵다는 점에서 산업 내 신규 진입자가 참여하기 어려울 것으로 판단하여 분석 대상에서 제외하였다.

그 결과 생분해 플라스틱(Biodegradable plastics) 분야의 경우 특허 분석에서 살펴본 바와 같이 특허 집중도 측면에서 아직 초기 시장으로 판단된다. 새로운 시장이며, 혁신이라는 관점에서 시장이 일반화되기까지의 겪게 되는 어려움, 즉 '캐즘(Chasm)'을 넘어서지 못한다면 리스크로 돌아오기 때문에 이에 기존 기술연구 역량이 있는 기업들은 막대한 투자금과 이에 따른 Risk를 분산하고자 하는 니즈가 있을 것으로 보았다. 이러한 측면에서 초기 시장이지만 수익화가 가능할 것으로 보이는 시장 접근 측면에서 PLA(Poly Lactic Acid)나 PBAT (Poly-Butylene Adipate Terephthalate)가 적절할 것으로 보인다. 특허의 수준은 개별 특허에 대한 내용을 세부적으로 살펴보아야 하겠으나 전반적으로 국내에 강점이 있는 PBAT 시장에 대한 접근이 유효해 보인다.

4.2 시사점 및 맺음말

서두에 언급한 바와 같이 환경 분야의 중요성이 대중에게도 인식되기 시작하여 그 중요성이 날로 높아지고 있다. 과거에는 구호에 그치던 활동이 각종 규제를 통해 실질적인 비용으로 전가되고 있고 소비자의 수요도 점차적으로 변화하고 있어 신속한 대응이 필요하나, 많은 기업들이 이러한 변화에 대한 준비가 늦어 아직은 대응하는 단계이다.

친환경 플라스틱 시장은 이제 개화기 단계로 사료되나 기술 개발이 중요한 산업으로써 새로운 시장에 진입하기 위해서는 많은 시간을 투자하는 연구개발이 필요하므로 새롭게 개발하여 진입하기에는 변화하는 환경에 대응하기 어려운 것이 사실이다.

이에 기업의 영속적인 성장이 이유와 그 방법을 이론적인 측면에서 살펴보았고 이를 바탕으로 현재 상황에서 가장 적합한 대응방안은 각 기업이 가지고 있는 장점 및 핵심 역량을 바탕으로 동 시장의 선도 기업과 Open Innovation을 통해 협업하는 방법을 고려할 수 있을 것이다. 이를 위해 어떤 분야에서 그 가능성을 찾기 위한 방법으로 특허 데이터를 바탕으로 한 분석을 시도하였다. 초기 시장으로 다양한 리스크 요인이 있음을 감안하여 국내의 주요 특허 기업들과 협업하는 것을 시장 불확실성을 줄일 수 있는 방안으로 제시하였다. 비단 동 산업뿐만 아니라 기존의 여러 산업군에서 근본적인 변화가 이루어지고 있음을 감안할 때 다양한 분야에서 유사한 방식으로 접근 및 활용되기를 기대한다.

[참고문헌]

네이버 지식백과-생분해, 미생물학백과, https://terms.naver.com/entry.naver?docId=5894121&cid=61232&categoryId=61232

이정호,「뻔한생각에 덫에서 벗어나자」,『DBR』, 2010년 5월호, https://dbr.donga.com/article/view/1101/article_no/2956

「2021년과 그 이후를 지배할 메가트렌드」, Deloitte Korea, 2021.

전영인,「친환경 플라스틱 대체 소재 기술 개발 동향」, 코셀리포트, 2018.

주예령,「바이오플라스틱 시장 동향」, 한국바이오경제연구센터, 2020.

「포스트코로나 시대를 대비한 플라스틱 재사용 이슈」, 한국환경산업기술원, 2021.

Aneel Karnani, "Five Ways to Grow the Market and Create Value", 2010.

C. K. Prahalad, Gary Hamel, *The core competence of the corporation*, 1990.

E Penrose, *The Theory of the Growth of the Firm*, 2009.

GeryBadze, A., Stephan, M.,"Determinants of technological diversification : An analysis of corporate diversification patterns", 2002.

"Global Bio-plastic and Bio-plastic Additives Market, Forecast to 2023", Frost & Sullivan, 2020.

Henry W. Chesbrough, "The Era of Open Innovation", 2003.

Jenna Jambeck, "Plastic waste inputs from land into the ocean", *SCIENCE*, 2015.

Montgomery, C.A. "Corporate diversification", *Journal of Economic Perspective*, 1994.

Moore, Geoffrey A., *Crossing the Chasm : Marketing and Selling High-Tech Products to Mainstream Customers*, New York : Harper Collins Publishers, 1999.

"What are bioplastics?, European-bioplastic", https://www.european-bioplastics.org/bioplastics/

4장

대체육 기술의 출현

—미래 인류의 단백질 대안, 대체육 기술

최초애(한국식품연구원)

1. 대체육 기술 출현의 사회 · 기술적 배경
2. 대체단백질 기술의 특허 분석
3. 시사점 및 맺음말

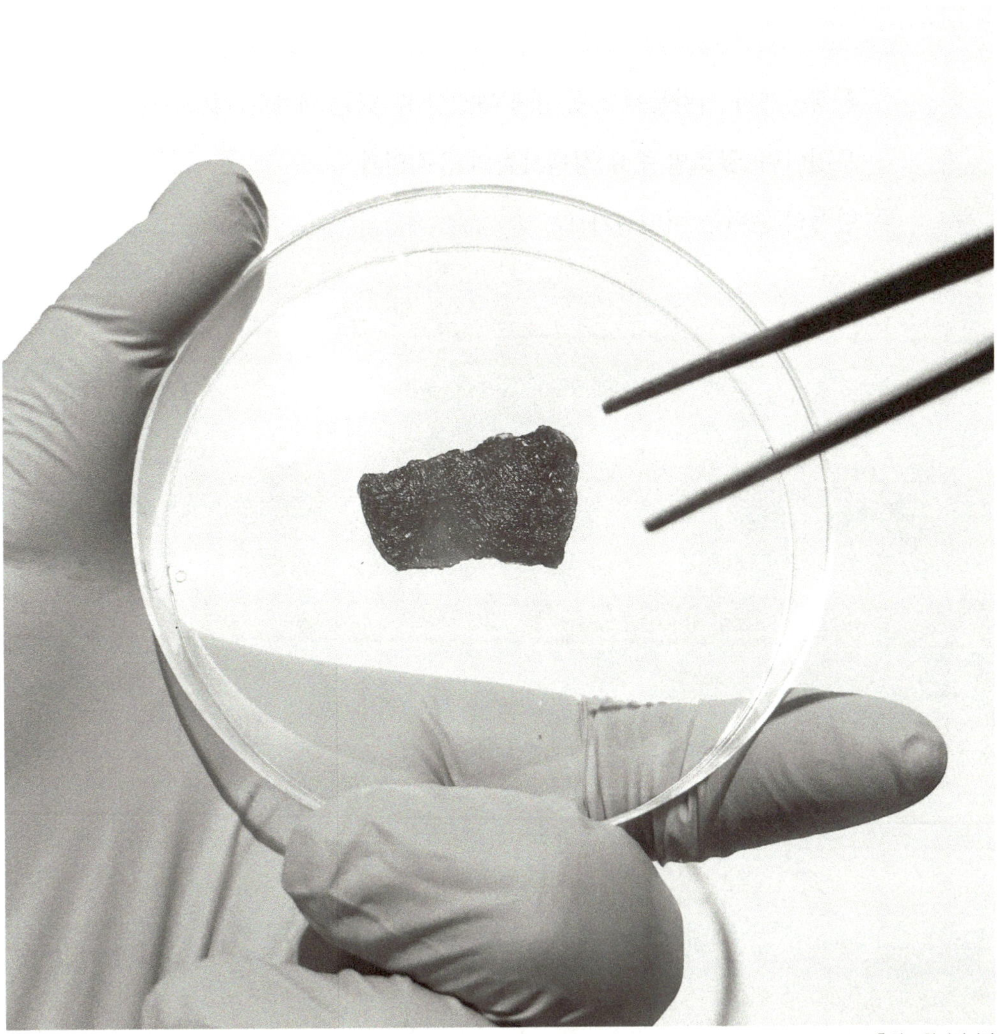

출처 : 위키피디아

환경문제와 식량문제를 동시에 해결할 수 있는 대체육 기술은
무엇이며, 글로벌 주요 경쟁자들의 움직임과
한국의 준비는 어떠한가?

1. 대체육 기술 출현의 사회 · 기술적 배경

1.1 단백질과 육류 소비량 증가

단백질은 일반적인 인체에서 물 다음으로 차지하는 비율이 많은 성분이다. 우리가 고기라고 부르는 식육은 식품으로 섭취하는 단백질 중에서 약 1/4 정도를 차지하며, 단백질 이외에도 비타민, 무기질과 같이 인체에 필수적인 여러 영양소를 공급하는 주요한 식량 자원이다.

육류 소비량은 세계적으로 30여 년간 꾸준히 증가하는 추세로 2029년 약 3억 6천 5백만 톤에 이를 것으로 전망된다([그림 4-1]). 한국 또한 예외가 아니어서 전체 소비량과 1인당 육류 소비량 모두 증가하는 추세이다.

[그림 4-1] 육류 소비량 변화 추이 및 전망

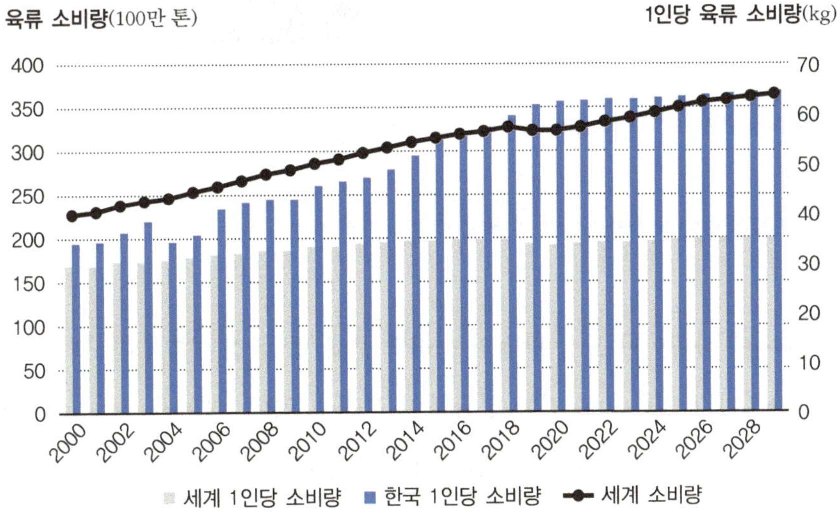

출처 : OECD Data(2021).

육류 소비량이 늘어나면 어떠한 문제가 있을까? 필요 이상으로 섭취하면 당뇨, 고혈압과 같은 다양한 생활 습관병이나 영양 불균형 위험이 높아진다는 것은 잘 알려져 있다. 그런데 지나친 육류 소비는 개인의 건강뿐 아니라 지구의 건강, 즉 환경에도 문제를 초래한다. 가축을 사육하여 고기를 만들고 소비하기까지 많은 자원이 소모되고 그 과정에서 배출하는 온실가스 양도 상당하여 기후변화 원인 중 하나가 되고 있다. 연구 결과 식품과 관련된 온실가스 배출량은 전체의 1/4 정도인데, 그 절반 이상이 동물성 식품을 생산하는 과정에서 나온다는 점이 밝혀졌다([그림 4-2]).[1]

[그림 4-2] 식품 관련 온실가스 배출 비중

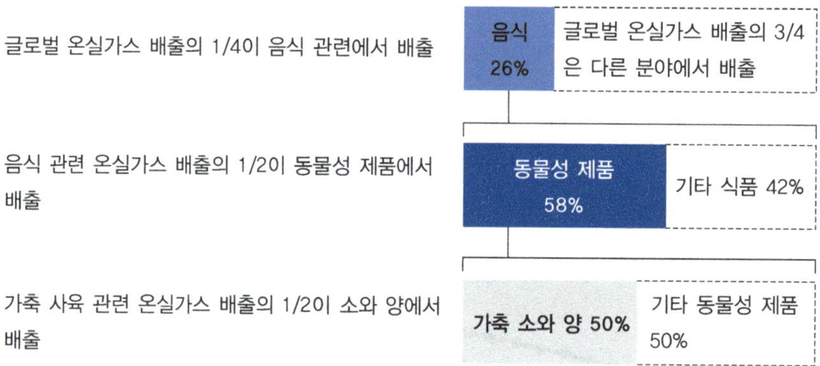

출처 : BBC, "Climate change food calculator : What's your diet's carbon footprint?", 2019.

이 외에 사육이나 도살 방법의 윤리적 문제, 동물 전염병이 확산되기 쉬운 사육 환경이나 멸종으로 인한 공급불안 우려도 있다. 대체육(Meat Substitutes, Meat analogs, Meat alternatives)은 지금까지 이용해 왔던 육류 생산 방법의 문제점을 해결하고 증가하는 육류 수요에 대응할 수 있는 지속가능한 대안이다.

1. Poore & Nemecek, Reducing food's environmental impacts through producers and consumers, 2018.

1.2 대체육이란

동물성 단백질 식품 제조 시 전통적으로 사용되는 원료 대신 식물 추출, 동물 세포 배양, 미생물 발효 등의 방식을 통해 인공적으로 단백질을 구현하고 맛과 식감을 재현한 식품을 대체단백질이라고 한다. 대체육은 대체단백질 중 육류(동물 단백질)를 대신할 수 있는 식품으로, 식물성 대체육, 배양육, 식용 곤충 등이 있다.

- **식물성 대체육**(이하 '식물성') : 식물에서 추출한 단백질을 이용하여 고기와 비슷한 형태와 맛이 나도록 제조한 식품(또는 소재). 밀 글루텐 및 대두단백질이 주요 원료
- **미생물 발효육**(이하 '미생물') : 곰팡이 등 미생물 발효를 이용하여 전분 부산물로부터 유래된 단백질 제조. 식물성과 동일한 카테고리로 분류되는 경우가 많으나, 이 글에서는 나누어 분석함
- **배양육** : 살아 있는 동물세포에서 얻은 줄기세포에 영양분을 공급해 실내에서 키워내는 식용 고기
- **식용 곤충** : 식용 곤충에서 추출한 단백질을 이용한 식품으로, 통곤충, 사료·펫푸드 등이 있음. 지구상 약 130만 종의 곤충이 존재하는 것으로 추산되며 이 중 1900여 종이 식용으로 이용되고 있고, 식약처에서는 10종을 인정하여 식품에 사용 가능하도록 허용하고 있음(2021. 9.기준)

1.3 시장 현황

세계 대체육 시장은 2015년부터 증가하여 연평균 성장률 6.5%로 2019년

47억 달러 규모의 시장을 형성하고 있다([그림 4-3]). 아직 전체 육류 산업 내에서 차지하는 비중은 1~2% 정도이지만 2030년 28%, 2040년 60%까지 증가할 것으로 전망되기도 한다.[2]

[그림 4-3] 세계 대체육 시장 규모 추이 및 전망

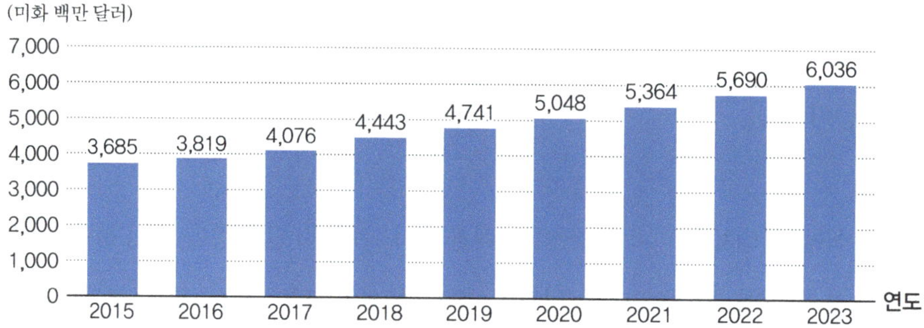

출처 : GlobalData(2020), Global Market Data.

육류 외 유제품, 난류, 해산물까지 포함한 대체단백질 시장 또한 세부 시장별 차이는 있으나 전반적으로 증가하는 추세라고 볼 수 있으며, 식물성 단백질을 이용한 상품들이 가장 다양하게 출시되어 있다.

〈표 4-1〉 주요 기업의 대체육 상품 출시

기업명	국가	초기 제품 출시 연도	단백질 원료
Beyond Meat	미국	2012	식물
Impossible Foods	미국	2016	식물
Quorn	영국	2011	균류
지구인컴퍼니	한국	2019	식물
롯데푸드	한국	2019	식물
동원F&B	한국	2019	식물

출처 : aT(2021) 및 각사 웹사이트 참고.

2. A.T.Kearndy, When consumers go vegan, how much meat will be left on the table for agribusiness?, 2020.

이 글에서는 2011년부터 2020년까지 10년간의 대체육 관련 특허를 검색하고 분석함으로써 기술의 변화와 흐름을 파악하고 시사점을 제시하고자 한다.

2. 대체단백질 기술의 특허 분석

2.1 대체단백질과 대체육 전반적 변화

대체단백질과 관련하여 전체 4,284개 DWPI(Derwent World Patent Index), 14,668개 개별 특허가 출원되었다(2021. 12. 기준). 2020년에는 664건의 특허가 출원되어 2011년에 비해 약 9배 증가하였으며, 27.6%의 높은 연평균 성장률(CAGR)을 보이고 있다. 대체육은 해마다 대체단백질 중 43~68% 비율을 차지하며 10년간 11배, 연평균 성장률 31% 정도로 역시 높은 성장세를 보인다([그림 4-4]).

[그림 4-4] 연도별 출원 특허 변화

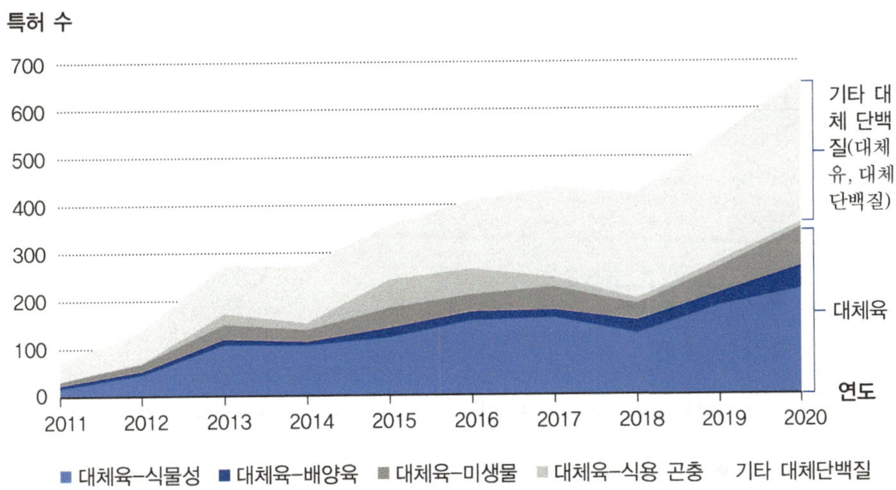

출처 : Clarivate's Derwent Innovation, DWPI/DPCI database.

4가지의 세부 분야 중 식물성이 가장 많은 부분을 차지하며, 미생물, 배양육, 식용 곤충 순서의 출원 건수를 보인다. 전반적으로 발명이 증가하고 있는데 특히 식물성, 미생물, 배양육 세부 기술의 성장률은 100% 이상(연평균 성장률 각 30% 내외)으로 가파르게 성장하고 있다. 세부 기술별 출원국 수는 배양육, 미생물, 식물성, 식용 곤충 순서로, 출원인들이 배양육 기술을 발명했을 때 해외에 적극적으로 출원하여 외국에 진출하거나 기술을 보호받고자 함을 알 수 있다. 이를 그래프로 나타내면 [그림 4-5]와 같으며, 거품의 크기는 상대적인 발명의 규모를 나타낸다.

[그림 4-5] 세부 기술별 특허 변화

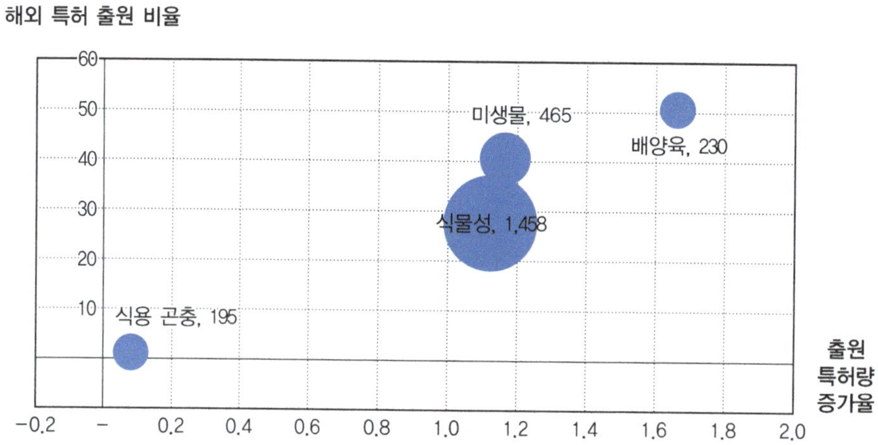

출처 : Clarivate's Derwent Innovation, DWPI/DPCI database.

2.2 국가별 비교

대체육 분야 특허 출원이 가장 많은 국가는 미국, 중국, 한국, 일본, 유럽이다. 미국과 중국의 규모가 상대적으로 크고 이어서 대동 소이하게 한국, 일본, 유럽 순이다. 5개국 모두 식물성 세부 분야의 연구개발이 가장 활발하다. 각

[그림 4-6] 주요 5개국의 세부 기술별 출원 수

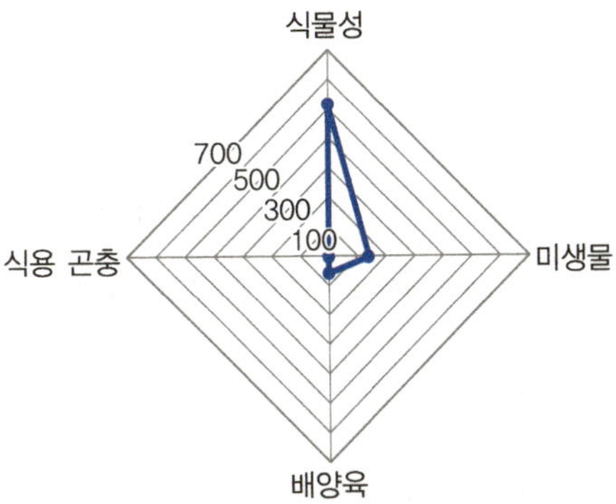

(a) 중국

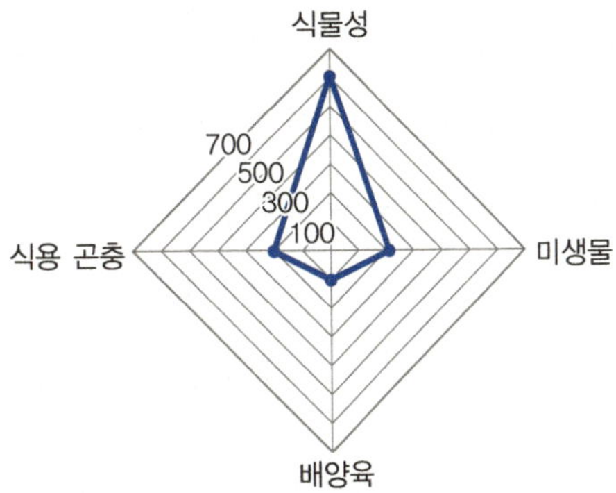

(b) 미국

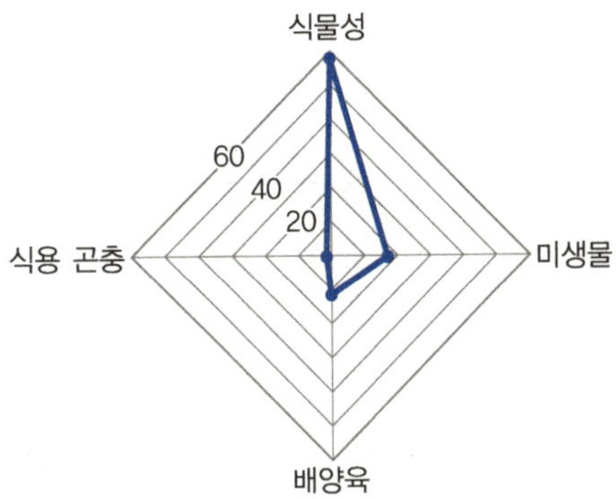

(c) 한국

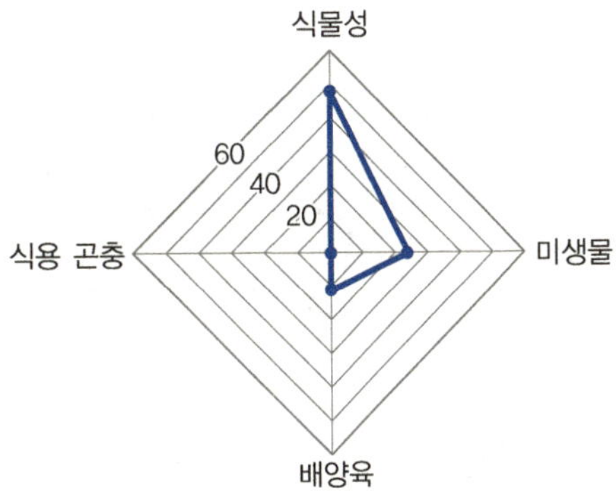

(d) 일본

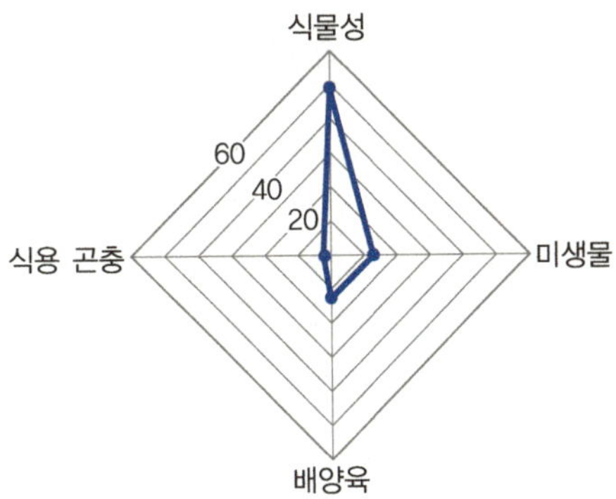

(e) 유럽

출처 : Clarivate's Derwent Innovation, DWPI/DPCI database.

국가별로 4가지 세부 기술에 대한 특허 출원 규모를 나타내면 [그림 4-6]과 같다.

[그림 4-7]의 모든 세부 기술에서 미국 특허가 많이 인용되고 있는 것으로 보아 미국이 양질의 특허를 가지고 있음을 알 수 있다. 미국을 제외하면 유럽은 미생물, 한국은 배양육에서 상대적으로 우위이며 식물성의 경우 중국과 일본이 약간 우위를 보이고 있다. 식용 곤충은 전방인용 평균이 1.3 정도로 특허

[그림 4-7] 특허 출원 상위 5개국의 세부 기술별 인용 비율

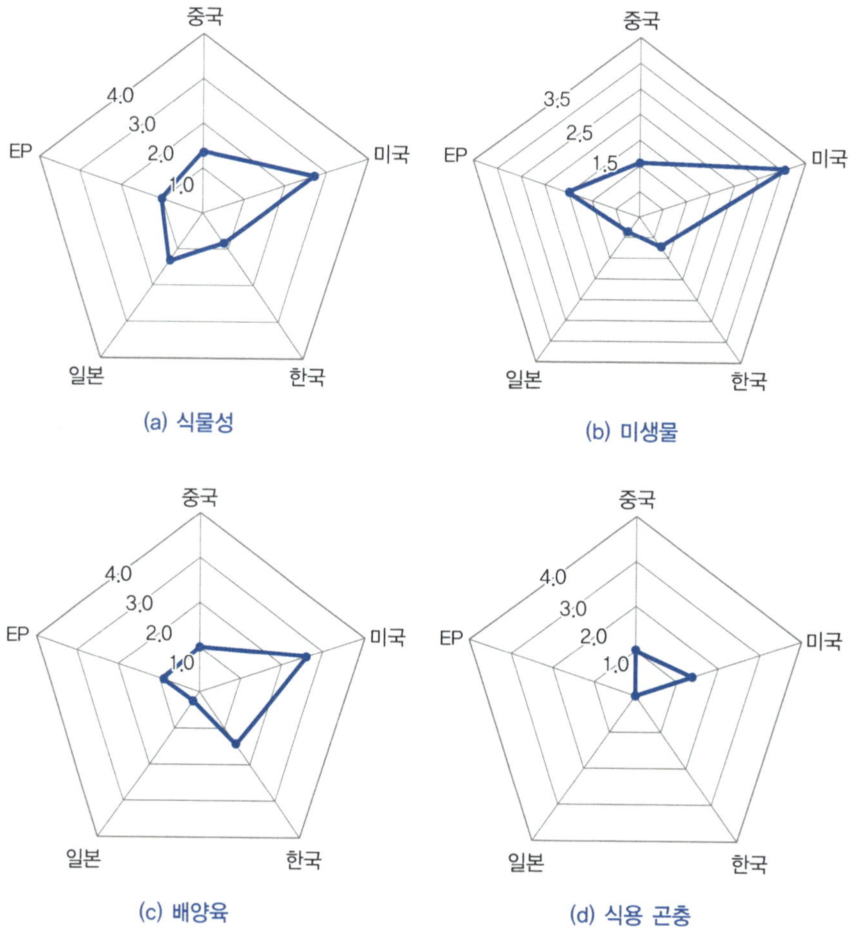

출처 : Clarivate's Derwent Innovation, DWPI/DPCI database.

인용이 가장 활발하지 않은 분야이다.

2.3 주요 기업

2011~2015년, 2016~2020년 가장 많은 특허를 낸 5개 기업은 〈표 4-2〉와 같다. 2011~2015년 상위 1~4위는 미국 농업 기업으로 대부분 종자 관련 특허를 가지고 있고 스위스의 NESTLE가 유일한 식품 기업으로 식품의 구성에 관한 특허들을 보유하였다.

2016~2020년 식물(콩) 관련 기술에 특화된 MS TECHNOLOGIES가 1위로, NESTLE는 대체육과 기타 식품 기술을 보유하여 2위로 상승하였다. 3~5위는 중국의 대학·기관들이 새로 진입하였는데 배양육 관련 기술을 보유하였으나 적용이나 사업화 측면에서 뚜렷하게 특화된 부분은 나타나지 않았다.

〈표 4-2〉 출원 수 상위 5개 기업(양적 측면)

순위	2011~2015년	2016~2020년
1	MONSANTO	MS TECHNOLOGIES
2	STINE SEED FARM	NESTLE
3	MS TECHNOLOGIES	INST AGRO FOOD S&T CH
4	PIONEER HI-BRED INT	CHINESE ACADEMY OF SCIENCE
5	NESTLE	UNIV JINGNAN

출처 : Clarivate's Derwent Innovation, DWPI/DPCI database.

일정 수 이상의 전방 인용과 출원국 수를 종합하여 시기별 주요 출원인들의 상대적 위치를 나타내면 [그림 4-8]과 같다.

[그림 4-8] 출원 수 상위 5개 기업(질적 측면)

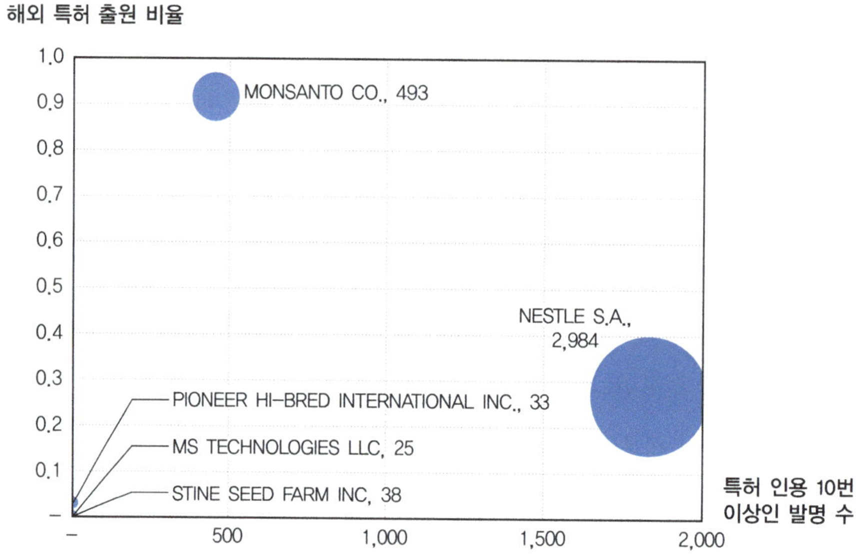

(a) 5대 기업(2011~2015년)

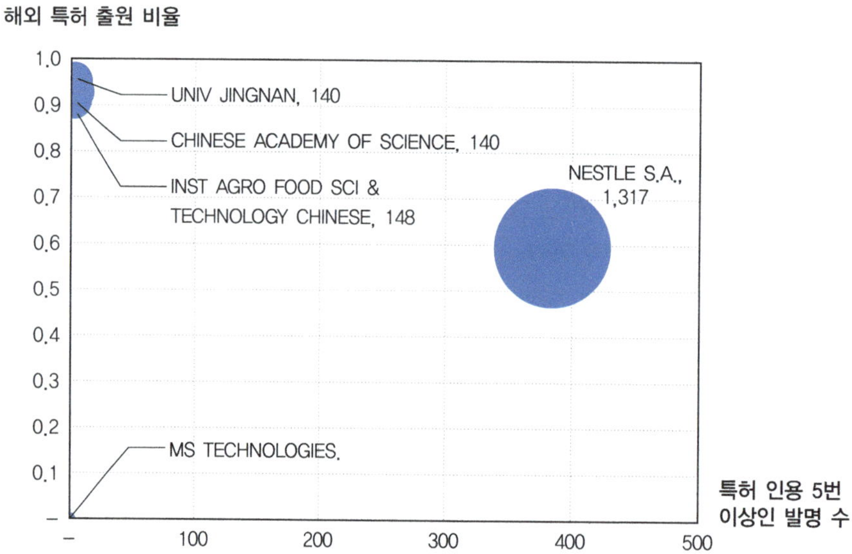

(b) 5대 기업(2016~2020년)

출처 : Clarivate's Derwent Innovation, DWPI/DPCI database.

10년간 상위 5위를 유지한 기업은 MS TECHNOLOGIES와 NESTLE이며, 질적인 부분까지 고려하면 NESTLE가 선도 기업이라고 볼 수 있겠다. 다만 상위 5개 기업이 차지하는 비중이 크지 않아(2016 ~ 2020년 약 5.3%) 소수 기업이 기술의 발전을 이끌었다고 보기는 어렵다.

특허 출원 수가 많은 위 기업들 외에도 보유한 특허 수는 적지만 인용 수가 해당 분야 평균보다 현저히 높은, 즉 많은 발명자들이 참고하게 함으로써 후속 기술의 발전에 기여한 특허들을 보유한 기업으로는 BURCON NUTRASCIENCE CORPORATION, IMPOSSIBLE FOODS INC 등이 있다.

2.4 특허 기술의 분류코드로 본 혁신 추이

국제특허분류(International Patent Classification ; IPC)란 발명의 기술 분야를 나타내는 국제적으로 통일된 특허분류체계이다. 아래의 특허공보 예시를 보면 국제특허분류코드 A23J 3/04와 A23K 10/20가 기재되어 있는데, 각각 왼쪽에서 오른쪽 순서로 점차 세분화된 범위를 나타낸다.

[그림 4-9] 특허 공보 일부

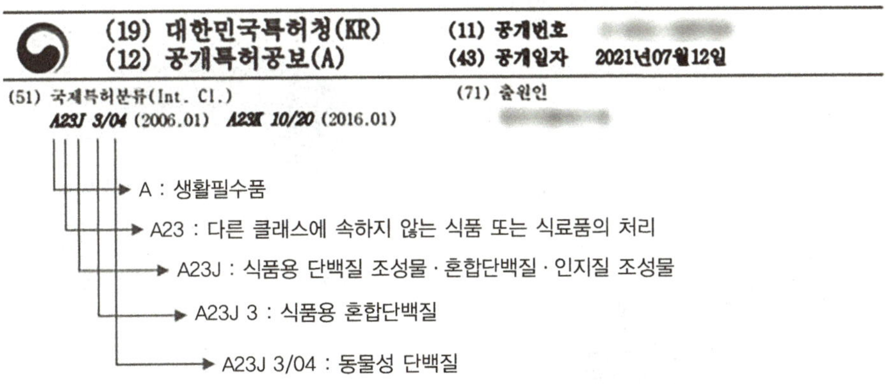

출처 : KIPRIS 특허정보검색서비스를 참고하여 편집.

〈표 4-3〉 주요 코드별 기술 설명

코드(subclass)	기술
A01H	- 새로운 식물 또는 그것들을 얻기 위한 육종 처리 - 조직배양 기술에 의한 식물의 증식
C12N	- 미생물 또는 그 조성물의 증식 · 유지 · 보존 공정 - 미생물을 포함한 조성물의 조제 또는 분리 공정과 그것을 위한 배양배지
A23J	- 식품용 단백질 조성물, 식품용 혼합(working-up) 단백질 - 식품용 인지질 조성물
A23L	- 기타 식품, 식료품, 또는 비알콜성 음료와 그 조제 또는 처리 - 식품 또는 식료품의 보존 일반
A23K	- 동물을 위해 특히 적합한 먹이와 그것의 생산을 위해 특히 적합한 방법

출처 : KIPRIS 특허정보검색서비스(2022).

각 대체육 특허마다 부여된 IPC 코드 중 가장 많은 10개를 앞의 4자리(subclass) 단위로 묶어 비교하였다([그림 4-10]). 2011~2015년에는 최다 IPC 코드 2가지가 전체의 71%를 차지한 반면, 2016~2020년에는 상위 5가지를 합해도 전체의 38.3%에 불과하였으며 코드 종류 또한 변화하였다. 이러한 결과로 10년간 대체육 관련 특허에 적용되는 기술이 농업에서 식품 및 생명과학으로 변화하고 보다 다양해졌음을 알 수 있다.

[그림 4-10] 상위 5개 IPC와 그 비율 변화

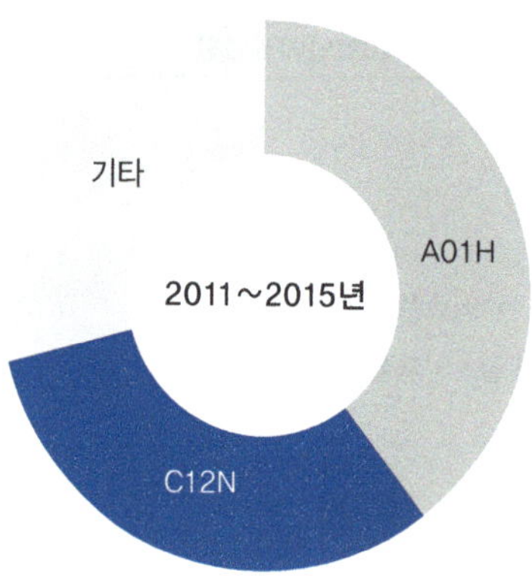

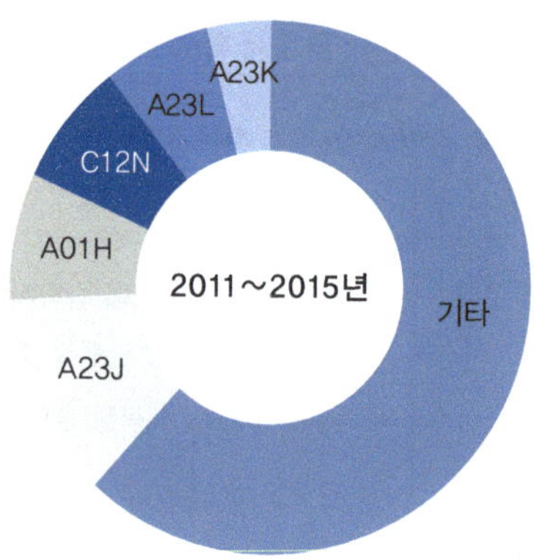

3. 시사점 및 맺음말

특허 분석을 통해 10년간 대체육 분야의 특허 출원 규모가 전반적으로 증가하였으며, 대체육 및 대체단백질 기술은 전체적으로 발전하고 있음을 확인할 수 있었다. 세부 기술 중 식물성 대체육의 비율이 가장 높고 증가율과 해외 출원은 배양육에서 두드러지는 경향이 발견되었다. 식물성 대체육 특허 비중이 높은 것은 현재의 대체단백질 중 식물성 대체육 제품 관련 시장이 가장 큰 점과 연결되며, 배양육 특허의 높은 증가율과 해외 출원국 수는 앞으로의 시장 성장 가능성을 예측해 볼 수 있다.

2010년대 초반에는 농업 기업과 종자, 미생물 · 세포 배양 기술 관련 특허가 지배적이었다가 이후 식품 기업과 연구기관이 많아지고 식품생산 관련 기술이 증가한 점은 산업 기술 중심이 농업에서 식품 및 생명과학으로 이동하고, 고도화된 과학기술 중심으로 변화한 점을 시사한다. 따라서 기업이나 정부에서 각자의 상황을 토대로 기술 기반 전략을 도출하여 시행한다면 좋은 성과를 기대해 볼 수 있을 것이다.

[참고문헌]

이현정, 조철훈, 「세계 대체육류 개발 동향」, 『세계농업』, 2019.

A.T.Kearndy, "When consumers go vegan, how much meat will be left on the table for agribusiness?", 2020, https://www.kearney.com/consumer-retail/article/?/a/when-consumers-go-vegan-how-much-meat-will-be-left-on-the-table-for-agribusiness-

BBC, "Climate change food calculator : What's your diet's carbon footprint?", 2019, https://www.bbc.com/news/science-environment-46459714

Clarivate, Derwent Innovation, https://www.derwentinnovation.com

GlobalData, Global Market Data, 2020.

OECD Data, www.oecd.org, 2021.

Poore & Nemecek, "Reducing food's environmental impacts through producers and consumers", *SCIENCE*, 2018.

KIPRIS 특허정보검색서비스, 2022, http://www.kipris.or.kr

5장

전기 자동차의 도약과 배터리 기술 전략

–전기 자동차 산업의 핵심, 이차 전지 기술

강덕환(현대자동차)

1. 전기 자동차로의 대전환
2. 자동차 산업의 변화와 배터리 기술
3. 현대자동차의 핵심 역량과 기술전략
4. 데이터 기반 차세대 배터리 기술 분석
5. 분석 결과의 시사점 및 한계

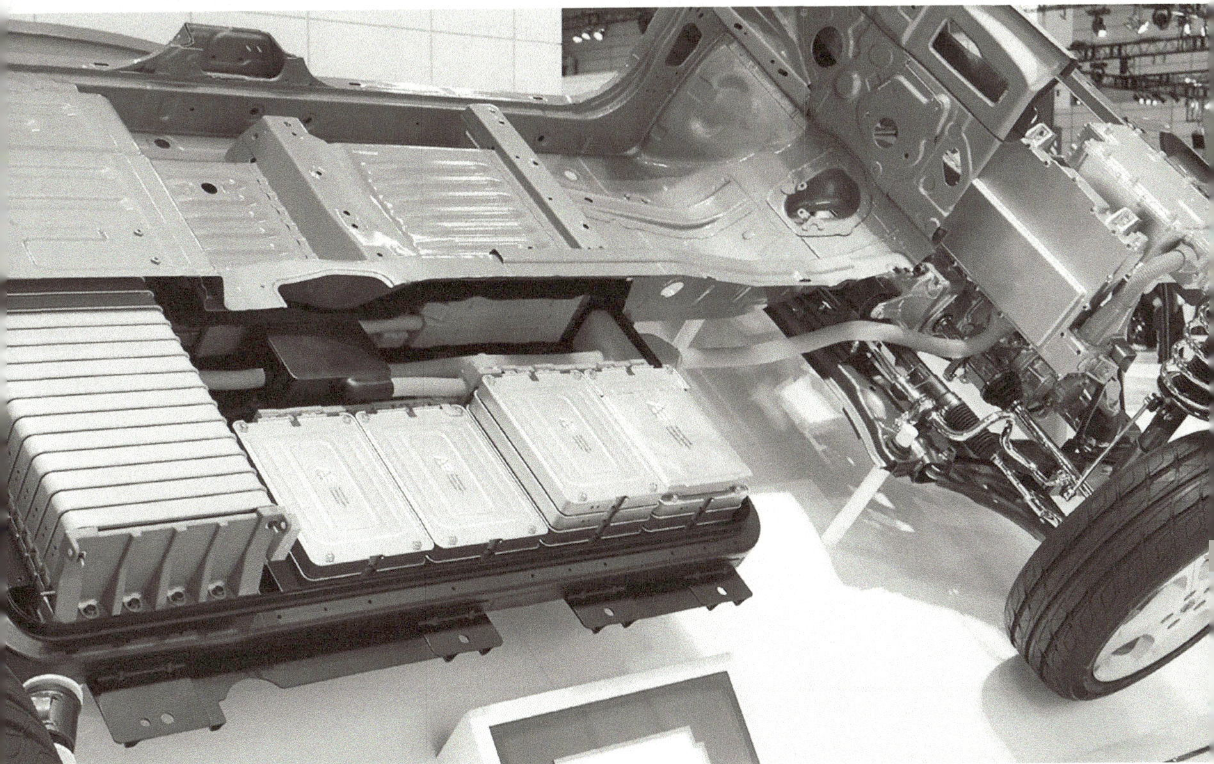

출처 : 위키피디아

전기 자동차로의 대전환을 이끈 리튬 이온 이차 전지 기술,

다음 세대의 이차 전지 기술은 무엇이며,

완성차 업체는 어떤 전략으로 대응할 것인가?

1. 전기 자동차로의 대전환

2015년 파리 협약 이후, 탄소중립은 거스를 수 없는 하나의 흐름으로 자리잡게 되었다. 100년의 역사 동안 공고했던 자동차 산업은 내연기관에서 탄소중립이라는 거대한 흐름 속 전기 자동차로의 전환을 맞이하고 있다. 이 장에서는 자동차 산업의 격변을 맞아 전통적인 내연기관 완성차 제조 업체인 현대자동차의 관점에서 배터리 기술 전략에 대해 다뤄보고자 한다. 우선 대상 기업의 외부환경 분석, 즉 자동차 산업의 변화에 대해서 간략히 분석해볼 것이다. 다음으로는 분석한 외부환경과 대상 기업의 핵심 역량을 결합한 기술전략 방향을 제시할 것이다. 우리의 분석을 통해 현대자동차가 자동차 산업의 전동화라는 흐름에 대응하기 위해서는 차세대 배터리의 요소 기술을 획득해야 함을 설명할 것이다. 이어서 기술 관점에서 차세대 배터리의 기술적 방향과 동향을 확인하고, 기술적 지형을 보여주고자 한다. 마지막으로 해당 분석을 통한 전략적 시사점을 논할 것이다.

이 연구는 일반적인 엔지니어 중심, 성능 목표 중심의 기술전략에서 탈피하여, 거시적 · 경영학적 관점에서 기업의 전략 방향을 설정하고, 데이터(특허)를 기반으로 현재 우리의 위치와 가능성을 판단한다. 2019~2020년 자료를 주로 사용하였으며, 특허 검색 결과는 2020년 11월 말을 기준으로 사용하였다. 전 세계 특허 검색 수를 활용하고 패밀리 특허 중복과 중국 특허는 제외하였다. 모든 특허 데이터는 Clarivate의 Derwent Innovation을 이용하였다.

2. 자동차 산업의 변화와 배터리 기술

2.1 자동차 산업의 패러다임 전환

최근 자동차 산업은 각국의 탄소중립 기조에 따른 친환경 자동차로의 전환을 가속화하고 있다. 지난 100년을 지배해 왔던 내연기관 자동차의 시대는 저물어가고 있으며, 새롭게 다양한 종류의 친환경 자동차가 시장에 진입하고 있다. 친환경 자동차로의 전환은 탄소중립이라는 세계적 흐름에 대한 산업적 대응이기도 하지만, 오히려 정체되었던 자동차 산업에 새로운 변화와 혁신을 불러일으키고 있다. 실제로 지난 10년간 자동차 산업은 시장 성장이 정체되어 있었다. [그림 5-1]은 전 세계 및 중국의 자동차 판매량과 성장률 추이를 보여주고 있다. 지난 15년간의 자동차 산업은 중국의 성장에 힘입어 2010년까지 성장하였으나 중국의 침체와 함께 성장률의 정체가 시작되었다. 내연기관 중심의 자동차 산업이 한계에 부딪힌 것이다.

[그림 5-1] 글로벌 및 중국 자동차 판매량, 성장률 추이

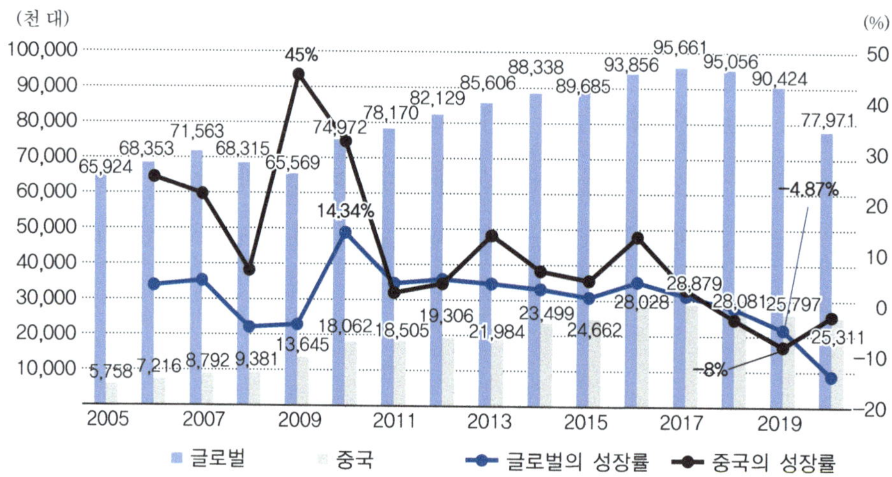

출처 : OICA(Organisation Internationale des Constructeurs d'Automobiles), 본인 재가공.

그러나 플러그인 하이브리드(PHEV)와 배터리 전기차(BEV), 즉 배터리 기반의 전기 자동차 판매량은 급속도로 성장하고 있으며, 충전 인프라 또한 증가하고 있다. [그림 5-2]는 전체 자동차 판매량에서 PHEV와 BEV의 판매량이 차지하는 비중을 보여준다. 전기 자동차 판매량이 증가함에 따라서 누적 전기차 판매량 또한 증가하였으며, 전기 자동차의 한계로 지적된 충전 인프라 또

[그림 5-2] 글로벌 BEV/PHEV 판매량 및 비중

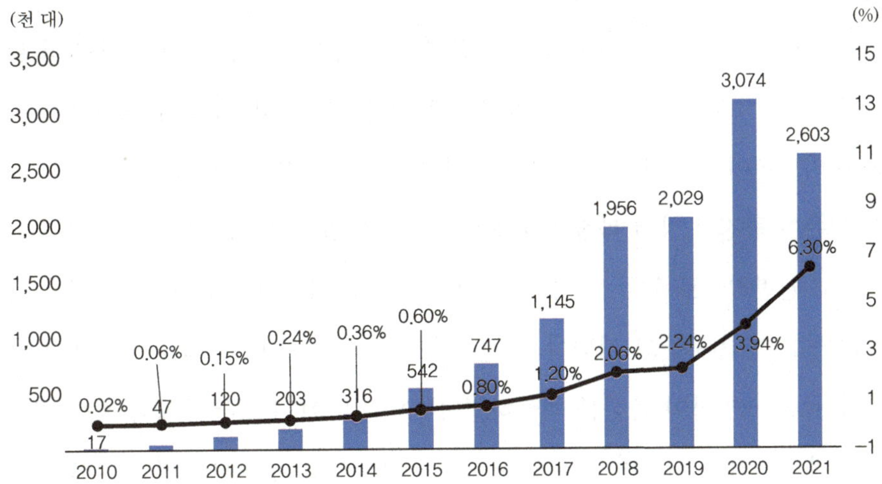

출처 : OICA, IEA, 한국자동차연구원('21년), 본인 재가공.

[그림 5-3] 글로벌 전기차 충전 인프라

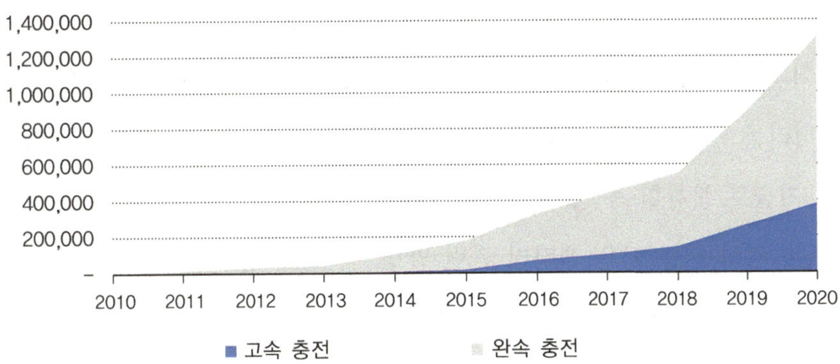

출처 : IEA, 본인 재가공.

한 [그림 5-3]과 같이 급속히 증가하고 있다. 즉, 전기 자동차는 기존 내연기관 자동차를 대체할 수 있는 새로운 모델로 자리잡고 있는 것이다.

2.2 배터리 기술의 발전과 기술의 융복합화

내연기관을 중심으로 한 자동차 산업이 배터리 기반의 전기 자동차로 전환할 수 있는 가장 큰 이유는 리튬 이온 배터리 기술의 비약적인 발전이 있었기 때문이다. 리튬 이온 배터리는 충전 후 재사용이 가능한 이차 전지의 한 종류로, 현재 대부분의 충전식 전자기기에 채택되고 있다. 우리가 매일 사용하는 스마트폰이나 노트북의 충전지는 대부분 리튬 이온 배터리를 사용한다. 리튬 이온이 충전과 방전 과정에서 양극과 음극을 오가며 에너지를 저장하는 구조이고 일반적으로 양극, 음극, 전해질의 구조로 이루어져 있다. 리튬 이온 배터리는 1970년대에 그 개념이 제안되었으며, 1981년 미국 벨 연구소에서 흑연 음극을 개발하여 특허를 획득하였다. 이후 1991년 일본의 Sony에서 리튬 이온 배터리를 출시하며 이차 전지, 즉, 충방전이 가능한 배터리의 지배적 디자인으로 자리잡게 되었다. 리튬 이온 배터리 관련 기술을 제품의 구조에 따라 살펴보면 양극, 음극 등 전극과 전해질, 분리막으로 이뤄진 셀 기술, 그리고 셀을 조립한 모듈, 팩, 시스템을 구성하는 주변 기술들로 분류할 수 있다. 예를 들어 리튬 이온 배터리의 양극을 만드는 기술은 셀 기술, 완성된 셀을 활용한 배터리를 관리하는 시스템(Battery Management System ; BMS)과 관련된 기술은 셀 외 기술로 분류할 수 있다. [그림 5-4]는 이와 같은 분류로 1981년부터 2020년까지의 리튬 이온 배터리 관련 발명, 즉 등록 특허를 분석한 것이다. 리튬 이온 배터리 관련 발명은 1981~1990년 연평균 138개에서, 2001~2010년 평균 1,372개로 약 10배의 증가율을 보여주었다. 등록 특허 기준으로

2018~2020년은 데이터가 일부 과소평가 되었으나, 기술 개발이 정점에 달한 것을 확인할 수 있으며, 셀 기술의 발전이 급증함에 따라서 셀 주변 기술의 발전도 함께 일어남을 볼 수 있다. 단, 셀 기술과 셀 외 기술의 비율에는 큰 변화가 나타나지 않았다. 이는 셀 기술뿐만 아니라, 셀 제조 이후에 배터리를 제품에 활용하기 위해서는 다양한 기술이 함께 발전해야 함을 의미한다.

[그림 5-4] 리튬 이온 배터리 기술의 발전

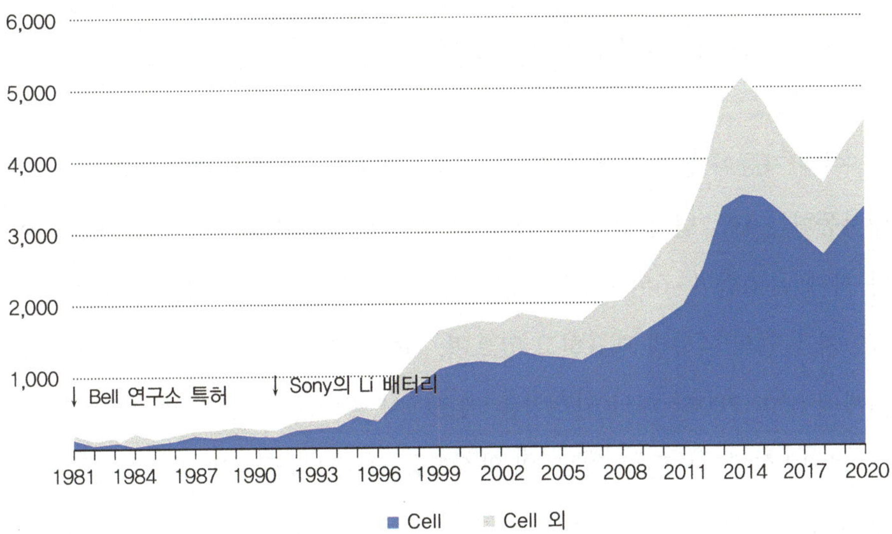

출처 : Clarivate's Derwent Innovation, DWPI/DPCI database.

「자동차 산업과 기술혁신 패턴에 따른 선행연구」(이광호 외, 과학기술정책연구원, 2016)에 의하면 전통적인 Pavitt의 산업 구분(Taxonomy)에서 자동차 산업은 생산 집약형인 산업으로 과학적 기술 혁신보다는 규모와 공급자(설비, 부품)에 의한 혁신이 이뤄지며, 비용 절감과 제품 설계 개선으로 기술이 발전해 왔다. 그러나 최근 전장화, 전동화에 따라 자동차 산업은 내부 R&D · 생산기술 부문과 공공과학을 기술 혁신의 원천으로 삼는 과학기반형 산업으로 변화하고 있다. 이에 따라 자동차 관련 상위 특허 등록자에 Sony, Hitachi, LG화학(현재는 LG에너지솔루션) 등이 이름을 올리고 있다.[1] 자동차 산업은 이제 융합기술의 각축장이 되어 가고 있으며, 과학, R&D를 통한 기반 기술의 혁신이 매우 중요해지고 있다.

3. 현대자동차의 핵심 역량과 기술전략

3.1 현대자동차의 핵심 역량

이제 자동차 산업의 전환기 속에 있는 현대자동차에 대해서 살펴보자. 현대자동차는 1967년 설립된 우리나라의 대표 완성차 기업으로, 그룹사인 기아와 함께 글로벌 4~6위 수준의 대형 완성차 제조사이다. 명실상부 대한민국 자동차 산업의 역사를 대표하고 있으며, 기아와 함께 최근 10년 동안 매년 전 세계에 600~700만 대의 완성차를 제조해서 판매해 왔다. 지난 2021년에는 Covid-19 상황에서도 687만 대의 완성차를 판매하여 글로벌 완성차 업체 4위에 이름을 올렸다. 그러나 현대자동차가 지금까지 성장한 방식으로는 자동차 산업의 전환에 대응할 수 없다. 현대자동차는 대전환에 맞서서 어떤 전략을 취해야 할까? 본 장에서는 현대자동차의 핵심 역량을 분석하고 핵심 역량을 기반으로 전략을 채택하기 위한 기술적 방향을 제시하고자 한다.

핵심 역량(Core Competence)은 1990년 G. Hamel과 C. K. Prahalad가 제시한 개념이다. 한 기업의 핵심 역량은 기업의 핵심 제품과 사업을 가능하게 하는 뿌리와 같으며 그 기업을 전략적으로 차별화한다. 핵심 역량은 3가지의 특

---

1. 이광호, 조용래, 우청원, 정장훈, 최종화, 이주영, 유상욱, 이충현, 김은아, 김명순, 『융합이 기술혁신패턴에 미치는 영향과 대응전략』, 정책연구, 1-330, 과학기술정책연구원, 2016.

징을 가지는데, 경쟁적 차별화를 위해 중요한 자원이어야 하고 다양한 사업 단위들에 적용 가능해야 하며, 경쟁자가 모방하기 어려워야 한다. 이와 같은 핵심 역량은 기술, 자원, 조직의 결합으로 나타난다.

핵심 역량을 분석하기 위해서는 깊은 고민과 추가적인 분석이 필요하지만, 여기서는 선행연구 결과를 차용하여[2], 현대자동차의 핵심 역량을 "수직계열화 기반의 대량생산 능력"과 "다양한 친환경차 라인업"으로 정의하고자 한다. 현대자동차는 수직 계열화된 밸류체인을 기반으로 합리적인 가격의 품질 좋은 자동차를 고객들에게 공급해 왔다. 수직계열화를 최적화하여 활용하기 위해 밸류체인의 정점인 완성차 회사는 설계, 생산기술 역량을 쌓아왔다. 여기에 더해서 1990년대부터 꾸준한 전기차 및 수소연료전지차와 같은 친환경차에 대한 연구를 진행해 왔으며, 결과적으로 현재 하이브리드, 전기차, 수소연료전지차 등 모든 종류의 친환경차 라인업을 구축하고 있다. 이와 같은 강점을 십분 활용하고자 최근에는 핵심 부품을 담당하던 현대모비스와 소프트웨어를 담당하던 현대오토에버가 엔진제어기와 전력반도체를 담당하던 현대오트론을 분리 합병하는 등 주요 계열사의 사업을 친환경차, 디지털 전환을 중심으로 재편하고 있다.

이와 같은 핵심 역량을 기업의 강점으로 두고, 앞서 살펴본 자동차 시장의 전동화 전환을 외부의 기회이자 위협으로 상정한다면, 현대자동차의 관점에서 내·외부 요인을 결합한 전략을 제시할 수 있다. 〈표 5-1〉은 현대자동차의 SWOT 분석을 보여준다. 기회와 강점을 결합한 OS 전략에서는 기존 제조 역량과 자본을 활용해야 하며, 기회와 약점을 결합한 OW 전략에서는 친환경차의 핵심 요소 기술을 내재화하여 원가 상승 요인을 최소화해야 한다.

---

2. 강덕환, 「테슬라와 현대자동차 전략 비교 사례 연구」, 가을학기 사례연구, KAIST ITM, 2021.

〈표 5-1〉 현대자동차 SWOT 분석

		외부환경 분석(External Analysis)	
		O 기회 요인 **- 내연기관 → 전동화 변화** **- 친환경차 시장 확대** - Covid-19 이후 경기 회복	**T 위협 요인** **- 전기차 성장, 배터리 영향(원가) ↑** - Tesla, BYD 등 신규 강자 **- 환경 규제 증가**
내부환경 분석 (Internal Analysis)	**S 강점 분석** **- 친환경차 기술, 제조 역량** **- 수직계열화**(약화) **- 자율주행 기술**(Mid) **- 품질 관리 역량, 브랜드**	**OS 전략** **- 친환경차 선도 메이커** 다양한 EV를 대량으로 저렴하게 생산 EV 중심의 사업 재편, 기술 확보 배터리, 모터, 제조 플랫폼 기술 확보 **- 기존 제조 역량 · 자본 활용** - 경기회복 시기 집중 공략(2009년 경험)	**TS 전략** - Fast Follower 전략 - 내연기관 → 친환경차(OS 전략과 연계) 빠른 친환경차 전환 필요 레벨 4 이상의 자율주행 기술 확보
	W 약점 분석 **- 모빌리티 서비스 역량** **- 경직된 생산 변화**(노조) **- 수익률 감소**(대중국 시장 전략 실패)	**OW 전략** - 중국 시장 친환경차 전환 필요 - 대량생산, 적시 공급으로 고정비 절감 - 전동화-모빌리티 연계 기술 개발 케넥티비티 카 기술, 차량의 디지털화 **- 핵심 요소 기술**(배터리 등) **내재화로 원가 상승 요인 최소화**	**TW 전략** - 모빌리티 서비스 확대로 경쟁력 확보 모빌리티 서비스 투자(오픈 이노베이션) 데이터 공개 및 파트너 기업 생태계 구축 - 다중 제품전략 내연기관 수익률 유지-초저배출 엔진

3.2 기술전략 방향과 가능성 검토

핵심 역량을 제대로 활용하기 위해서 계열사를 친환경차-전동화를 중심으로 통합하더라도 여전히 배터리 전기차 원가의 30%는 배터리 비용이며,[3] 배터리 성능은 현재 전기 자동차 성능의 핵심을 차지한다. 배터리 기술과 원가는 내연기관 자동차에서 전기 자동차로의 전환을 가능하게 하는 핵심 요인인 동시에, 아직도 전기 자동차가 내연기관 자동차를 완전히 대체하지 못하게 만드는 장애 요인이기도 하다. 차세대 배터리 기술의 혁신이 가속화될수록 용량(성능)을 기준으로 하는 배터리 원가, 즉 1kWh당 배터리 가격의 하락이 가속화될 수 있으며, 충전 속도 또한 떨어질 수 있다. 이는 곧 배터리 기술 없이는 전환되는 EV 시장을 제패할 수 없음을 의미한다. 결국 현대자동차는 현재 리튬 이온 배터리 이후에 등장할 차세대 배터리의 원천 기술을 확보해야 한다. 배터리를 완전히 생산하는 "내재화"가 어렵다면, 적어도 배터리의 "원천기술"을 내재화해서 기술 기반의 제품 경쟁력을 갖추고 원가 경쟁력을 확보할 수 있다.

하지만, 지금까지 자동차만 만들어 왔던 현대자동차가 배터리 기술을 확보할 수 있을까? 현대자동차는 배터리 기술을 얼마나 갖고 있을까? [그림 5-5]는 2011~2020년 리튬 이온 배터리 특허 중 셀 관련 전 세계 특허의 Player 분류를 보여준다. 총 특허는 33,973개이며, 1위 기업인 LG화학(현재 LG 에너지솔루션)은 2,656개의 특허를 보유하고 있었다. 2위와 3위는 토요타 자동차 및 토요타 산업의 특허로, 이 둘을 합친다면, 사실상 LG화학보다 많은 특허를 보유하고 있다. 닛산과 보쉬도 각각 6번째와 13번째에 이름을 올리고 있어

3. McKinsey&Company, "Making electric vehicles profitable", 2019.

전기화학 업체뿐 아니라 완성차 제조사 및 자동차 부품 업체의 리튬 이온 배터리 특허 연구도 활발함을 알 수 있다. 현대자동차는 그림에는 제외되었으나, 151개의 셀 관련 특허를 보유하고 있었다. 또한 그림에서 제외된 주요 배터리 제조사인 SK이노베이션의 특허는 204개로 현대자동차의 특허 보유 수가 절대적으로 적은 편은 아님을 알 수 있다.

[그림 5-5] 리튬 이온 배터리 셀 관련 특허(상위 20위 Player)

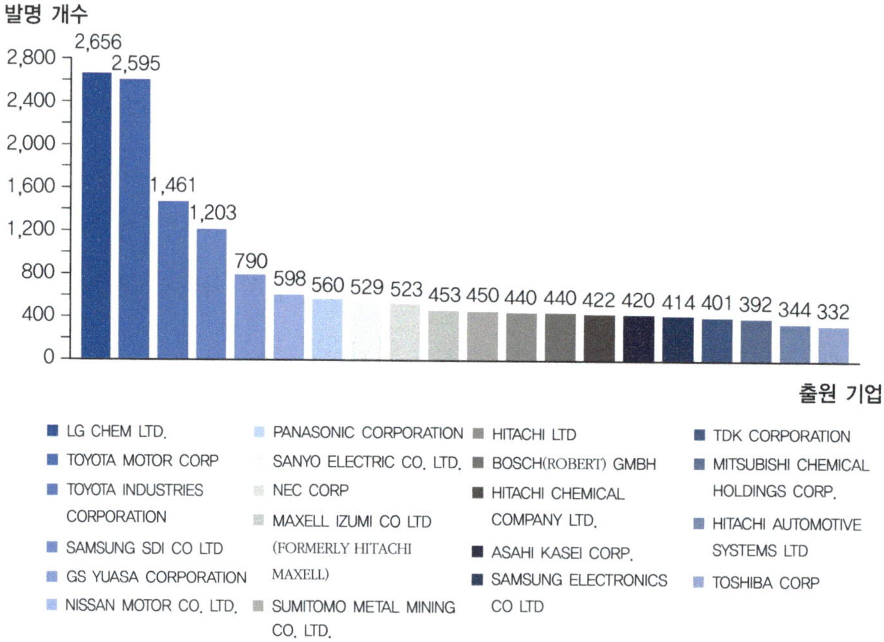

출처 : Clarivate's Derwent Innovation, DWPI/DPCI database.

그렇다면 주요 완성차 제조사의 특허는 어떨까? 〈표 5-2〉는 주요 완성차 제조사의 판매량과 배터리 특허를 구분한 표이다. 완성차 제조사는 2019년 기준 판매량 상위 10개 회사와, 주요 회사인 독일 3사(Audi는 Volkswagen에 포함), 그리고 테슬라를 포함시켰다. 리튬 이온 배터리 관련 특허 전체와 셀 부분 특허를 분류하여 살펴보았다. 현대자동차는 전체 보유 특허의 수는 적어 보이지만, 리튬 이온 배터리 특허 전체를 기준으로는 4번째, 셀 관련 특허에서는 3번째로 많은 특허를 보유하고 있다. 특히 일본 업체들을 제외한 독일, 미국 업체들보다 많은 특허를 보유하고 있다. 이는 글로벌 완성차 업체들을 기준으로, 배터리 연구개발 경험과 지식을 상대적으로 더 많이 보유하고 있다는 것을 의미한다.

〈표 5-2〉 주요 완성차 제조사의 배터리 특허 현황

순위	Sales(Mil.Unit)		Li-ion 특허 전체		Cell part 특허	
1	폭스바겐	10.8	**토요타**	**3,223**	**토요타**	**2,552**
2	토요타	10.5	**닛산**	**735**	**닛산**	**587**
3	르노	10.3	다임러	307	**현대**	**151**
4	닛산	10.3	**현대**	**190**	혼다	123
5	GM	8.7	혼다	175	다임러	108
6	**현대**	**7.5**	BMW	130	GM	75
7	포드	5.7	GM	103	BMW	64
8	혼다	5.2	르노	93	폭스바겐	48
9	피아트 크라이슬러	4.8	폭스바겐	90	르노	46
10	PSA	4.1	스즈키	23	스즈키	12
11	스즈키	3.2	포드	17	포드	4
12	다임러	2.34	PSA	17	PSA	0
13	BMW	2.16	테슬라	10	테슬라	0
14	테슬라	0.36	피아트 크라이슬러	0	피아트 크라이슬러	0

출처 : Clarivate's Derwent Innovation, DWPI/DPCI database.

〈표 5 - 2〉와 같이 간략히 분석한 특허 데이터를 본다면, 현대자동차의 배터리 요소 기술에 대한 연구개발은 불가능한 도전이 아닌 것으로 보인다. 오히려 완성차 업체들 중에서는 매우 경쟁력 있는 수준으로 연구개발 경험을 보유하고 있으며, 절대적인 숫자 또한 결코 적지 않다. 물론 토요타, 닛산과 같은 선두 기업이 있지만, 차세대 배터리의 셀과 관련된 요소 기술에 연구개발 역량을 집중한다면 충분히 경쟁력을 가질 수 있다. 대량생산 능력을 보유한 완성차 회사가 전환기에 반드시 필요한 배터리 기술을 확보할 교두보를 이미 선점하고 있는 것이다. 그렇다면 현대자동차는 앞으로 어떤 기술을 확보해야 할까? 현재 리튬 이온 배터리 기술은 이미 배터리 제조사들이 확보하고 있다면 다음에 등장할 배터리 신기술은 어떤 기술일까?

4. 데이터 기반 차세대 배터리 기술 분석

4.1 이차 전지 로드맵과 차세대 배터리 기술

이차 전지 로드맵과 관련된 기존 분석 자료들을 살펴보면, 다양한 차세대 배터리 기술이 연구되고 있는 가운데, 이차 전지 셀의 구성품(양극, 음극, 전해질, 분리막)에 따라 종류가 다변화되는 것을 확인할 수 있다. 특히 실리콘 양극 소재는 현재 배터리 제조사의 핵심 기술로, 삼원계(NCM : 니켈, 코발트, 망간) 양극의 개선을 통한 배터리 성능 강화는 현재도 진행 중이다. 차세대 배터리로 전해질을 완전 고체로 사용하는 전고체 배터리와 흑연으로 사용되는 음극을 리튬 메탈로 대체하는 리튬 메탈 배터리의 상용화가 추진되고 있으며, 리튬-

황, 리튬-에어 배터리는 다소 먼 기술로 보여지고 있다.[4]

기술 분석을 위해서 학계에서 1개, 산업지에서 1개의 Key Paper를 선정하여, 타 페이퍼 및 자료와 비교하고 Derwent의 텍스트 클러스터링으로 실제로 해당 기술들이 충분한 등고선을 갖는지 검증을 진행하였다. 차세대 기술로 아직 학계에서 연구되고 있는 점을 감안하여 학계 논문을 검토하였으며, 산업계에서 바라보는 현실적 시각을 반영하기 위해 산업지 논문을 함께 찾아보았다. 학계 Key Paper로는 Jang Wook Choi & Doron Aurbach가 2016년에 *Nature Reviews Materials*에 게재한 "Promise and reality of post-lithium-ion batteries with high energy densities"를, 산업지 Key Paper로는 김한수가 2020년에 『오토저널』에 게재한 「차세대 배터리 : 차세대 xEV 배터리 기술」을 선정했다. 그

〈표 5-3〉 차세대 배터리 기술 종류(Key Paper 분석)

구분	내용
단기 기술	실리콘 양극 Layered nickel-rich and lithium-and manganese-rich cathode materials.
장기 기술	리튬 메탈 음극
	리튬 황 배터리
	금속산소 배터리, 리튬 에어
	나트륨 이온 배터리
	망간 충전 배터리
산업 전문지 관점	리튬 황 배터리
	리튬 에어 배터리
	전고체 배터리

주 : 리튬 금속 음극은 각 차세대 배터리에서 소재로 언급.

출처 : 1) Jang Wook Choi & Doron Aurbach "Promise and reality of post-lithium-ion batteries with high energy densities", *Nature Reviews Materials*, volume 1, Article number 16013, 2016.

2) 김한수, 「차세대 배터리 : 차세대 xEV 배터리 기술」, 『오토저널』, 42(8), 2020.

4. 키움증권 리서치센터, "차세대 배터리 : 미래를 담을 기술", 2019.

결과 〈표 5-3〉과 같이 장기적 관점의 4가지 차세대 배터리 기술로 리튬 메탈(금속) 음극, 전고체 배터리, 리튬 황 배터리, 금속 산소(리튬 공기) 배터리를 차세대 배터리 기술로 선정하였다. 차세대 배터리 기술을 검색식으로 넣을 경우 Derwent의 특허 랜드스케이프 맵(Themescape Map) 결과는 [그림 5-6]과 같이 나타났으며, 충분한 특허의 수와 등고선을 형성하는 것을 확인하였다. 단, 전고체 배터리의 경우 전해질과 관련된 특허로 표현되었으며, 완전히 "전고체(All-Solid)"와 같은 단어로 표현되지는 않았다. 미래 자동차에 활용될 차세대 배터리 기술이 분석 결과와 같이 4가지 기술로 연구개발되고 있음은 분명한 것으로 보인다. 다만, 바로 앞에서 언급한 바와 같이 이차 전지 로드맵에서는 네 가지 기술 중에서도 전고체 배터리와 리튬 메탈 음극 기술이 조금 더 상용화에 가까운 기술로 예상하고 있다.

[그림 5-6] 차세대 배터리 특허 Themescape Map

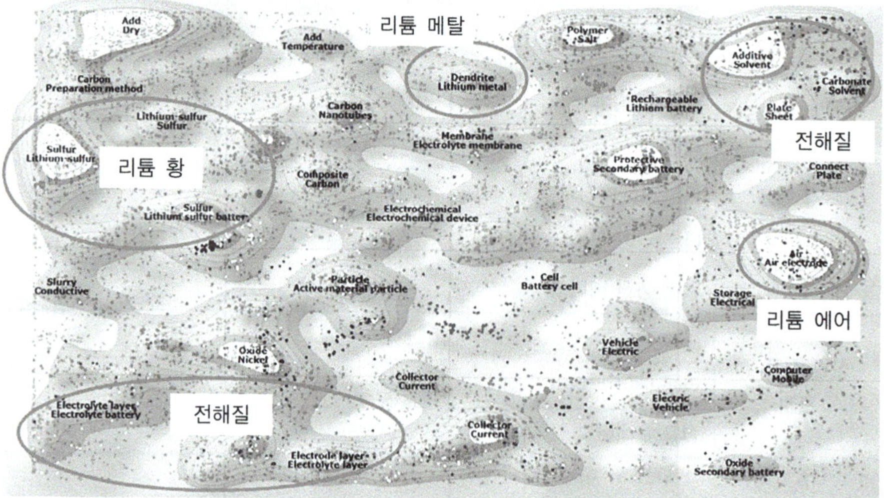

출처 : Clarivate's Derwent Innovation, DWPI/DPCI database.

4.2 차세대 배터리 기술 현황

차세대 배터리 4개 기술 특허를 종합적으로 분석할 경우, 현대자동차는 [그림 5-7]에서 볼 수 있듯이 전체 발명의 수에서 7위에 해당하는 106개의 특허를 보유하고 있다. 토요타와 배터리 제조사, 보쉬 등을 제외하면 매우 높은 양적 우위를 보여준다. 그러나 피인용 상위 20%의 특허를 분석한 [그림 5-8]에서는 낮은 순위를 보인다. 차세대 배터리 기술 특허의 피인용 상위 20%는 5회로, 총 1,351개의 발명이 5회 이상 인용받고 있다. 그러나 해당 기준에서 현대자동차는 16개 특허만이 5회 이상 인용을 받고 있어 특허 품질 면에서 양적 기준보다 낮은 수준으로 볼 수 있다. 단, 이 경우도 마찬가지로 토요타 외 완성차 제조사는 없으며, 보쉬만 전통적인 자동차 업계 회사이다. 즉, 전통적인 자동차 업체에서는 현대자동차의 특허 수준은 여전히 매우 높은 편에 속한다.

[그림 5-7] 차세대 배터리 4개 기술 발명 현황

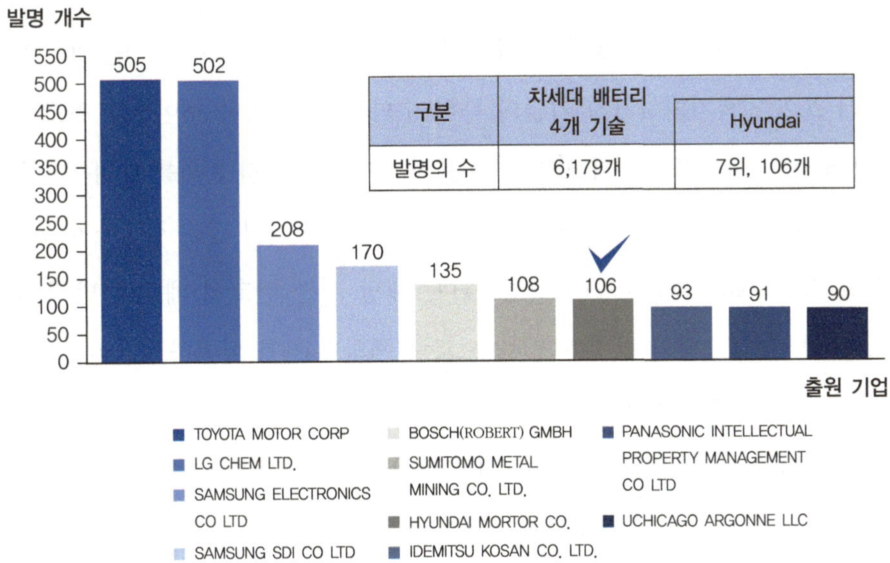

출처 : Clarivate's Derwent Innovation, DWPI/DPCI database.

[그림 5-8] 차세대 배터리 4개 기술 피인용 상위 20% 발명 현황

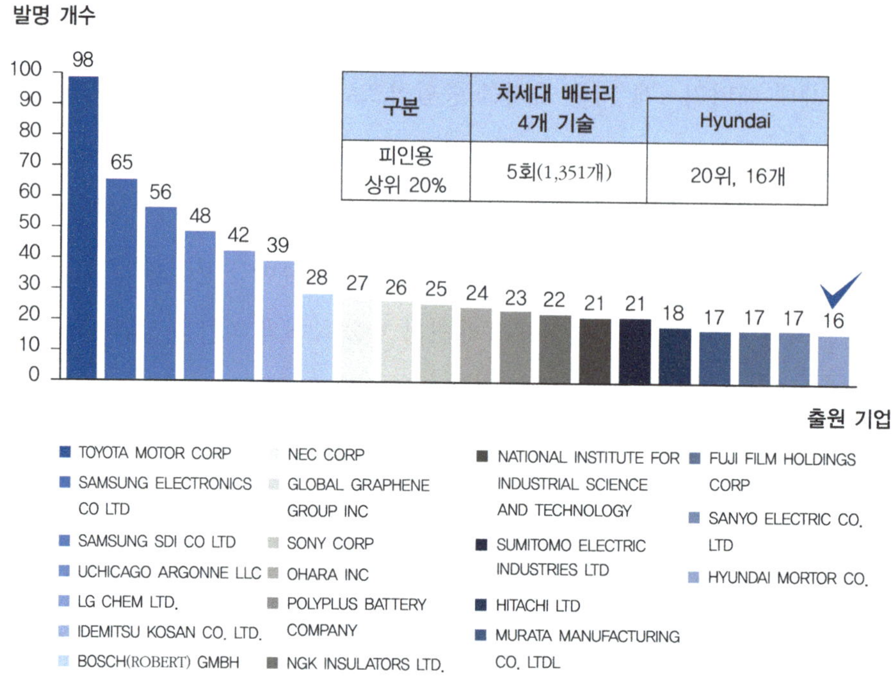

출처 : Clarivate's Derwent Innovation, DWPI/DPCI database.

기술별 특허 동향을 조금 더 상세히 분석해 보았다. [그림 5-9]는 2011년부터 2020년까지의 4가지 기술의 특허 수의 변화 추이를 보여주고 있으며, 〈표 5-4〉는 4가지 기술의 발명 수와 품질, 현대자동차의 순위를 보여주고 있다. 특허 숫자로 볼 경우에는 전고체 배터리 기술이 가장 많은 성장을 이루고 있고 그중 토요타의 비중이 가장 높다. 해당 기간 전고체 배터리 발명 총 2,830건 중 토요타의 발명은 394건으로 전체의 14%를 차지하고 있다. 발명 수를 볼 때는 전고체, 리튬 메탈 음극의 특허가 많고, 리튬 황, 리튬 에어 관련 특허는 거의 없다. 이는 앞에서 살펴본 바와 같이 전고체와 리튬 메탈 음극이 좀 더 상용화에 가까운 기술임을 보여준다고 할 수 있다. 각 기술에 대한 현대자동차의 특허 개수는 큰 차이가 없으며, 덜 개발된 리튬 황, 리튬 에어에서

[그림 5-9] 차세대 배터리 4개 기술 발명 추이

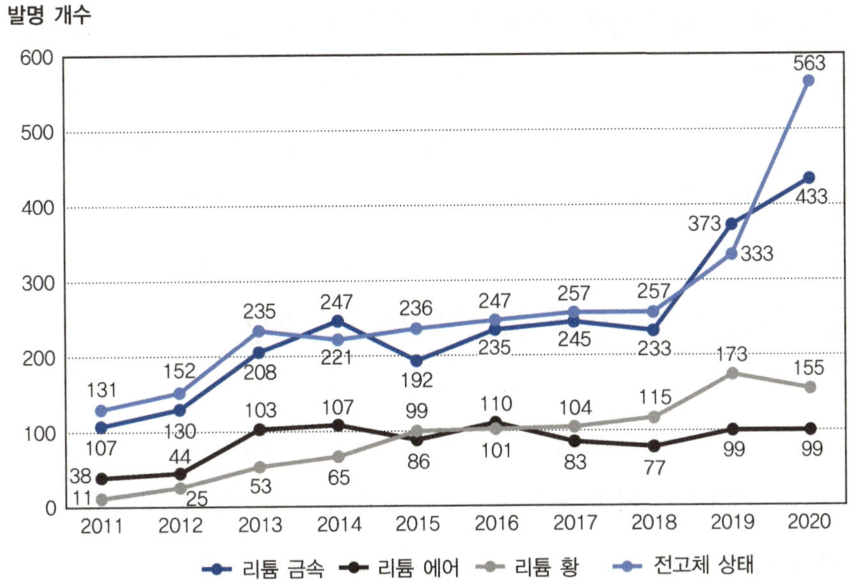

출처 : Clarivate's Derwent Innovation, DWPI/DPCI database.

〈표 5-4〉 차세대 배터리 4개 기술 발명 현황

구분		전고체	리튬 메탈	리튬 황	리튬 에어
발명의 수		2,830개	2,625개	913개	870개
	Top 3	토요타(394) 삼성전자(133) LG 화학(118)	LG 화학(280) 삼성 SDI(114) 스미토모 철강 광산(97)	LG 화학(140) NANOTEK(62) BOSCH(41)	삼성전자(70) NIPPON 텔레콤(69) 토요타(59)
	현대	**21위, 36개**	**16위, 30개**	**6위, 25개**	**4위, 45개**
피인용 상위 20%		5회(590개)	6회(536개)	6회(178개)	6회(183개)
	Top 3	토요타(75) 삼성전자(40) 이데미스 코산 (38)	삼성 SDI(33) 삼성전자(26) NEC(24) LG 화학(20)	삼성 SDI(13) 그래핀 그룹(11) GM(10)	삼성전자(24) 토요타(10) NIPPON 텔레콤(9)
	현대	**4건, 25위 밖**	**2건, 47위 밖**	**8건, 6위**	**2건, 20위 밖**

출처 : Clarivate's Derwent Innovation, DWPI/DPCI database.

오히려 상대적으로 우위가 있다. 다만 해당 발명들은 매우 숫자가 적어, 요소 · 기반 기술에 대한 연구 차원에서 접근한 발명으로 보인다. 표와 그림에는 드러나지 않았지만, 시카고 대학이 상위 20%의 피인용 특허로 리튬 메탈 음극 29개, 리튬 황 18개, 리튬 에어 14개의 발명을 보유하고 있었다. 차세대 기술인만큼 학계와의 공동 연구가 중요한 접근이 될 수 있음을 보여준다.

4.3 데이터 분석으로 살펴본 기술력 위상

차세대 배터리 4개 기술의 발명 현황에서 우리는 발명의 대략적인 추이와 숫자, 그리고 현대자동차의 현재 위치를 잠시 살펴볼 수 있었다. 현대자동차는 양적인 우위에 비해 질적인 우위(피인용)가 다소 떨어지는 것으로 보인다. 다만 다른 자동차 회사에 비해 매우 높은 수준으로 차세대 배터리 기술을 연구개발하기 위한 준비가 되어 있다고 평가할 수 있다. 조금 더 구체적으로 인용 데이터를 기반으로 현대자동차와 경쟁사의 차세대 배터리 기술을 살펴보자.

현대자동차의 차세대 배터리 특허는 총 106개로 [그림 5-10]은 이 특허들의 전후방 인용을 분석하고 있다. 인용 회사의 순서는 특허 숫자 순이다. 후방 인용, 즉 현대자동차의 특허들이 인용한 특허는 총 281건이며, 전방 인용, 즉 현대자동차의 특허들을 인용한 특허는 321건이다. 후방 인용을 살펴보면 현대, 기아 등 자기 자신의 특허를 인용할 뿐 아니라 경쟁사인 토요타, 닛산의 특허, 배터리 제조사의 특허들을 인용하고 있음을 알 수 있다. 전방 인용을 보면 현대자동차 스스로 해당 특허들을 인용하고 있으며, 국내 배터리 제조사와 경쟁사인 토요타도 해당 특허들을 인용하고 있다. 또한 중국의 대학 및 연구소에서도 해당 특허들을 인용하고 있다.

전후방 인용을 기술별로 분석하면 〈표 5-5〉와 같다. 특허의 수는 적지만,

[그림 5-10] 현대자동차 차세대 배터리 특허 전후방 인용 현황

출처 : Clarivate's Derwent Innovation, DWPI/DPCI database.

〈표 5-5〉 현대자동차 차세대 배터리 4개 발명 인용 현황

후방 인용	자기 인용	비율	신기술	발명	전방 인용	평균 피인용	자기 인용	비율
100	30	30%	**리튬 메탈**	30	**108**	3.6	39	36%
132	40	30%	**전고체**	36	**99**	2.75	36	36%
151	50	33%	**리튬 에어**	45	**90**	2	45	50%
98	28	29%	**리튬 황**	25	**160**	6.4	39	24%

출처 : Clarivate's Derwent Innovation, DWPI/DPCI database.

리튬 메탈 음극, 리튬 황 배터리 관련 특허는 평균 피인용이 각각 3.6회와 8회로 상대적인 비율이 높다. 이는 해당 기술의 특허 품질이 상대적으로 우수함을 보여준다. 기술 성숙도가 낮은 리튬 에어 배터리 관련 특허는 자기 인용 비율이 50%로 높게 나타난다. 전반적으로 전체 특허를 놓고 볼 때 약 3회 이상 인용되고 있으며, 전후방 인용의 38%는 현대자동차 자신의 특허로, 기술을 스스로 축적해가고 있음을 의미한다. 즉, 현재 현대자동차의 차세대 배터리 기술은 지난 자신의 기술을 참고하였고, 또한 지금의 기술을 참고하여 새로운 기술을 연구개발해 온 것이다. 인용 없는 특허는 동떨어진 기술이며, 타인 인용만 있는 기술은 자신의 기술을 스스로 혁신하고 있지 않다는 것을 의미할 수 있다. 물론 자신만 인용하는 기술은 활용도가 떨어지는 기술일 수도 있다. 인용이 기술을 이해하고 참고한다는 의미임을 되돌아본다면, 전후방 인용은 자기 인용과 타인 인용이 적절한 비율로 필요하다.

경쟁사인 토요타의 인용은 어떨까? 4개 기술을 모두 분석하는 대신 토요타가 가장 앞선 것으로 알려져 있는 전고체 배터리 특허의 인용을 분석해 보았다. 토요타의 전고체 특허는 총 505개로 [그림 5-11]은 토요타의 전고체 배터리 특허의 전후방 인용 현황을 보여준다. 토요타는 1,706개의 특허를 인용하였고(후방 인용), 2,764건의 특허가 토요타의 특허를 인용하였다(전방 인용). 전후방 인용에는 자기 자신과 현대자동차를 포함한 자동차 회사, 배터리 제조사들이 다양하게 속해 있으며, 현대자동차 또한 해당 특허들을 인용하고 있다. 〈표 5-6〉에서 볼 수 있듯 토요타는 높은 후방 인용 비율을 보이고 있는데 이는 기존 기술을 적극적으로 축적하고 있다고 볼 수 있다. 기술의 축적을 통해 연구개발을 추진하고 있는 것이다. 또한 전방 인용에서는 현대차 대비 높은 평균 피인용 횟수를 보여주고 있는데, 이는 전고체 배터리 분야에서 토요타의 기술이 매우 앞선 것을 증명한다고 볼 수 있다.

[그림 5-11] 토요타 자동차의 전고체 배터리 특허 전후방 인용 현황

주 : 중요도에 따라 일부 Player 생략.

출처 : Clarivate's Derwent Innovation, DWPI/DPCI database.

〈표 5-6〉 토요타 자동차 전고체 배터리 발명 인용 현황

후방 인용	자기 인용	비율	신기술	발명	전방 인용	평균 피인용	자기 인용	비율
1,706	710	42%	**전고체**	505	**2,764**	5.47	1,003	36%

출처 : Clarivate's Derwent Innovation, DWPI/DPCI database

토요타는 전고체 배터리에 기술적 역량을 집중하고 있다. 전고체 배터리에서 토요타가 확실한 우위에 있다면 상용화가 가깝다는 리튬 메탈 음극 기술은 어떨까? [그림 5-12]는 특허 데이터를 기반으로 리튬 메탈 음극 기술에 대한 각 Player들의 기술 위치를 보여준다. 리튬 메탈 음극 기술을 하나의 필드로 보고 영향력을 지표화하여 y축에 표시하였다. 리튬 메탈 상위 20% 인용 특

[그림 5-12] 리튬 메탈 음극 기술 위치

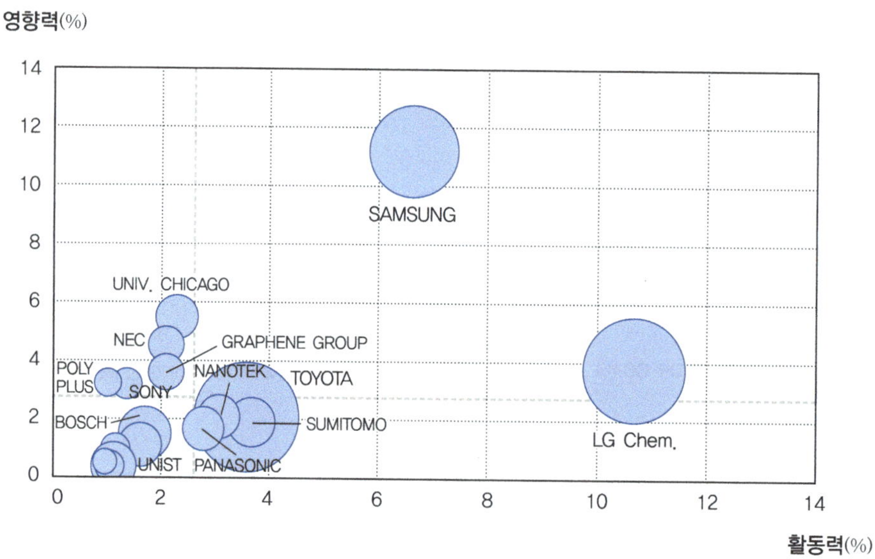

주 : 1) 영향력 : 나의 상위 20% 인용 특허 수/리튬 메탈 상위 20% 인용 특허
2) 활동력 : 나의 리튬 메탈 특허 수/리튬 메탈 특허 전체 수
3) 원의 크기 : 신기술 역량(차세대 배터리 4개 기술 중 내가 보유한 기술의 비율)
4) SAMSUNG은 삼성전자+삼성 SDI, 종기원 특허 감안

출처 : Clarivate's Derwent Innovation, DWPI/DPCI database.

허 중 나의 특허 수의 비율이다. 리튬 메탈 음극 기술에 대한 활동력을 x축에 표시하였다. 인용과 관계없이 리튬 메탈 특허 전체 수에서 나의 특허 수이다. 원의 크기는 신기술에 대한 역량이다. 차세대 배터리 4개 기술에서 각 Player가 차지하는 비율을 나타낸다. 삼성과 LG는 이미 영향력과 활동력, 역량에서 당연히 매우 높은 고지를 선점하고 있다. 현대자동차는 모든 영역에서 현재는 매우 미미한 상황이다. 다만, 신기술 역량(원의 크기)은 핵심 플레이어들을 제외하고는 뛰어난 수준이다. 기술 위치에서 신기술 역량, 즉 원의 크기가 전체 차세대 배터리 기술 중 내가 보유한 기술의 비율이라는 점을 다른 관점에서 해석한다면 현대차의 차세대 배터리 연구 역량이 다른 Player와 비교할 때 결코 뒤쳐지지 않음을 의미한다.

현대자동차는 차세대 배터리의 4가지 기술 모두를 조금씩 연구해 왔고, 이제 질적 성장과 순차적인 기술 개발을 진행할 차례로 보인다. 전동화는 기존 자동차 회사들의 핵심 역량을 파괴하는 변화인 동시에 배터리의 요소 기술을 확보한다면 다음 세대의 경쟁력을 확보할 수 있는 기회이다. 반면, 차세대 배터리 요소 기술은 매우 도전적인 과제로, 상용화가 가깝다는 전고체 배터리나 리튬 메탈 음극 기술조차 앞으로 5년, 10년이 지나도 완성되지 않을 수도 있다. 달리 말하면, 차세대 배터리의 새로운 패러다임이 될 기술이 전고체가 될지, 리튬 메탈 음극이 될지는 아직 알 수 없으며, 가장 먼저 안전하고 성능 좋은 배터리를 저렴하게 양산하는 기업이 승자가 될 것이다. 이는 자동차 기업들에게 매우 도전적인 과제인 동시에 배터리 제조사들과 토요타, 현대자동차 등 역량을 가진 자동차 회사들이 모두 부딪히는 기술 경쟁이 될 것이다.

5. 분석 결과의 시사점 및 한계

지금까지 자동차 산업 변화에 대응하여 현대자동차의 관점에서 차세대 배터리 기술전략을 어떻게 설정할 수 있을지 분석해 보았다. 산업 변화와 핵심 역량은 잘 알려진 내용들을 재해석하고 분석하는 방식으로 살펴보았고, 기술 전략 설정을 위해 가능성을 살펴보고 현재 위치를 분석하는 부분에서는 Derwent Innovation의 특허 데이터를 활용하였다. '데이터 기반 기술전략 수립'이라는 관점과 '기업의 차세대 기술'이라는 관점에서 이 분석은 두 가지의 시사점을 제공한다.

첫 번째, 기술적 위치를 내외부 동향 보고 및 특정 엔지니어 그룹의 분석이 아니라 데이터를 기반으로 분석함으로써 기술전략을 수립할 수 있는 기술의 지형을 제시하였다. 기술전략에 대한 의사결정을 비즈니스적 관점과 전문가 집단의 의견에 의존하는 대신, 데이터를 기반으로 현재 기술의 동향과 위치를 살펴보았다. 이를 통해 기술전략을 더욱 객관적인 위치에서 제시할 수 있다. 이번 분석은 제한적인 시간에 한정된 데이터를 활용한 개인 프로젝트로 진행되었지만, 긴 호흡을 가지고 더 많은 인원들이 투입된다면 훨씬 정교하고 설득력 있는 전략을 수립할 수 있을 것이다.

두 번째, 현대자동차가 차세대 배터리 기술 개발을 하는 것이 가능하다고 판단한 가장 중요한 요인은 '이미' 차세대 배터리 기술에 대한 장기간의 연구 개발이 있었기 때문이다. 전환의 시기에는 새로운 기술적 혁신을 추구하기 어렵다. 기술을 연구하고 개발하기 위한 역량에 오랜 시간의 축적이 필요하기 때문이다. 기반 기술, 요소 기술에 대한 장기적 시각과 끊임없는 노력이 있어야만 다음 세대의 기술을 준비할 수 있다. 현 시점에서는 매우 먼 미래에 달성될 불필요한 기술도 급박한 전환의 시기에는 새로운 교두보가 될 것이다.

시사점에도 불구하고 한계 또한 명확하다. 이 분석은 엔지니어-전문가 집단의 검증을 받지 않은 분석이다. 기술적 전문성을 담기에는 한계가 있는 분석으로 실제로 데이터 기반의 전략을 수립하기 위해서는 엔지니어 혹은 전문가 집단이 처음부터 기술 분석과 분류에 참여해야 한다. 기술에 대해 가장 잘 이해하고 있는 사람들은 내부 전문가이기 때문이다. 기술 분석 및 분류에 엔지니어가 참여하고 이를 기반으로 데이터를 분석하고 검증한다면 이 기술전략 수립은 매우 객관적이고 높은 수준의 분석을 제공할 것이다. 데이터를 기반으로 지속적으로 기술 지형이 업데이트되고, 중장기적으로 전략을 수정하고 점검한다면 기업의 기술전략은 좀 더 효율적인 방향으로 걸어갈 것이다.

[참고문헌]

강덕환,「테슬라와 현대자동차 전략 비교 사례 연구」, 가을학기 사례연구, KAIST ITM, 2021.

김한수,「차세대 배터리 : 차세대 xEV 배터리 기술」,『오토저널』, 42(8), 2020.

손건석,「xEV 전지 소재 개발 및 공급동향」,『오토저널』, 42(8), 2020.

이광호, 조용래, 우청원, 정장훈, 최종화, 이주영, 유상욱, 이충현, 김은아, 김명순,『융합이 기술혁신패턴에 미치는 영향과 대응전략』, 정책연구, 1-330, 과학기술정책연구원, 2016.

이태경,「xEV 배터리 셀-모듈-팩-시스템 연구개발 동향」,『오토저널』, 42(8), 2020.

정대현, 권영일,「특허정보를 이용한 리튬이온 이차전지의 기술동향 분석」, 한국기술혁신학회 학술대회, 288-298, 2009.

키움증권 리서치센터, "차세대 배터리 : 미래를 담을 기술", 산업분석, 2019.

Jang Wook Choi & Doron Aurbach, "Promise and reality of post-lithium-ion batteries with high energy densities", *Nature Reviews Materials*, volume 1, Article number 16013, 2016.

L.J. Aaldering, C.H. Song, "Tracing the technological development trajectory in post-lithium-ion battery technologies : A patent-based approach", *Journal of Cleaner Production* 241, 2019.

Making electric vehicles profitable?, Mckinsey&Compay, 2019, https://www.mckinsey.com/industries/automotive-and-assembly/our-insights/making-electric-vehicles-profitable

Mckinsey&Company, "Making electric vehicles profitable", 2019.

6장

항공기 전기화 기술 동향과 특허 분석 기반 시사점 도출

–항공 기술의 새로운 도약, 첨단 전기 항공기의 출현

심윤재(KAIST)

출처 : 위키피디아

항공기의 패러다임을 바꿀 전기 항공기는 어떤 기술이 필요하며,
한국의 기술 경쟁력의 위상은 어떠한가?

1. 왜 항공기 전기화인가?

현재 대부분의 자동차, 항공기, 선박 등 운송수단은 화석연료를 연소시켜 동력을 얻는 내연기관에 기반하고 있다. 화석연료의 사용은 대기오염 물질 방출과 함께 지구온난화 등의 환경문제와 직접적으로 연관되어 있다. 이러한 전 지구적 문제들을 해결하기 위해 세계 기후변화 협의체(Intergovernmental Panel for Climate Change ; IPCC)는 교토의정서를 통하여 화석연료의 사용량과 이산화탄소 배출량에 대한 규제를 발효하였고, 2020년까지 20%의 온실가스 배출 감축에 합의하였다.[1] 항공운송의 경우, UN, EU, ICAO 등과 같은 국제기구에서 글로벌 기후변화 대응을 위한 조치로 항공운송으로 발생되는 CO_2 등의 온실가스를 단계적으로 감축할 것을 요구하고 있다.[2]

유럽환경청(EEA)에서 각 운송수단의 이산화탄소 배출량을 분석한 결과에 따르면, 이동거리 1km당 제트비행기는 285g, 버스는 68g, 기차는 14g의 이산화탄소를 배출하고 항공기는 버스의 4배, 기차의 20배에 해당하였다. 또한 현재의 항공 산업은 전 세계 이산화탄소 배출량의 약 3%의 비중을 차지하고 있으며, 이산화탄소뿐 아니라 미세먼지, 질소산화물 등 각종 유해가스를 뿜어낸다. 여기에 국제민간항공기구(ICAO)가 "2040년 항공 운항의 증가로 항공 산업의 온실가스 배출량 비중이 4배 이상 증가할 것"이라고 예측했다.[3]

이러한 환경적 · 정책적 필요성은 "항공기의 전기화(Electrification)"를 위한 연구의 추진 동력이 되고 있다. 전기화(Electrification)는 산업 및 응용 각 분야에서 사용되는 동력원을 전기 에너지 기반의 동력원으로 대체하는 과정을 통칭

1. 김민정, 안미진, 『항공교통 부문 온실가스 배출규모 추정 및 관리 방안』, 한국교통연구원 연구총서 6 : 2008.
2. 김명집, 『글로벌 상용항공기 전기화 동향』, 항공우주 산업기술 동향 17.2 : 20–35, 2019.
3. 도다솔, "전기차 · 수소선박도 있는데…클린비행기는 없을까", 이코노믹리뷰, 2021. 11. 19, http://www.econovill.com/news/articleView.html?idxno=556227

한다.[4] 전기화는 교류 · 직류 전기, 전구, 발전기, 전동기 등의 일련의 발명과 더불어 19세기부터 현재까지 산업 및 응용 분야에서 지속되고 있다. 이러한 전기화의 공통적인 장점으로 높은 효율과 신뢰성, 정비수요 감소 등이 꼽힌다.

이미 자동차 분야에서는 글로벌 자동차 업계의 주요 플레이어들이 테슬라(Tesla)로부터 시작한 전기차 혁명으로부터 살아남기 위하여 전기차 전용 플랫폼을 개발하고, 자동차의 전동화에 연구개발 역량을 집중하고 있다. 미국 최대 자동차 업체 제너럴모터스(GM)는 2035년부터 전기차만 생산한다는 미래 비전을 밝히며 이는 2040년까지 탄소중립화를 위한 광범위한 계획의 일환이라고 설명했다. 아울러 이 분야에 270억 달러를 투자해 2025년 말까지 새로운 전기차 모델 30여 종을 출시할 계획이다. 폭스바겐(Volkswagen AG), 포드(Ford) 등 다른 업체들도 비슷한 전략을 취하고 있으며, 국내 기업인 기아는 2027년까지 매년 2종 이상의 전기차를 출시하여 총 14종의 전기차 풀라인업을 구축하고 2030년까지 전기차 판매 120만 대를 달성할 계획을 수립하였다.

전기화에 전사적 역량을 집중하고 있는 자동차 산업과 달리, 항공 분야의 전기화는 아직까지 상용화와 거리가 먼 것으로 판단된다. 그럼에도 불구하고 항공기 전기화는 앞서 언급한 환경적 · 정책적 필요성에 따라 더욱 강하게 추진력이 부여될 것으로 보인다. 지구온난화의 주범인 이산화탄소 배출을 억제하는 방향으로 국제적 공감대가 형성되고, 탄소중립을 실행하기 위한 세계적 합의가 선행되었기 때문이다. ICAO는 2050년까지 항공기 배출가스의 75%를 줄이겠다고 선언하고 2018년 '국제항공 탄소 상쇄 · 감축제도(CORSIA)'에 합의했다. CORSIA에 참여하는 88개국 항공사는 매년 국제선 운항으로 인한 온실가스 배출량을 검증받고 기준치를 넘으면 배출량이 적은 항공사의 배출권, 즉

4. 김명집, 『글로벌 상용항공기 전기화 동향』, 항공우주 산업기술 동향 17.2 : 20–35, 2019.

'온실가스를 배출할 권리'를 구매해야 한다.[5] CORSIA는 2021~2023년을 시범 운영 단계, 2024~2026년을 1단계, 2027~2035년을 2단계로 설정했다. 시범 운영 단계와 1단계는 자발적 참여 기간이며 2단계부터는 의무적인 참여가 요구된다.

이러한 변화는 막대한 연구개발 비용에도 불구하고, 환경적 · 경제적 측면에서 장기적으로 기존의 항공기를 전기화하는 방향으로 이끌 것으로 보이며, 기술 발전과 요소 기술 간의 융복합이 빠르게 진행되면서 혁신 사이클은 갈수록 빠르고 그 형태는 복잡해지고 있다. 이와 같이 혁신의 역동성은 많은 기업과 국가 성장에 도전이 되기도 하지만, 동시에 기회를 제공하기도 한다. 따라서, 항공 산업에서 지위를 공고히 하거나 시장에 새롭게 진입하기 위해서는 현재 위치에 안주하지 않고 혁신적인 기술 개발을 위한 적극적인 연구개발이 선행되어야 한다. 이러한 변화 속에서 기업이 전 세계의 특허 데이터 분석을 통해서 숨겨져 있는 최신 기술 동향을 파악하고, 핵심적 기술전략을 도출할 수 있는 전략적 분석 역량을 확보하는 것이 기업의 전략 수립에 있어서도 핵심적인 요소이다.

이러한 관점을 바탕으로 이 장에서는 항공기의 전기화와 관련하여 지난 10년(2011~2020년)간 진행된 연구개발로부터 산출된 특허에 기반하여 각 국가 간 기술 개발 현황 및 경쟁력을 분석하였다. 또한, 항공 산업 분야의 특징 및 우리나라 항공 산업의 현황 및 향후 전망과 연계하여 기술적 시사점을 도출하였다.

5. 구세주, 「국제항공 온실가스 감축 · 관리체계 도입을 위한 향후 과제」, 국회입법조사처, 2020.

1.1 항공 산업의 특징

항공 산업은 항공기를 개발 및 양산하는 항공기 제조 산업과 여객·화물을 운송하는 항공 운송 산업, 그리고 운영되는 항공기의 정비 및 개조를 담당하는 MRO 산업으로 구분된다. 항공기 제조 분야는 완제기 산업과 기체구조물, 엔진, 계통장비, 소재 등의 부품·소재 산업으로 세분화되며, 연관 산업으로 기술, 인력, 생산 기반을 공유하는 우주·방위 산업이 있다.[6]

항공 산업의 대표적인 특징은 자주국방과 밀접하게 연결되고, 정부 주도로 산업 발전 견인이 필요한 국가전략 산업에 해당한다는 것이다. 1인당 GDP가 3만 달러 이상의 국가들은 항공우주 산업을 국가전략 산업으로 육성하여

[그림 6-1] 주요국 GDP 대비 항공우주 산업 비중

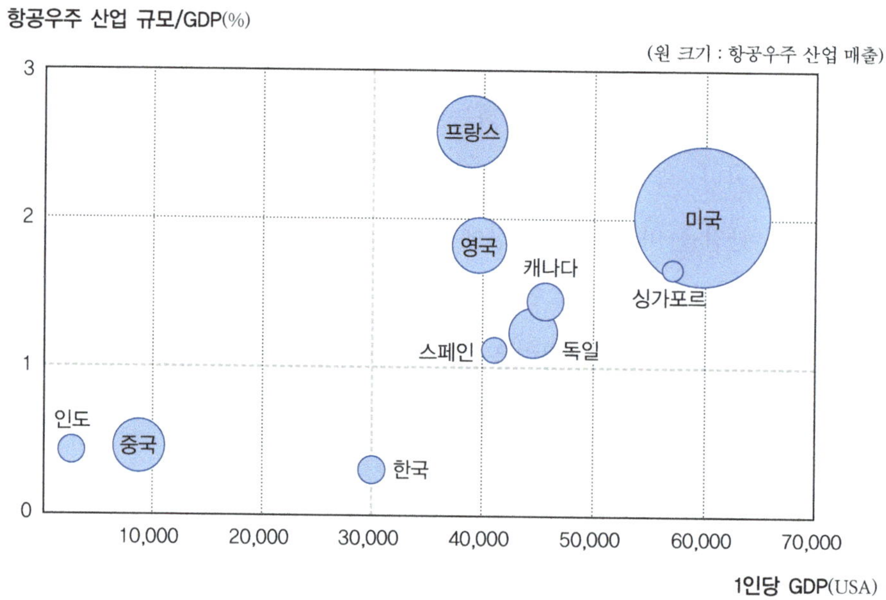

출처 : IMF report, Teal Group 2017.

6. "제3차 항공산업발전기본계획(2021~2030)", 관계부처 합동, 2021.

GDP의 1% 이상을 투자하고 있으나 한국의 경우 약 0.3% 수준에 그치고 있다([그림 6-1]). 뉴 스페이스 시대를 맞이하여 민간 분야에서의 항공우주 분야의 투자도 급격히 늘고 있지만, 후발주자인 한국으로서는 아직까지 정부 주도의 산업 육성이 절실한 단계에 있다.

또한, 항공 산업은 첨단기술이 융복합된 시스템 산업이다. 기계, 자동차, ICT, 소재 등 전 산업 분야와 연계되어 있다. 우리나라는 기계 분야 세계 6위, 자동차 4위, 반도체 1위 등 기반 산업의 경쟁력에 기반하여 항공 산업의 발전 잠재력은 충분히 갖춘 것으로 보이며, 다양한 산업의 기술을 활용하여 실제 성과로 이어질 수 있도록 전폭적인 관심과 투자가 중요하다.

이 외에도 항공 산업은 기술장벽이 높으나 진입 성공 시 장기간의 안정적 수익 창출이 가능한 고부가가치 산업이다. 국내 항공제조 산업이 밀집해 있는 부산 · 경남 지역에서 항공 산업의 부가가치율을 조사한 결과 약 44.2%로 조선 및 기자재(25.2%), 자동차 부품(33.8%), 철강(23.7%) 등 타 제조업 대비 월등히 높은 수준을 기록하였다.[7]

이에 더하여 항공기 제조 및 판매에서 끝나는 것이 아니라 유지 · 보수 및 개조(MRO)를 통해 제품 매출의 3배 이상의 지속적 수익을 기대할 수 있다. 항공 MRO는 항공기 유지 · 관리를 위한 반복적인 정비 수요의 발생으로 지속적인 수익 창출이 이뤄지고, 높은 정비 기술이 요구되므로 양질의 일자리를 창출할 수도 있다. 격납고 · 장비 등 초기 시설 투자비가 많은 것과 국제인증(FAA, EASA) 등 진입장벽이 높다는 것이 단점이지만, 일단 진입에 성공하면 장기간 안정적인 수익 창출을 기대할 수 있다는 점 또한 항공 산업의 주요 특징에 해당한다.

---

7. 김태현, "부산상의 "부산지역 항공부품산업 육성 서둘러야"", 한국경제신문, 2019. 5. 28, https://www.hankyung.com/society/article/201905281160h

[그림 6-2] 항공기 주요 부품별 관련 산업

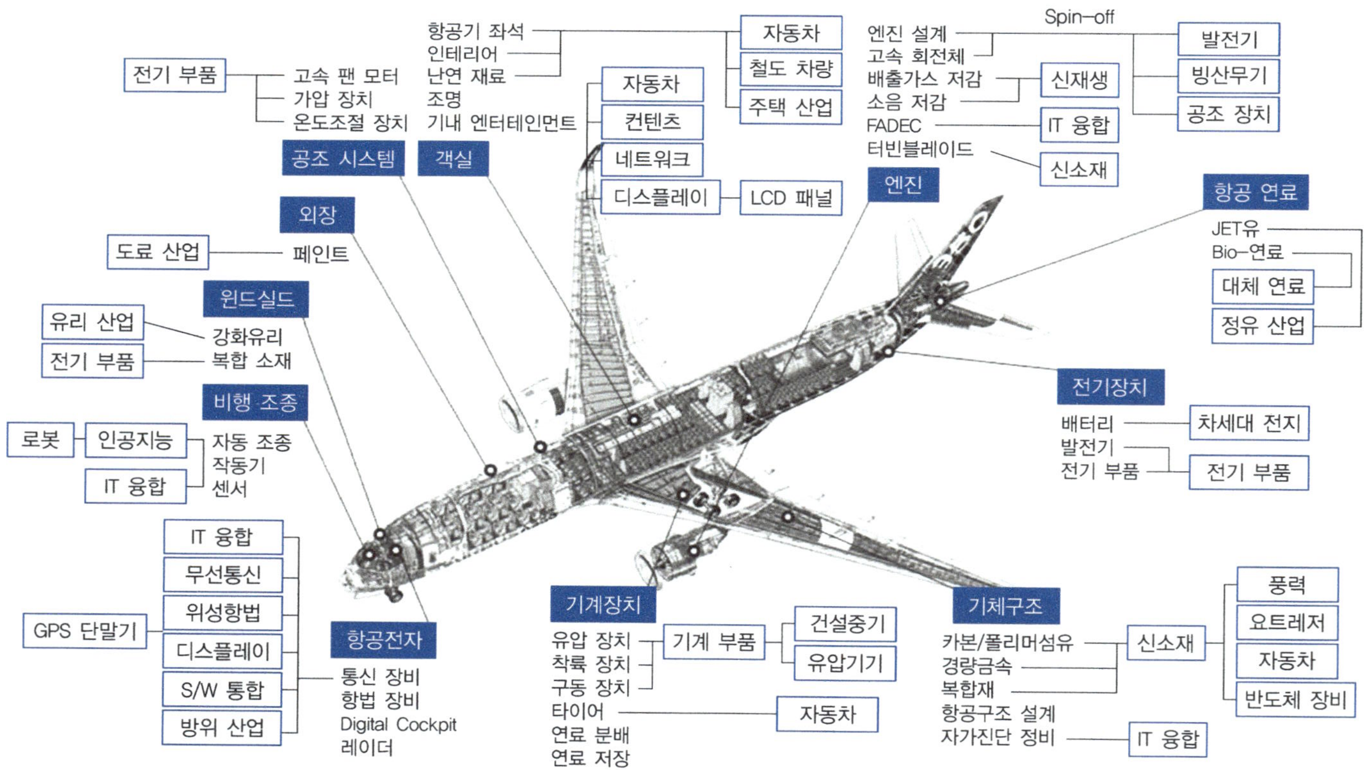

출처 : 제3차 항공산업발전기본계획(2021 ~ 2030), 관계부처 합동, 2021.

1.2 우리나라 항공 산업 현황

중소기업청에서 2017년에 발간한 「중소 · 중견기업 기술로드맵 2017~2019」에 따르면 우리나라 항공 산업은 기체구조물, 항공전자 · 전기 등의 분야에서 선진국 기술 대비 80% 수준이나 엔진 및 부품 등은 가장 열세에 있다. 군수 부문의 경우 여러 차례의 연구개발 사업을 통해 국산 항공기 체계개발은 성공하였으나 민간 인증 · 설계 · 소재 부문의 기술 경쟁력이 선진국 대비 낮은 수준으로 판단되며, 항전, 엔진 등 핵심기술과 부품의 자립도가 낮아 해외 의존도가 높은 것이 국내 항공 산업이 가지는 한계점이라고 볼 수 있다([그림 6-3]).[8]

[그림 6-3] 항공 선진국 대비 국내 항공 산업 분야별 기술 수준

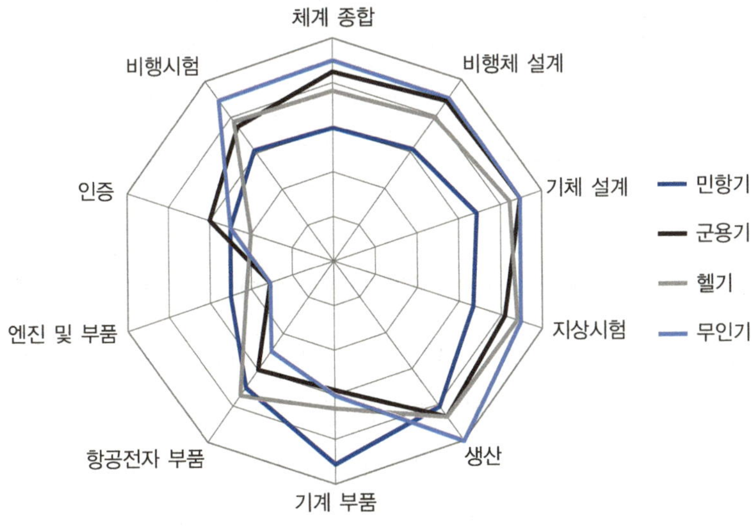

출처 : 「중소 · 중견기업 기술로드맵 2017~2019」(항공우주), 중소기업청, 2017.

---

8. "항공우주핵심기술로드맵", 산업통상자원부, 2018.

통계자료에 따르면 2019년 기준으로 국내 항공 산업의 수급 규모는 113억 달러로, 생산의 경우 지난 10년간 연평균 11.8%의 성장률을 기록하였다(〈표 6-1〉).[9] 특히 완제기 및 기체구조물 분야에서 항공전자 · 엔진부품으로 품목이 다변화되고 있다. 기체구조물의 수출액은 국제공동개발(RSP) 참여로 큰 폭으로 증가하고 있는데, Boeing사 B787 주익 구조물(Wing Tip) 및 동체 구조물과 Airbus사 A350 주익 구조물 등이 그에 해당한다. 다만, 코로나 19로 인한 전 세계 항공 산업의 침체로 인해 수출에 의존하던 국내 민수 분야 항공 산업 매출은 약 50% 수준으로 급감하였으며 향후 3~5년의 침체가 예상된다.

〈표 6-1〉 국내 항공 산업 연도별 수급규모

(단위 : 백만 달러)

구분	2014	2015	2016	2017	2018	2019	2020
생산	4,343	4,886	5,117	3,969	4,714	6,028	5,303
수입	4,050	4,892	5,284	3,553	4,635	5,281	3,900
계	8,393	9,778	10,401	7,522	9,349	11,309	9,203
내수	6,408	7,215	7,859	5,436	6,732	8,487	7,177
수출	1,985	2,563	2,542	2,086	2,617	2,822	2,026

출처 : 한국항공우주산업진흥협회, 2020.

이와 같이 국내의 항공 산업은 항공 선진국 대비 낮은 기술력과 높은 대외의존도로 자립의 기반이 부족한 것이 현실이다. 이러한 현실에 근간하여 산업통상자원부는 '항공우주 산업개발 촉진법' 제3조에 따라 '제3차 항공 산업발전 기본계획'을 수립하고, 향후 10년간의 항공 산업 발전 정책을 효율적이고 체계적으로 운영하기 위한 지원 방향과 정책 과제를 제시하였다. 더불어, 항공 산업 고도화로 신시장을 개척하고, R&D 선진화를 통해 미래 항공 산업 도

9. "제3차 항공산업발전기본계획(2021~2030)", 관계부처 합동, 2021.

약 기반을 구축하여 2030년대 항공 G7 진입을 목표로 세부 과제를 도출하였다. 기본 계획에 따르면, 시장 경쟁력 강화 및 부품 산업 고도화의 세부 추진 과제로 친환경 항공기 수요 대응을 위한 전기·수소연료 관련 핵심 요소 기술과 체계 개발 추진을 명시하고 있다.

또한, 항공 산업 미래 기술 수요에 선제적으로 대응하기 위해 6대 분야 25개 부문의 100대 항공 핵심 기술 로드맵을 수립하고, 세부 기술 개발 계획 및 투자 방향 등을 설정하였다. 아래는 로드맵에 제시된 핵심 기술 중 전기추진과 관련된 핵심 기술을 발췌한 것이다(〈표 6-2〉).

〈표 6-2〉 전기추진 분야 핵심 기술 목록

기술 분야	세부 부문	핵심 기술
동력장치	전기추진	500kW급 복합전기추진 시스템 기술
		150kw급 하이브리드 전기추진 시스템 지상통합 시험 기술
		150kw급 하이브리드 전기추진 시스템 엔진 모듈 기술
		FAR23급 Lv4급 중형 eCTOL 추진용 에너지저장 장치 개발 기술
		FAR23급 Lv4급 중형 eCTOL 추진용 핵심 추력장치 개발 기술
		150kw급 하이브리드 전기추진 시스템 핵심 부품 기술
		FAR23급 Lv4급 중형 eCTOL 추진용 고전압 계통 및 전기 장치 개발 기술
		5인승급 민간 규격 유인항공기용 전기식 추력 장치 시스템 기술

출처 : 항공핵심기술로드맵(2021~2030), 산업통상자원부, 2021.

이처럼 국가 경쟁력의 근간이 되는 제조업의 지속적인 발전을 도모하고, 국내 항공 산업을 전략적으로 육성하기 위한 정책적 추진 동력은 꾸준히 축적되어 가고 있다. 이를 기반으로 하여 국내 항공 산업이 외부 변화에 대응이 가능하도록 자체 경쟁력을 확보하고, 국내 산업 구조의 다변화에 기여할 수 있도록 적극적인 연구개발 투자가 필요하다.

1.3 항공기 전기화 기술 동향

에어버스, 보잉 등 대형 OEM들은 기존 상용항공기(Commercial Aircraft)의 FbW(Fly-by-Wire), 전자식 조종실(Glass Cockpit) 수준의 전기화에 만족하지 않고, 비행조종면 작동기(또는 구동기)를 전부 또는 일부 전기화 하거나, 가스터빈 엔진 블리드에어를 활용하던 객실 여압 등의 환경제어 계통(Environmental Control System ; ECS)을 전기화하였다.[10] 이처럼 가스터빈 엔진으로 구동되는 전통적인 유공압 계통 등 비추력 세부 계통을 우선적으로 전기화한 항공기를 MEA(More Electric Aircraft)로 분류한다. 대표적 MEA 기종으로 에어버스 A380, 보잉의 Boeing 787, A350 등이 있으며, 2000년 중반 이후 상용화되고 있다.

하지만 이러한 MEA 기종은 최종적으로는 완전 전기 항공기(All-Electric Aircraft ; AEA)로 가기 위한 진행형에 가깝다. AEA는 화석연료에 기반한 가스터빈 엔진을 전기 기반의 전기모터 구동 방식의 팬 · 프롭 추진 기관으로 대체하는 개념이고 중간 수준에 해당하는 HEA(Hybrid Electric Aircraft)도 있다([그림 6-4]).

[그림 6-4] 항공기 전기화 발전 방향

10. 김명집, 『글로벌 상용항공기 전기화 동향』, 항공우주 산업기술 동향 17.2 : 20-35, 2019.

항공 산업의 공급망 측면에서 살펴보면 세계 유수의 OEM, Tier 1급의 공급 업체, 스타트업 기업, 완성차 제작사 등은 앞으로 다가올 전기 항공기 시장을 대비하고 있다. 전기 항공기의 핵심 기술인 전기추진 파워트레인 및 그 핵심 부품 개발과 기존 육상수송체 및 산업용 파워일렉트로닉스를 항공 등급(Aviation Grade)으로 향상시키기 위해 2000년대부터 1~2인 승급 기술실증기를 통해 전기추진 파워트레인 기술 개발 및 검증을 진행하여 왔다. 시장 전망 기관에 따라 다소 차이는 있지만, 2030년대에는 하이브리드-전기추진 항공기(Hybrid-Electric Aircraft ; HEA)의 중간 단계를 거쳐, 2040~2050년대에는 완전 전기추진 항공기(AEA)의 상용서비스(Entry into Service ; EIS)가 가능하다고 전망하고 있다.

항공기 및 부품 제작사 입장에서 항공기 전기화는 공급망의 지각변동을 유발할 수 있는 과정이다. 수송체의 전기화가 가장 빠르게 진행되고 있는 전

[그림 6-5] 전기차 공급망의 변화

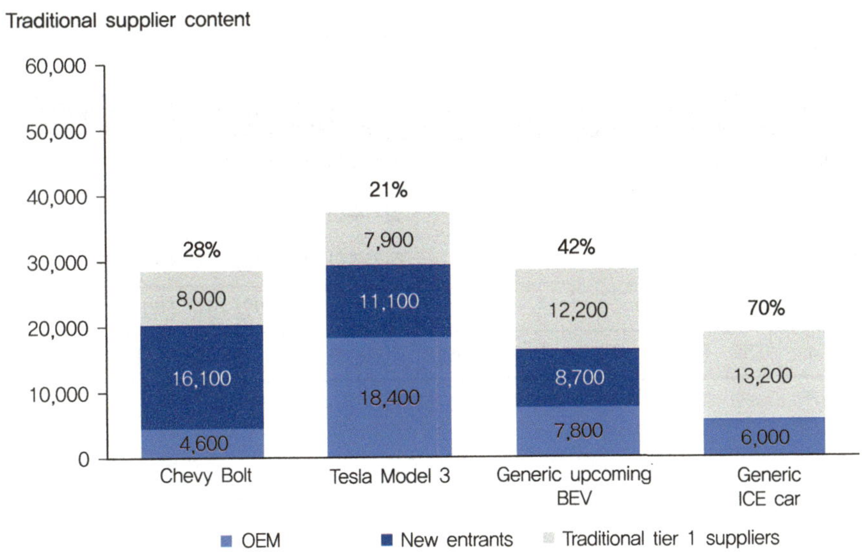

출처 : "Longer Term Investments–Smart Mobility", UBS Investment Bank, 2019. 3. 11. https://www.ubs.com/content/dam/WealthManagementAmericas/documents/smart-mobility-11-march.pdf

기 자동차는 이미 상당한 공급망의 변화를 경험하고 있다. 기존 내연기관 기반의 부품 공급망이 70%에서 42%로 축소될 전망이고, 전기차를 전문으로 하는 신규 공급망이 약 30% 비중을 차지할 것으로 예상하였다([그림 6-5]).

전기화 추세가 자동차 산업에 미친 영향은 다음과 같으며(〈표 6-3〉), 이를 참고하여 항공 산업에 미칠 영향을 전망해 보면 기존 항공 산업 공급망의 규모와 전문성을 감안할 때 MEA보다는 전기추진 항공기에서의 공급망 변화가 클 것으로 보인다(〈표 6-4〉).

〈표 6-3〉 전기동력화에 따른 자동차 부품 영향 비교

긍정적 영향	중립적 영향	부정적 영향
- 배터리, 모터, 인버터 - 공조 시스템 - 경량화 소재 - 전력용 반도체 등 전장 부품	- 조향 장치 - 현가 장치 - 제동 장치 - 내장재, 타이어 등	- 엔진 및 관련 부품 - 변속기 등 내연기관 파워트레인 - 오일류, 연료탱크
지속적 성장 예상	성장 제한 요인 없음	사업 영역 축소 위험

출처 : 김경유 외, 『자동차산업 패러다임 변화에 따른 부품산업 혁신성 및 정책과제』, 산업연구원, 2020.

〈표 6-4〉 전기추진 항공기 공급망 변화 전망

구 분	As-Is	To-be
OEM	Boeing, Airbus	전기추진 중형기 진입 가능성
Tier 1	대형 다국적 기업	전기추진 파워트레인 기업 신규 진입
Tier 2	핵심 부품 기업	전기분야 핵심 부품 기업 신규 진입
Tier 3	저가 외주 기업	전기전자 부품 기업 신규 진입
Tier 4	금속 · 탄소섬유 위주 소재 · 공정 기업	전기전자 소재 · 공정 기업 신규 진입

출처 : 김명집, 『글로벌 상용항공기 전기화 동향』, 항공우주 산업기술 동향 17.2 : 20-35, 2019.

실제로 OEM인 보잉과 에어버스 등은 전기추진 방식에 대한 소형 실증기 적용 이후 중형급 이상 항공기로의 기술 확대를 모색 중이다. 에어버스는 롤스로이스, 지멘스(전기추진 분야 : 롤스로이스에 합병) 등의 엔진 · 전기추진 파트너십을 통해 기술을 실증할 계획이며, 전기화 주요 핵심 부품은 Tier 1급(Collins Aerospace, Goodrich, Moog, Honeywell 등)에서 공급이 예상된다.

미국의 항공 업계를 전 영역으로 확대하면 미국은 장기적 관점에서 무공해 전기 비행기 도입을 위해 다양한 기업들이 노력하고 있으며(〈표 6-5〉), 2020년 10월 기준 전 세계적으로 74개의 전기 비행기 기업이 존재한다.[11] 전

〈표 6-5〉 전기 비행기 개발 기업 현황

기업명(국가)	주요 내용
MagniX (미국)	- 최대 40명을 태우고 1,000마일 미만의 경로를 비행할 수 있는 소형 통근 전기 비행기 개발 중 - 5인승 de Havilland Beaver가 2022년 말까지 승객을 운송하고, 2023년에는 9~11인승 Cessna Caravan이 승객을 운송할 수 있도록 FAA(Federal Aviation Administration, 미 연방항공국)로부터 인증받는 것을 목표
Joby Aviation (미국)	- 에어 택시 서비스로 운영할 수 있는 수직 이착륙 전기 비행기(eVTOL 개발 중) - 도시 항공 운송 네트워크의 핵심으로 Joby Aviation을 비롯해 EHang, Airbus 등의 기업이 도시 기반 단기선 크래프트를 개발 중
Elroy Air (미국)	- 로터 기반 수직 이착륙 방식과 고정익 크루즈 비행을 특징으로 하는 하이브리드 전기 수직 이착륙 전기 비행기 프로토타입 개발 - 차세대 무인 eVOLT 항공 시스템에 대해 2023년까지 초기 운영 능력 확보 예정
Zunum Aero (미국)	- 하이브리드-전기 파워트레인, 전기추진기, 날개통합 배터리, 최적화 및 제어 플랫폼을 갖춘 고정익 모델 개발 중 - 최대 운행거리 1,000마일, 최대 순항속도 340mph, 이륙거리 2,200ft로 10~50명의 승객을 태울 수 있도록 설계
Bye Aerospace (미국)	- 2인승 전기 비행기를 개발 중이며, 혁신적인 제로-이산화탄소 전기추진 시스템을 항공기에 적용 - 훈련용 비행기 시장을 타깃으로 코로나19 이후 비용 효율적인 전기 비행기를 통해 새로운 비행기 조종사에 대한 수요를 충족시킬 수 있다고 전망

출처 : 「2021년 국내외 항공산업 동향」 통권 제1호, 창원산업진흥원, 2021.

11. 이지현, "미국, 친환경 바람 타고 전기비행기 시대 눈앞에 성큼", KOTRA, 2021. 2. 15, https://dream.kotra.or.kr/kotranews/cms/news/actionKotraBoardDetail.do?SITE_NO=3&MENU_ID=180&CONTENTS_NO=1&bbsGbn=243&bbsSn=243&pNttSn=187028

기추진 유형은 단일 팬 46%, 쌍발 팬 23%, 분산추진 31%로 적용 체계에 따라 유형이 다양하다. 항공 분야 OEM의 참여는 약 49%, 스타트업 및 비항공 분야 기업이 46%, 완성차 기업이 5%를 차지하고 있으며 전기추진 항공기 개발 시장은 기존 완제기 제작사뿐만 아니라 다양한 배경을 가진 기업의 참여로 기술 경쟁이 치열해질 것으로 전망된다.

2030년까지 최소 20대의 전기 및 하이브리드 전기 비행기가 운행될 것으로 예상하며, 이는 최대 19명의 승객을 수용할 수 있는 전기 비행기와 70인용 수력 비행기 및 경화물기가 포함된다.[12]

또한, 전기추진을 위한 동력 공급원으로 리튬이온, 수소연료전지, 바이오 연료 등이 연구되고 있으며 아래와 같이 소형 실증기로 수소연료전지 항공기

〈표 6-6〉 수소연료전지 항공기 개발 사례

프로젝트	개발발표	형상	동력원	탑승 인원
DLR HY4	2015		수소연료전지 + 배터리	4
HES Element One	2018		수소연료전지	4
Alaka'I Skai	2019		수소연료전지	4
Apus I-2	2019		수소연료전지	4
NASA CHEETA	2019		수소연료전지	-
Pipistrel E-STOL	2019		수소연료전지	19
ZeroAvia HyFlyer	2019		수소연료전지	10～20

출처 : 제3차 항공산업발전기본계획(2021 ~ 2030), 관계부처 합동("Hydrogen–A future fuel for aviation?", Roland Berger, 2020. 인용 후 재구성).

12. WSDOT, Washington Electric Aircraft Feasibility Study, 2020. 11.

가 개발되었거나 개발 중에 있다.

2. 항공기 전기화 특허 분석

2.1 분석 범위의 설정

이번 분석의 범위는 상용항공기 분야에서의 전기화로 설정하고, 항공기 전기화에 따른 영향성이 가장 크고, 직접적으로 연관된 연료 및 추진계통에 한정하였다([그림 6-6]). Clarivate의 Derwent Innovation Solution을 활용하여 2011년부터 2020년까지의 관련 특허를 분석하였다. 특허 분석 범위에 있어서 기술 분류체계에 따른 명확한 데이터 처리를 위하여, 최근 활발하게 연구가 진행되고 있는 UAM(Urban Air Mobility) 관련 검색 결과를 배제할 수 있도록 대부분의 UAM이 채택한 방식인 eVTOL은 분석 대상에서 제외하였다.

[그림 6-6] 분석 범위 설정

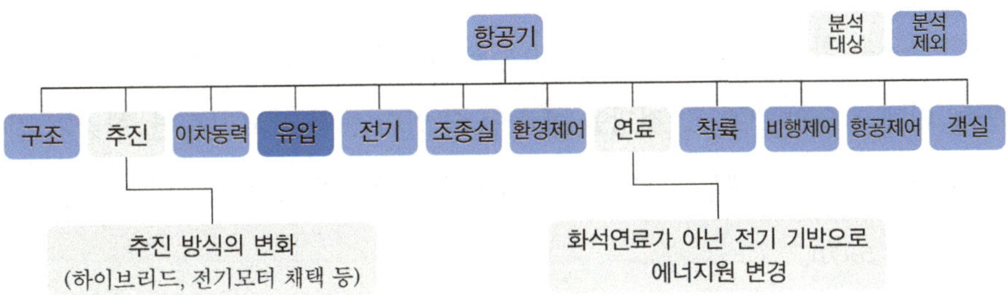

2.2 기술 분류체계 구성 및 키워드

항공기 전기화 측면에서 추진계통과 연료계통의 주요 기술적 변화는 전기 추진 파워트레인의 채택과 동력원(연료)의 변경이다. 현재까지 지배적인 디자인(dominant design)이 결정되지 않은 상태이고 각 사업 특성에 따라 다양한 방식으로 파워트레인 아키텍처가 세분화되고 있다. 또한, 파워트레인에 전력을 공급하는 방식에 따라 동력원이 수소연료전지, 리튬 기반배터리, 바이오 연료 등으로 구분된다. 체계적인 특허 식별 및 분석을 위하여 기술 분류체계를 작성하고, 분석 대상 계통의 하위 세부 기술을 도출하였다.

〈표 6-7〉 특허 검색을 위한 기술 키워드

서브 시스템	기술 키워드
연료 시스템	Hydrogen, Fuel cell, battery
추진 시스템	Electrical Propulsion, Hybrid-electric propulsion, Hybrid Powertrain, Electrified aircraft, Electric Motor

2.3 특허 출원 동향

최근 10년간 누적된 특허 수 대비 최근 3년간 특허 수로 특허 볼륨의 성장률을 계산한 결과, 연료계통 및 추진계통 모두 특허가 양적으로 급격히 성장하고 있음을 확인할 수 있다(〈표 6-8〉). 특허 포트폴리오에 대한 양적 평가를 통해 미래 기술의 소요 및 전망을 예측할 수 있다는 점을 고려하면, 항공기 전기화 측면에서 연료계통과 추진계통 기술의 발전이 가속화되고 있다고 볼 수 있다([그림 6-7]).

〈표 6-8〉 특허 검색 결과 종합

서브 시스템	특허	발명 개수	발명 수 증가 비율(%)	총 출원국 수	해외 출원 비율
연료 시스템	17,485	7,060	52.9%	143,371	20.3
추진 시스템	11,036	4,460	54.6%	90,454	20.3

출처 : Clarivate's Derwent Innovation, DWPI/DPCI database.

[그림 6-7] 영역별 기술 전망

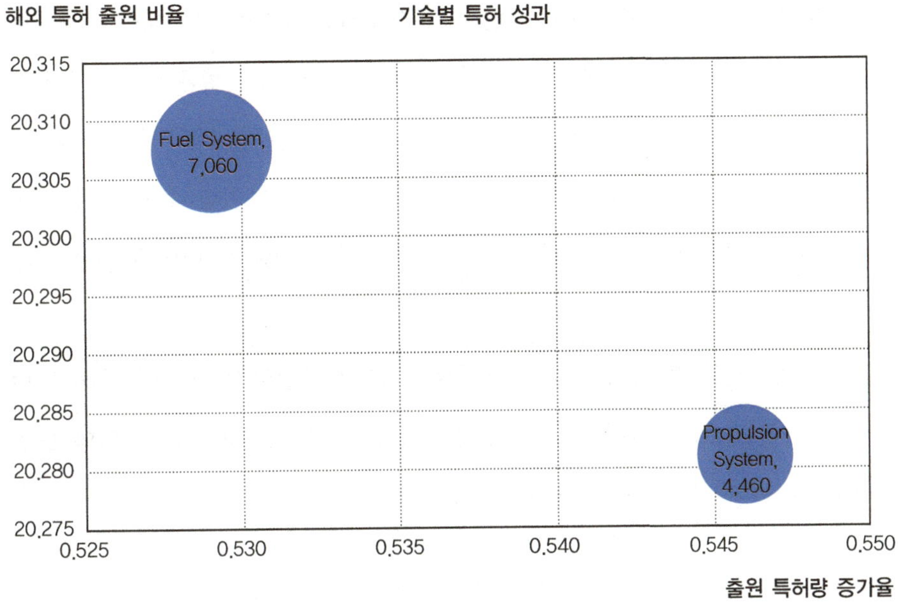

출처 : Clarivate's Derwent Innovation, DWPI/DPCI database.

[그림 6-8] 연도별 추진계통 전기화 관련 특허 출원 수

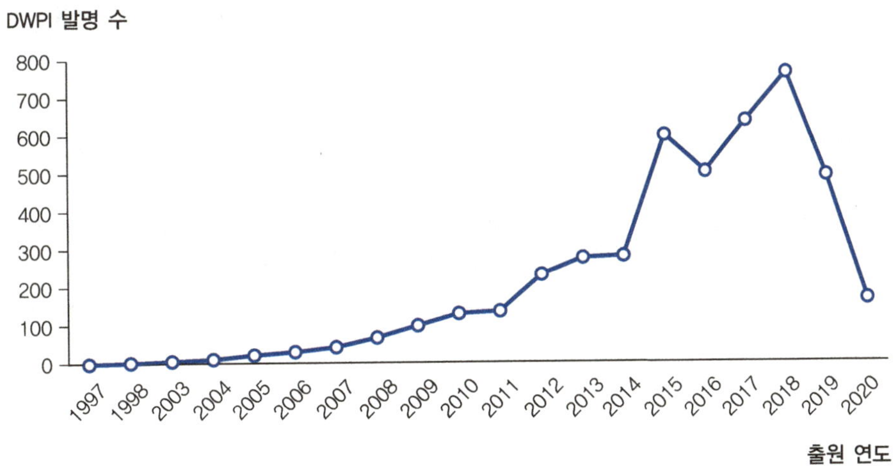

출처 : Clarivate's Derwent Innovation, DWPI/DPCI database.

각 계통별로 살펴보면 추진계통의 경우 2011년 이전부터 연도별 특허 출원 수가 증가하고 2018년 이후 출원 수가 감소하는 경향을 보인다([그림 6-8]). 2021년 세계 특허 분야 5대 선진국 협의체(IP 5 : 한국, 미국, 일본, 중국, EU)가 공동으로 발표한 자료에 따르면 코로나 19의 영향으로 연간 특허 출원 수가 미국은 3.9%, 유럽은 0.6%, 일본은 6.3% 감소한 추세를 확인할 수 있으며, 항공기 전기화와 관련된 특허도 마찬가지로 코로나 19의 영향을 받았을 것으로 추측된다.

또한 연료계통의 경우도 마찬가지로 2011년 이전부터 연도별 특허 출원 수가 증가하고 2019년 이후 출원 수가 감소하는 경향을 보이는데, 위와 동일한 이유로 인한 결과라고 판단된다([그림 6-9]).

[그림 6-9] 연도별 연료계통 전기화 관련 특허 출원 수

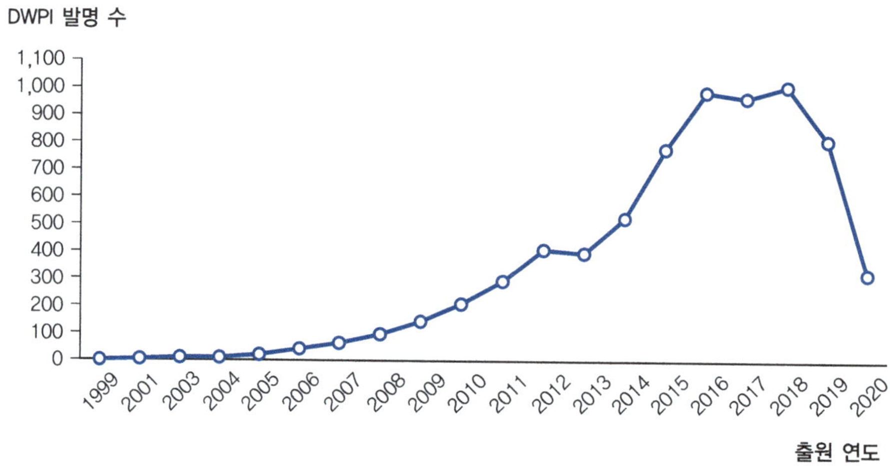

출처 : Clarivate's Derwent Innovation, DWPI/DPCI database.

2.4 특허 출원 주체 분석

특허 출원 주체를 기준으로 살펴보면 추진계통에 대한 특허에서는 기존의 항공 산업 player들의 특허 출원이 활발하다. 기존 내연기관 기반의 터보팬·터보프롭 엔진 기업(Hamilton, GE, P&W, SAFRAN 등)의 기술 개발이 진행 중이며, OEM(보잉, 에어버스)도 관련 분야를 연구 중인 것으로 보인다([그림 6-10]).

[그림 6-10] 추진계통 전기화 특허 출원 기준 상위 10개 기관

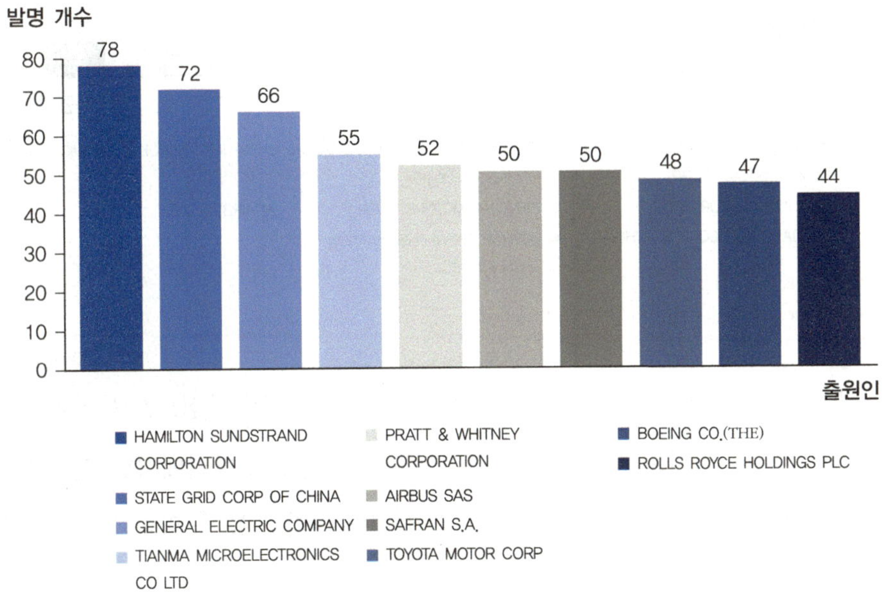

출처 : Clarivate's Derwent Innovation, DWPI/DPCI database.

연료계통에서 특허 출원자 기준으로 살펴보면 현대·기아 등 전기 자동차 체계 및 구성품 업체의 특허 출원이 많으며, 항공기 OEM(Boeing)의 기술 개발도 활발한 것으로 파악된다. 특히 현대·기아자동차 그룹이 연료계통 특허 출원에서 상위를 차지한 것은 그룹 차원에서 수소 연료 전지 관련 연구개발이 활발하고 출원한 특허의 활용 분야(use)에 항공 산업이 포함되어 있기 때문으로 보인다([그림 6-11]).

[그림 6-11] 연료계통 전기화 특허 출원기준 상위 10개 기관

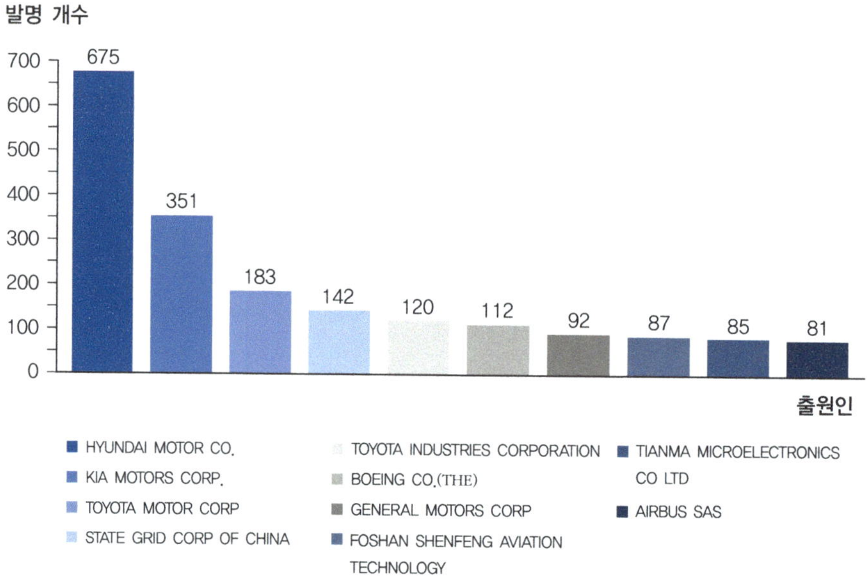

출처 : Clarivate's Derwent Innovation, DWPI/DPCI database.

본 결과를 요약하면 기존 항공 산업의 player(추진계통) 중심으로 특허가 출원되고 있으며 전기화 분야에서 선행적이고 성공적으로 자리매김한 전기 자동차 관련 player의 시장 참여(연료계통) 가능성이 높다고 볼 수 있다.

2.5 국가별 특허 분석

항공기 전기화(연료 · 추진 한정)와 관련된 특허 출원 수를 기준으로 상위 4개 국가(미국, 중국, 프랑스, 독일)를 식별 후, 한국을 포함하여 각 국가별 특허를 분석하였다. 각 국가의 분야별 특허 볼륨을 살펴보면 연료 · 배터리 관련 특허의 볼륨이 가장 큰 것으로 확인되었다.

국가별 특징을 살펴보면 중국의 경우 특허 출원 수 대비 국제 출원 범위가 좁다는 것이 특징이다. 이를 통해 중국의 특허전략은 자국 시장에 초점을 두고 있는 것으로 보이며, 중국은 충분한 내수 시장을 확보하고 있으므로 자국 특허 출원만으로도 상당한 이점을 가질 수 있다. 중국이 항공 산업에 있어서 해외 수출이 활발한 편은 아니지만, 자체적으로 개발한 항공기(ARJ21, C919 등)가 자국 항공사를 통해 운행 또는 도입 예정인 점에 미루어 볼 때 자국 시장의 특허 출원에 집중하는 이유로 충분히 설득력을 가진다.

항공 분야에서 최고의 기술력을 자랑하는 미국, 그리고 프랑스와 독일은 추진과 연료계통에 있어서 중국 대비 해외 특허 출원이 활발하다. 이에 반해 한국은 특허 출원 건수, 해외 특허 출원 빈도 등 정량적인 지표가 상위 4개 국가 대비 현저하게 낮은 수준을 확인할 수 있다(〈표 6-9〉).

〈표 6-9〉 국가별 특허 출원 비교

국가	시스템	발명당 평균 출원 국가 수	특허 인용 영향력
중국	연료 시스템	4.2	1.0
	추진 시스템	2.8	0.7
미국	연료 시스템	28.0	2.0
	추진 시스템	22.2	1.3
프랑스	연료 시스템	48.1	2.2
	추진 시스템	37.5	1.2
독일	연료 시스템	47.2	1.7
	추진 시스템	37.9	1.1
한국	연료 시스템	1.5	0.3
	추진 시스템	3.0	0.5

출처 : Clarivate's Derwent Innovation, DWPI/DPCI database.

전방인용에 대한 Citation Impact를 비교하여 각 국가별 특허의 기술적 수준, 영향력을 평가하면, 연료계통에서 미국과 프랑스의 citation impact가 높고 추진계통에서 미국, 프랑스, 독일이 상대적으로 강세이다. 이에 반해 한국은 상위 4개국 대비 citation impact가 확연하게 열세임을 확인할 수 있다. 이는 항공 분야 주요 OEM(BOEING, AIRBUS) 및 주요 공급망이 위치하고 있는 국가의 기술력이 상위에 있는 점과 연관지어 설명할 수 있다. Boeing의 경우 미국 시카고에 본사가 위치하고, AIRBUS는 프랑스 툴루즈에 본사, 독일 함부르크에 민항기 최종 조립 공장 등을 두고 있다는 점에서 국가별 특허 출원 경향 및 영향력과 크게 관련되어 있다.

예외적으로 한국은 연료계통 중에서도 수소전지를 동력원으로 하는 항공기 개발과 관련하여 기술 경쟁력을 기대해 볼 수 있다. 앞에서 언급한 바와 같이 한국은 전반적인 측면(특허 출원 수, 국제특허 출원 범위, 특허 인용 등)에서 분석한 결과 상위 국가 대비 기술 수준이 낮으나, 수소전지 관련 분야만큼은 현대자동차와 기아라는 주요 업체의 연구개발 투자를 기반으로 특허 볼륨이 크게 증가하고 있다([그림 6-12]).

[그림 6-12] 국가별 기술 수준 비교

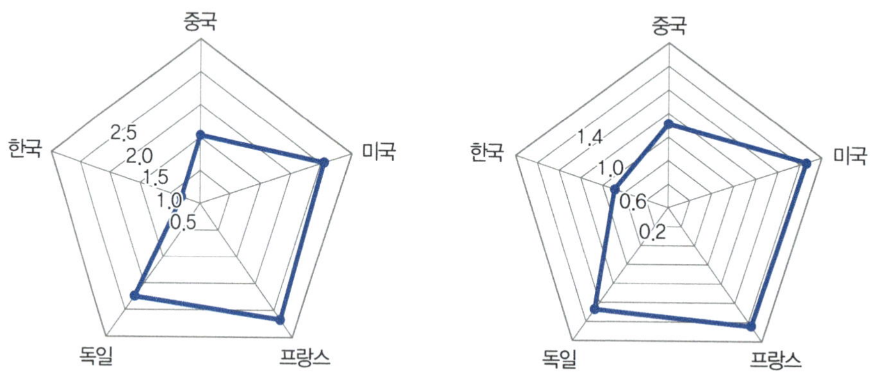

(a) 기술 비교 : 연료 시스템

(b) 기술 비교 : 추진 시스템

출처 : Clarivate's Derwent Innovation, DWPI/DPCI database.

3. 기술적 시사점

항공기 전기화는 기존 항공 산업에 일대의 변화를 가져올 수 있는 혁신적 기술에 해당한다. 다만, 항공 산업에서 기술을 채택함에 있어서 항공기 안전과 관련된 사항은 극대로 보수적임을 고려한다면 아직까지 가야 할 길은 먼 것으로 보인다. 이러한 미성숙 기술 영역으로의 진출을 고려할 때 기술 개발 방향을 전략적으로 할 필요가 있으며, 전략적 의사 결정 과정에서 앞에서 제시한 항공기 전기화의 특허 분석 내용을 참고하여 더욱 심도 깊은 검토가 이루어질 필요가 있다. 그럼에도 현재까지의 분석 결과를 통해 확인한 점은 항공기 전기화 역시 기존의 항공 산업 Player(상위 Tier)이 차지한 공고한 영역이 될 가능성이 높다는 것이다.

항공 산업의 공급망은 [그림 6-13]과 같이 OEM으로 통칭하는 완제기 제작사 아래에 Tier 1 엔진 · 계통 공급자, Tier 2 서브 조립체 공급자, Tier 3 부

[그림 6-13] 항공 산업 공급망

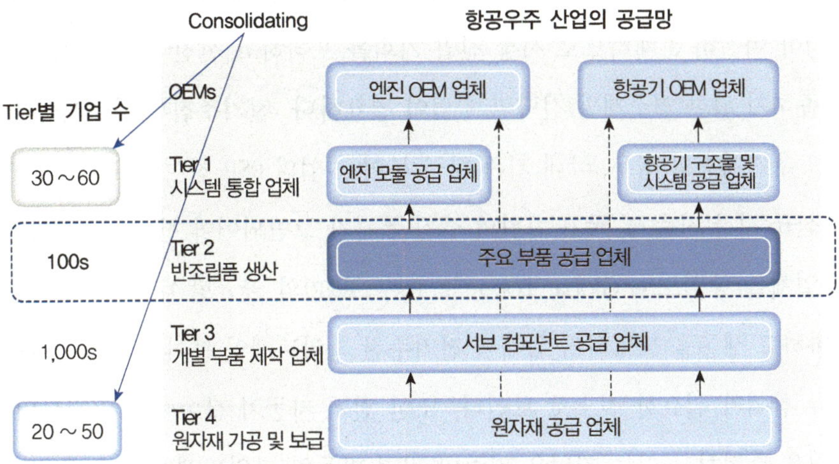

출처 : KEVIN MICHAELS, "Aerospace composites in "the more for less" era", Composites World, 2017. 2. 24, https://www.compositesworld.com/articles/aerospace-composites-in-the-more-for-less-era

품 공급자(단순 제조), Tier 4 소재 및 공정 공급자 등으로 계층화되어 있다. OEM은 Tier 1 중심으로 공급망을 건설하고 RSP(Risk · Revenue Sharing Partnership)로 신기종 · 신기술 투자 위험을 분산하며, 효율적 공급망 관리를 통해 수익성을 제고하고 있다.

Tier 1은 RSP로 OEM과 개발비를 분담하고 양산 이후 수익 배분 방식으로 프로젝트에 참여하여 설계 및 제작을 수행하는 등 공동 개발의 주체로 볼 수 있다. 이들의 경우 M&A 및 연구개발 직접투자를 통해 기술 경쟁력을 확보하여 자사의 지위를 안정화하고 고부가가치를 실현한다. 미국의 UTC(United Technologies Corporation)의 경우 수차례의 인수합병을 통해서 현재는 기존의 Hamilton Sundstrand, Rockwell Collins, Raytheon 등을 거느리는 거대 항공 · 방산 업체인 Raytheon Technologies로 재탄생되었다. Tier 2는 IP 기반의 기술 경쟁력을 갖춘 업체들이고, Tier 3 이하는 원가 우위 확보가 가장 핵심인 제조 기반 업체들에 해당한다. 이러한 공급망은 OEM과 Tier 1을 중심으로 매우 공고화되어 있다는 것이 특징이다.

그럼에도 자동차의 전기화에서 경험한 것과 같은 공급망의 지각변동의 가능성이 여전히 존재하므로 시장 진입 기회를 포착하고 선진국과의 기술 격차를 좁히기 위한 연구개발 전략의 수립이 필요하다. 전기추진 파워트레인을 포함한 추진계통의 경우, 국내 기존 항공 분야 기업의 RSP 참여, 인접 분야 기업의 신규 시장 진출 및 국가 차원의 장기 투자가 고민되어야 한다. 국내 항공엔진 업체를 중심으로 Global Top3(GE, P&W, R&R)의 공급망 내에서 그 지위를 강화하고 생존을 도모하기 위해서 전기추진 파워트레인 분야에 대해서 RSP로 적극 참여가 필요한 것으로 보인다. 또한 전기 자동차 분야에서 전기모터 기술력을 축적하고 있는 기업은 기존의 전기 자동차 파워트레인 기술에 기반하여 신규 시장 진입을 고려할 수 있다. 전기화라는 근본적 기술 변화가 항공 산업과 자동차 산업에 미치는 양상이 비슷하게 전개될 수 있으며, 전기 항공기-전기차 간 기술 경계 또한 완화될 가능성이 있기 때문이다. 다만, 오늘날의 전기차의 모터 성능(테슬라 기준 205kW, 리막 220kW) 대비 항공기 요구 성능(중형 항공기 기준 4MW) 간 기술 격차가 매우 크다는 점과 항공기 전기추진 방식의 지배적 디자인(Dominant Design)이 정해지지 않은 상태라는 점은 제한된 자원 하에서 연구개발의 선택과 집중이 어렵게 만드는 요인이 된다. 또한, 전기추진 파워트레인 시험 인프라가 부족하므로 기술 검증에 한계가 있다는 점 또한 고민해야 할 요소이다.

다음으로, 연료계통에 있어서 수소연료전지 · 배터리 기술 선진 업체의 항공 분야로의 진출이 가능한 것으로 보인다. 특허 동향에서 살펴본 바와 같이 국내 기업이 수소연료전지 분야에서의 특허 출원이 세계 최상위권으로 항공 산업에 해당 특허를 활용할 수 있다면 사업 다각화 측면(현재 연구 중인 UAM 외)에서도 기업에 좋은 방안이 될 수 있다고 본다. 다만, 수소연료의 경우 자동차에 기체 형태로 주입되지만, 항공기 비추력을 고려해 액체 상태(저온)로 유지되어야 한다는 점에서 액화수소 관련 기술의 고도화가 선행되어야 한다는 숙제를 안겨 준다.

한편 국내 배터리 제조 기업은 기술 고도화를 통해 현재 UAM 채택을 위해 개발 중인 배터리 기술 수준에서 CTOL(Conventional Take-Off and Landing) 항공기로의 기술 확장을 고려할 수 있다. 다만, 완전 전기 항공기(All Electric Aircraft)로 전환 시, 배터리 에너지 밀도를 150~200Wh/kg 수준에서 최소 5배(600~1,200Wh/kg)로 상향, 10배(1,500~2,000Wh/kg)가 되어야 지역, 대형 상용기 시장에서 경쟁력 확보가 가능하며 항공기 배터리 안전 기준을 충족하기 위

해 신뢰성이 고도로 향상된 배터리 개발이 필요하다.[13]

결론적으로, 항공 산업에서의 전기화는 선진국과의 기술 격차를 가진 우리나라에게 위기이자 기회가 될 것으로 보인다. 세계 항공 산업이 소수의 대형 업체의 주도로 보다 효율적이고 경제적인 생산 체계를 갖추기 위해 국가 간 분업 및 협력을 통한 개발 · 생산 구조의 고도화 등 협력과 경쟁을 이어가고 있음에도 국내 기술 수준은 높지 않다는 점은 위기 요인에 해당한다. 따라서, 전기화라는 와해적 기술(breakthrough technology)로 인한 산업 구조 · 공급망 변화를 교훈으로 삼아 신규 시장 진입 기회의 포착 등 국내 항공 산업의 발돋움을 위한 기술적 기반의 마련이 필요하다. 이러한 준비는 배터리, ICT 등 우리나라가 상대적으로 강한 산업 분야의 강점과 결합하여 항공 산업에서 국내 기업의 지위를 강화할 수 있는 기회가 될 수 있다. 따라서 항공기 전기화가 가져올 변화의 물결에 앞서서 핵심 기술에 대한 연구개발 강화와 협력 관계의 구축 등 항공 산업 전반에 걸친 경쟁력 강화를 위한 기술, 정책적으로 심도 깊은 고민이 필요한 시점이다.

13. Hepperle M. Electric flight-potential and limitations.2012.

[참고문헌]

구세주, 「국제항공 온실가스 감축 · 관리체계 도입을 위한 향후 과제」, 국회입법조사처, 2020.

김경유 외, 『자동차산업 패러다임 변화에 따른 부품산업 혁신성 및 정책과제』, 산업연구원, 2020.

김명집, 「글로벌 상용항공기 전기화 동향」, 항공우주 산업기술 동향, 2019

김민정 외, 『항공교통 부문 온실가스 배출규모 추정 및 관리 방안』, 한국교통연구원, 2008.

「2021년 국내외 항공산업 동향」 통권 제1호, 창원산업진흥원, 2021.

이코노믹리뷰, "전기차 · 수소선박도 있는데…클린비행기는 없을까", 도다솔, 2021. 11. 19, http://www.econovill.com/news/articleView.html?idxno=556227

산업정보DB-통계-수급규모, 한국항공우주 산업진흥협회, 2020.

"제3차 항공산업발전기본계획(2021~2030)", 관계부처 합동, 2021.

「중소 · 중견기업 기술로드맵 2017~2019 (항공우주)」, 중소기업청, 2017.

한국경제, "부산상의 "부산지역 항공부품산업 육성 서둘러야"", 김태현, 2019. 5. 28, https://www.hankyung.com/society/article/201905281160h

"항공우주핵심기술로드맵", 산업통상자원부, 2018.

"항공핵심기술로드맵(2021~2030)", 산업통상자원부, 2021.

Hepperle M. Electric flight-potential and limitations, 2012.

IMF report, Teal Group, 2017.

Kevin Michaels, "Aerospace composites in "the more for less" era", Composites World, 2017. 2. 24, https://www.compositesworld.com/articles/aerospace-composites-in-the-more-for-less-era

Kotra 해외시장뉴스, "미국, 친환경 바람 타고 전기비행기 시대 눈앞에 성큼", 이지현, 2021. 2. 15, https://dream.kotra.or.kr/kotranews/cms/news/actionKotra-

BoardDetail.do?SITE_NO=3&MENU_ID=180&CONTENTS_NO=1&bbsGbn=243&bbsSn=243&pNttSn=187028

UBS Investment Bank, "Longer Term Investments–Smart Mobility", 2019. 3. 11, https://www.ubs.com/content/dam/WealthManagementAmericas/documents/smart-mobility-11-march.pdf

WSDOT, Washington Electric Aircraft Feasibility Study, 2020. 11.

7장

미세 유체기술의 출현
—최첨단 의료진단 기술의 핵심, 미세 유체기술

조지영(HP 프린팅 코리아)

1. 디지털 헬스 메가트렌드
2. 미세 유체학
3. HP Inc.의 미세 유체학 기술
4. 미세 유체학 특허 분석 및 시사점
5. 미세 유체학 기술 전망

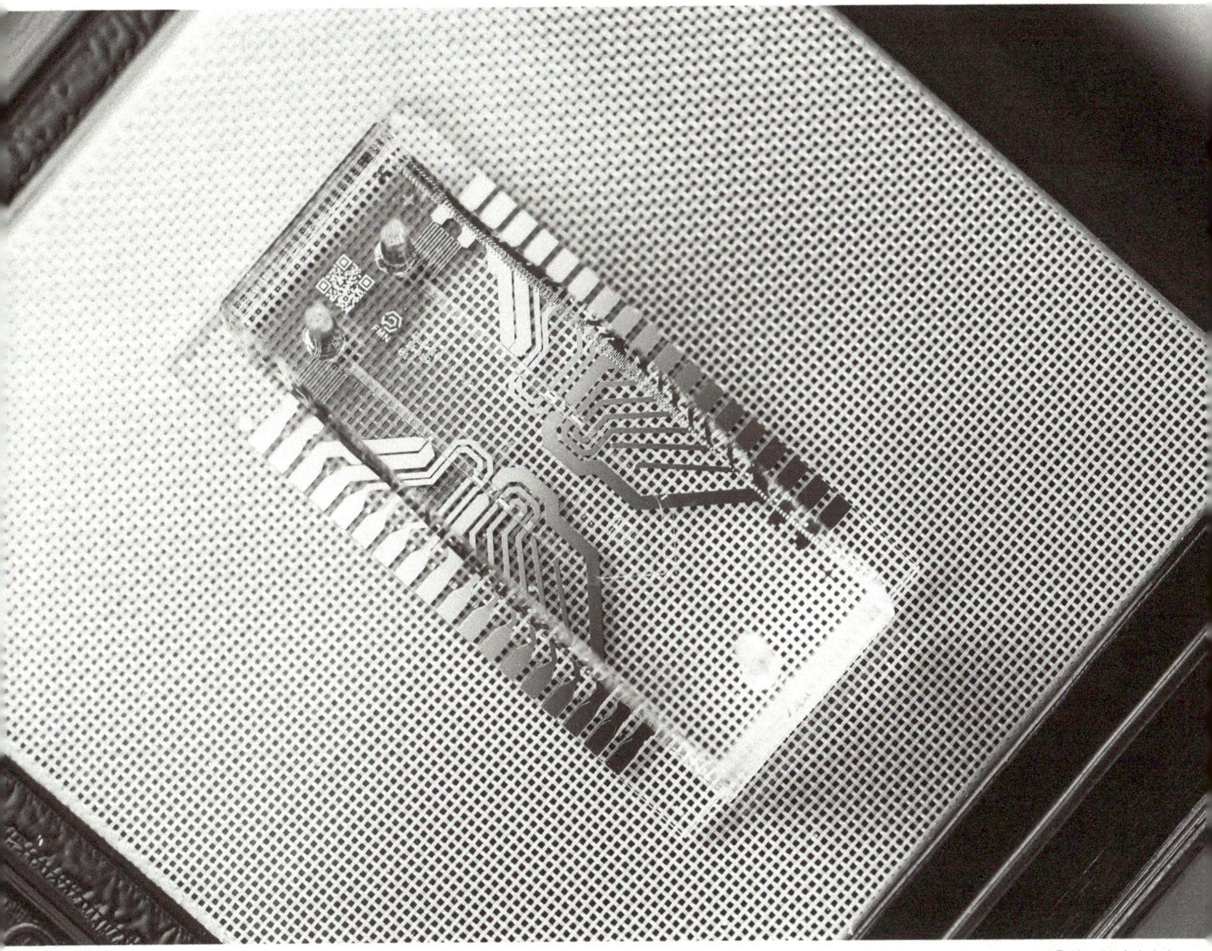

출처 : 위키피디아

잉크젯 프린터 핵심 기술에서 정밀 의학 진단 기술로 진화 발전,
어떠한 기술이며 시장의 주요 경쟁자들은 누구인가?

1. 디지털 헬스 메가트렌드

신종 질병의 출현, 감염 질병의 유행, 그리고 인구 고령화로 인해 의료 트렌드가 치료 중심에서 예방 중심으로 변화하고 있다. 이에 따라 의료 및 생명과학 연구에 대한 투자가 활발해지고, COVID-19으로 인해 공공 및 민간의 밀접한 파트너십 형성과 바이오 제약 산업의 생산 역량 강화를 위해서 제조 기반 구조 혁신도 가속화되고 있다.

디지털 기술의 발전은 의료 서비스를 개선하는 동시에 비용을 절감함으로써 전 세계 의료 시스템에서 막대한 가치를 창출할 수 있는 잠재력을 가진다.

[그림 7-1] 이머징 기술의 하이퍼 사이클

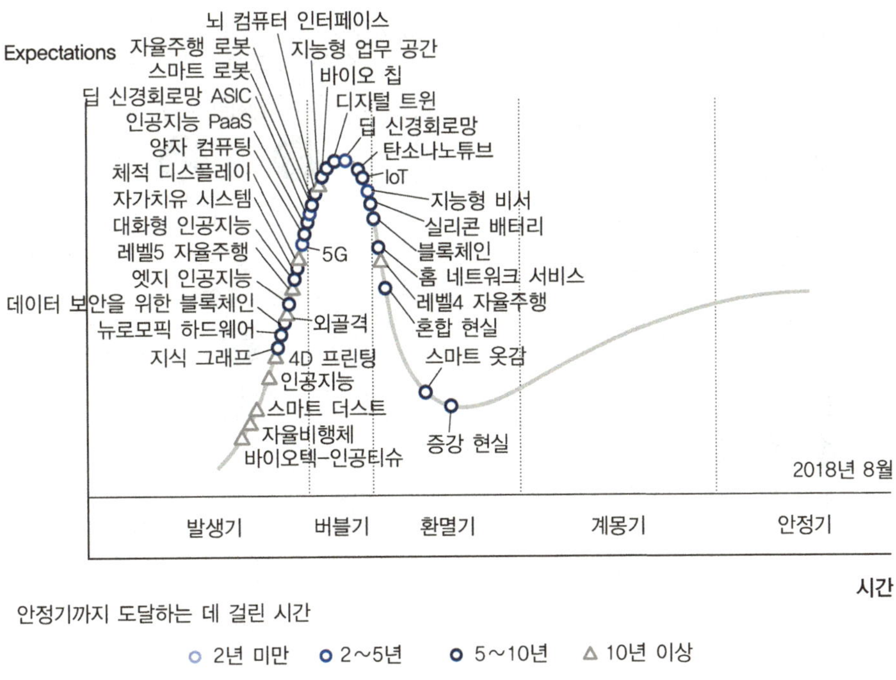

출처 : Gartner, 2018.

디지털 헬스케어 부상으로 기존의 바이오 제약 기업뿐만 아니라 IT 기술을 동반한 다양한 이종 산업의 기업들이 의료 시장에 참여하고 있다. 현재 새롭게 부상하고 있는 디지털 헬스 기술의 대부분은 아직 과대 광고 주기의 시작 단계에 있으며, 디지털 헬스가 초기 단계에 있다고 가정하면 당연한 결과이다([그림 7-1]).

디지털 헬스 기술은 오늘날의 의학 기술을 좀더 높은 정확도와 정밀도로 발전시킬 수 있다. 정밀 의학(Precision Medicine)은 지난 10년 동안 부분적으로만 실현되었지만, 최근 진단 기술의 발전과 다양한 질병의 출현하는 상황에서 환자 상황에 맞게 최적의 치료하거나 건강관리를 하는 데 널리 활용될 것이다([그림 7-2]).

[그림 7-2] Precision medicine의 개념

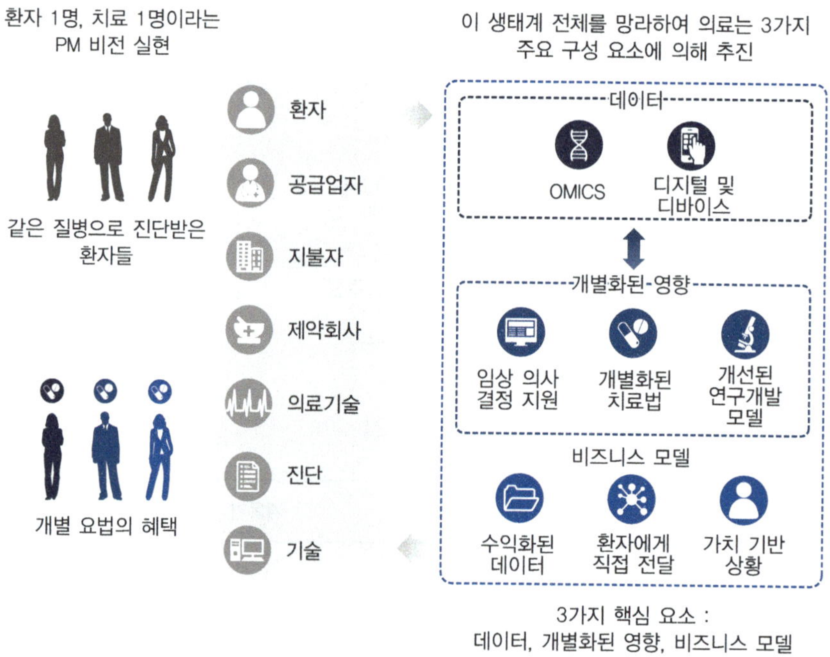

출처 : "Precision medicine : Opening the aperture", McKinsey & Company, 2018.

이를 가능하게 하기 위해서 정확한 바이오 데이터 수집과 분석 체계가 고도화되어야 하고, 의료 생태계의 개인화로 개별 환자 특성에 맞게 의학 정보가 분석되고 관리되어야 한다. 이를 토대로 적절한 분석 알고리즘을 적용하면 환자 치료에 대한 최적의 의사결정과 효율적인 관리가 가능해진다. 결과적으로 정밀의학이 실현되기 위해서는 여러 기술이 융복합되어야 하는데, 그 근간이 되는 정확한 바이오 데이터를 수집하기 위해서는 무엇보다도 빠르고 정확한 진단을 적은 시료로 도출할 수 있는 미세 유체학(Microfluidics) 기술이 필요하다.

2. 미세 유체학

2.1 미세 유체학 기술이란?

미세 유체학은 마이크로 채널을 통한 유체의 움직임을 연구하는 과학이며, 유체 흐름을 제어하는 챔버와 터널을 포함하는 마이크로 소형화 장치를 만드는 기술이다. 미세 유체학의 특징은 아주 소량의 액체를 이용하기 때문에 샘플을 절약하고(milli-liter가 아닌 효소의 nano-liter) 빠른 분석이 가능하며, 여러 처리 단계를 단일 장치에 구현할 수 있다.

오늘날 미세 유체학은 중요한 기술 분야이지만 본격적으로 연구되기 시작한지는 20여 년에 불과하다. 미세 유체학의 역사는 오래전부터 진행되어 온 여러 분야의 방법과 소재 기술이 진화 발전하면서 탄생하게 되었다. 그래서 [그림 7-3]의 타임라인에서 보여주는 것처럼 미세 유체학 자체와 직접적으로 연관되지 않아 보이는 다양한 소재와 기술들이 융복합된 혁신의 결과이다.

[그림 7-3] 미세 유체학 타임라인

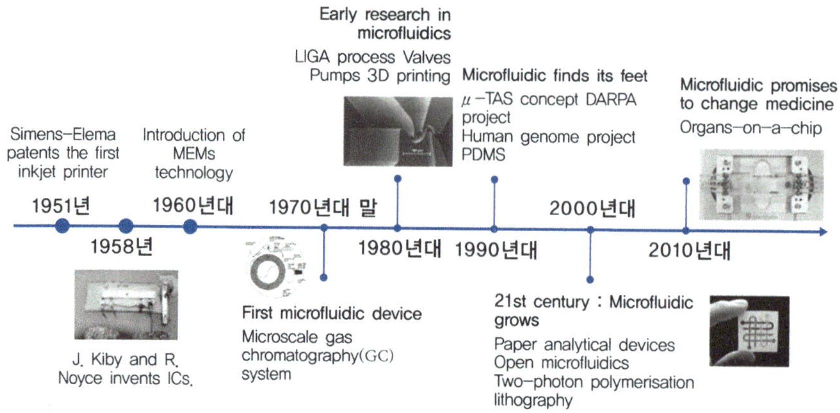

주 : 1) Microfluidics는 이견이 있으나 1950년대 잉크젯 프린터 개발을 시작으로 초기 시스템은 1970년대 말, 당시 발달된 마이크로 전자공학 및 마이크로 전자기계 시스템(MEMS) 기술과 기법(예 : 광석학 및 식각)에서 파생.

2) 초기에는 실리콘과 유리를 주재료로 쓰다가 방식과 재료가 점점 발전하여 현재 랩온어칩(lab-on-a-chip : 초미세 회로의 반도체 기술과 나노 기술, 생명공학 기술 등의 집적으로 손톱 만한 크기의 칩을 통해 실험실에서 할 수 있는 연구를 할 수 있도록 만든 장치)까지 발전.

출처 : "Five Short Stories on The History of Microfluidic", MICROFLUIDIC REVIEWS ; "Blood Cells Separation and Sorting Techniques of Passive Microfluidic Devices : From Fabrication to Applications", MPDI, 2019.

미세 유체학의 초기 역사는 1950년대로 거슬러 올라가며 당시는 잉크젯 프린터 제조업이 기술 개발의 주체였다. 프린터를 위한 유체 처리 시스템인 마이크로 유체 장치가 기원이 되는데 이는 인쇄를 위해 잉크를 운반하는 매우 작은 튜브를 사용하는 것과 관련이 있다. 당신 연구원들은 유체 수송, 유체 측정, 유체 혼합, 또는 극소량 유체의 분자 농도 측정 및 분리를 위한 새로운 미세 유체 구성 요소를 개발하는 데 많은 시간을 보냈다. 1990년도에 들어서 미세 유체학 분야의 기본 개념이 모든 화학 분석 과정을 미세 조립된 칩에 통합하려는 혁신이 시작되어 기하급수적으로 성장해 왔다.

미세 유체학과 관련된 핵심 개념은 일반적으로 실험실 전체가 필요한 시스템 작업을 간단한 마이크로 크기에 통합하는 것이다. Lab-on-a chip이라고도 불리는데 현재 미세 유체학 시스템은 실험에 필요한 전반적이 체계의 제조에서 생산까지 걸리는 시간을 획기적으로 단축한다.

컴퓨터를 예로 들어보자면 1960년대에는 컴퓨터를 작동시키기 위해 방 전체가 필요했다. 그 이후로 모든 부품의 크기가 줄어들어 노트북이 등장했고 이제는 스마트폰이 어떤 컴퓨터보다 더 강력하다. 이는 미세 유체 공학에서도 마찬가지이다. 로봇 대신 미세 유체학 장치를 선택하는 이유는 필요한 양이 적어 마이크로 유체학 기술이 기존 실험실 기법에 대한 유망한 대안이 될 수 있기 때문이다.

이는 분석 목적뿐만 아니라 공정 산업, 특히 미세 화학, 식품, 환경 및 의약품에서의 대규모 제조에도 미세 유체학 기술이 확대 적용될 수 있다. 최근 몇 년 동안 미세 유체 소자는 생화학 및 분자생물학 응용을 위한 분석 도구로 광범위하게 채택되었다.

또한 미세 유체학 시스템은 우수한 데이터 품질과 개선된 매개 변수 제어 기능을 제공하여 성능을 유지하면서 프로세스 자동화를 가능하게 한다. 최근 소규모 신생 기업과 대형 제약 및 생물의학 회사에서 개발된 미세 유체학 기반 기기들이 점점 더 많이 출시되어 시장에 진출하고 있다. 가까운 미래에는 DNA, 단백질, 박테리아 또는 단일 세포 규모의 분석과 같은 다양한 분자에 대한 보다 정확한 분석을 가능하게 하는 더 많은 미세 유체학적인 응용이 있을 것이다.

2.2 미세 유체학 어플리케이션 개발 R&D 추이

미세 유체학을 활용한 애플리케이션에 대한 관심은 어느 때보다 높다. 특히 바이오 시장에서 어떤 장점을 가진 미세 유체학 애플리케이션을 요구하는지에 대해 논문을 통해 소개하겠다.

Trends in Biotechnology는 "Commercialization of microfluidic device"(2014)를 발표하면서 미세 유체학을 실험실 장비, 약물 선별 기술 및 체외진단 장치의 자동화 및 멀티플렉싱이 가능한 플랫폼 기술이라고 소개했다. 그러나 지금까지 제한된 수의 제품이 제공된 이유는 기기 작동에 추가 훈련이 필요할 수 있어 사용자들이 기존 관행과 기기를 변경할 의사가 없기 때문이라고 보았다.

이에 새로운 미세 유체 기술을 선택하기 위해서는 상당한 운영상의 이점이나 비용 절감 효과가 필요하고 초기 설계 단계부터 최종 상업적 적용을 고려하며 각 요소가 상호 호환되는지 확인하고 미세 유체학 전문 지식이 없는 운영자가 오류를 줄이며 쉽게 사용할 수 있도록 완전 자동화해야 한다고 제시했다.

〈표 7-1〉 미세 유체학 기술, 주력 제품 및 응용 분야를 상용화한 기업 리스트

회사명	주요 제품	응용 분야	설립/ 획득 연도	국가
Roche Diagnostics	Genome Sequencer FLX System, LightCycler Systems, Cedex HiRes	유전자 형성, 마이크로어레이 분석, 세포 분석	1896	스위스, 미국
Advanced Liquid Logic, Inc.(acquired by Illumina)	NeoPrep Library Prep System	차세대 시퀀싱	1998/2013	미국
i-STAT Corp. (acquired by Abbott Laboratories)	i-STAT Systems	POC 진단	1983/2004	미국
Agilent Technologies	2100 Bioanalyzer	인간의 질병, 유전체학	1999	미국
Danaher Corporation	Original equipment manufacturer	생명과학 및 진단용 제조	1969	미국

Caliper Life Sciences(acquired by PerkinElmer)	LabChip Systems	진단, 분자 테스트	1995/2011	미국
Life Technologies Corporation(acquired by Thermo Fisher)	TaqMan Assays	유전자형, 진단, 약물 발견	1983/2013	미국
Cepheid	Xpert and GeneXpert Systems	진단	1996	미국
Fluidigm Corporation	BioMark HD System, C1 System, EP1 System	유전자형 및 배열	1999	미국
RainDance Technologies	RainDrop System, ThunderStorm System	유전자형 및 배열	2004	미국
Claros Diagnostics (acquired by OPKO)	Prostate-Specific Antigen(Total PSA) Test 4KScore Prostate Cancer Test	POC 진단	2005/2011	미국
Gyros AB	Gyrolab xp Workstation, Gyrolab Bioaffy CDs, Gyrolab Mixing CD	면역 측정, 바이오마커 모니터링, 약물 분석	2000	스웨덴
Micronit Microfluidics	Microreactors, Micromixers, Droplet Generators, Chip Electrophoresis	커스텀 마이크로 유체 디바이스 제조	1999	네덜란드
Dolomite Microfluidics	Multiflux	커스텀 마이크로 유체 디바이스 제조	2005	영국
Sphere Fluidics Ltd.	Pico-Gen Picodroplet Formation Chips	인간 질병, 약물 발견, 바이오마커 분석	2010	영국

2.3 미세 유체학 글로벌 시장 동향

미세 유체 소자 장치는 일회용 침상 혈액 검사부터 약물 흡입기, 유전자 시퀀서에 이르기까지 체외 진단 시장에 다양한 솔루션을 제공한다. 미세 유체 기술은 분자 진단, 면역 측정, 신속한 Point-of-Care Testing(POCT) 및 중앙 집중식 실험 설비 환경에서 높은 생산성을 제공해 줄 수 있다. 현재 미세 유체학 시장은 POCT 외에도, 제약 및 생명 과학 연구를 위한 진단 · 실험 도구 분야에 의해 주도되고 있고, 최근 소규모 신생 기업과 대형 제약 및 생물의학 회사에서 개발된 미세 유체학 기반 기기들이 점점 더 많이 시장에 출시되고 있다.

이 시장 초기에는 테스트가 부족했고 적절한 솔루션을 개발하고 생산 라

[그림 7-4] 미세 유체학 글로벌 마켓 시장 예상 추이

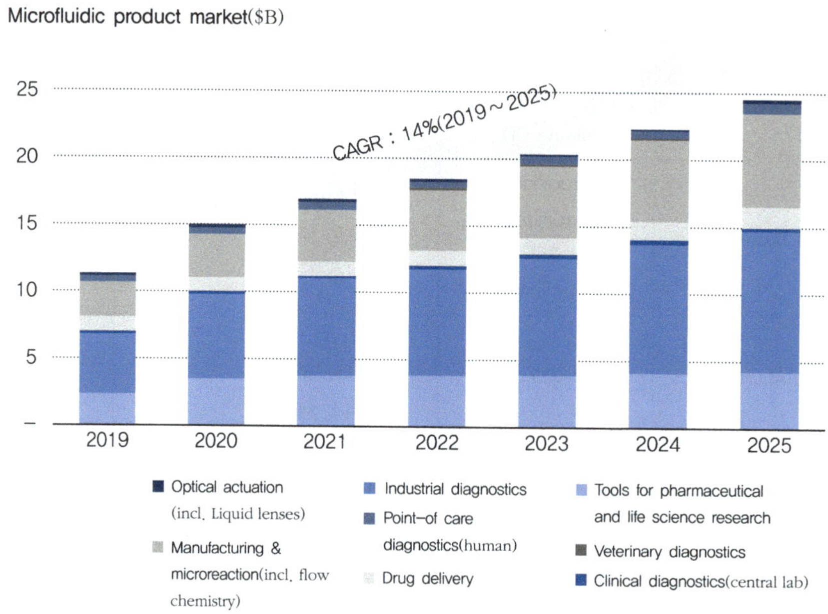

주 : CAGR은 14%이며 주요 산업은 POC(Point of care) 진단, 임상 진단, 제약과 라이프 사이언스 리서치 도구 순으로 차지. 그 외 약 배달, 예비 진단, 광학 작용, 산업적 진단법, 제조& 미세 반응 등이 있음.

출처 : "The microfluidics industry is boosted by the COVID-19 outbreak", Yole Développement 2020.

인을 확장하는 데 시간이 걸렸다. 2013년 기준, 체외진단 시장에서 17억 달러(약 2조 원)를 차지했던 미세 유체학 시장이 2019년부터 2025년까지 CAGR이 14% 성장하여 2025년까지 245억 달러(약 30조 원)의 매출을 일으킬 것을 예상하고 있다([그림 7-4]).

제약 및 생물의학 연구진은 의약품 개발 프로세스 전반의 여러 단계를 좀 더 다양한 프로세스 제어, 낮은 비용 그리고 빠른 결과를 위해 미세 규모 공정 기법을 많이 도입하고 있으며 이로 인해 미세 유체 소자에 대한 시장의 요구는 급격히 증가하고 있다. 소형화된 세포 기반 분석, 유전체 및 단백질 분석을 위해 미세 유체 칩이 널리 사용되기 시작했으며 제약 연구소에서는 미세 유체 기술을 기반으로 한 미세 반응 시스템과 분사 도구를 사용하기도 한다.

주요 진단기기 Start-up 회사들의 새로운 벤처 투자에 힘입어 미세 유체학 시장의 성장을 가속화하고 있다. 디지털 분자진단 기술은 기존 한계를 해결하는 핵심적인 기술로, 정밀의학 관련 진단과 추적까지 확장시키고 진단의 정확

[그림 7-5] 미세 유체학 제품 분류 및 주요 기업

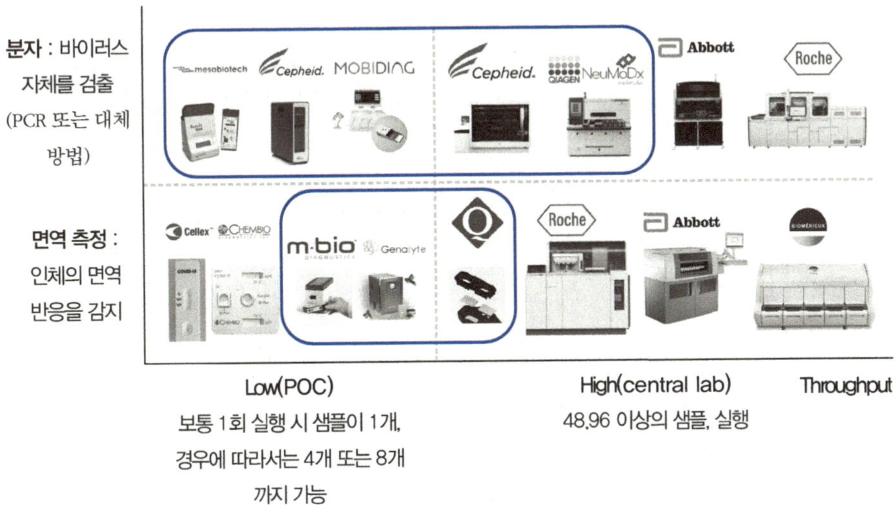

출처 : Status of the Microfluidics Industry 2020, Yole Développement.

도를 높이기 위하여 분자진단 기술에 첨단 나노 기술, microfluidics 기술 등 신 기술의 융복합화가 활발하게 이루어지고 있다([그림 7-5]).

3. HP Inc.의 미세 유체학 기술

HP는 지난 30년 동안 세계 최대의 디지털 인쇄 회사를 설립하기 위해 수십억 달러를 연구개발 및 자본 장비에 투자했다. HP는 공급망을 보다 유연하고 지속 가능하게 만들면서 대량 개인화 시대로 가는 길을 열기 위해 새로운 사업을 다시 한번 개척하고 있다. 그 다음 도전이 바로 인쇄 기술을 활용한 미세 유체학 시장으로의 진출이다. 미세 유체학은 극도의 정밀도와 속도로 유체

[그림 7-6] HP 잉크젯 기술 타임라인 : 열 잉크젯 무어 법칙

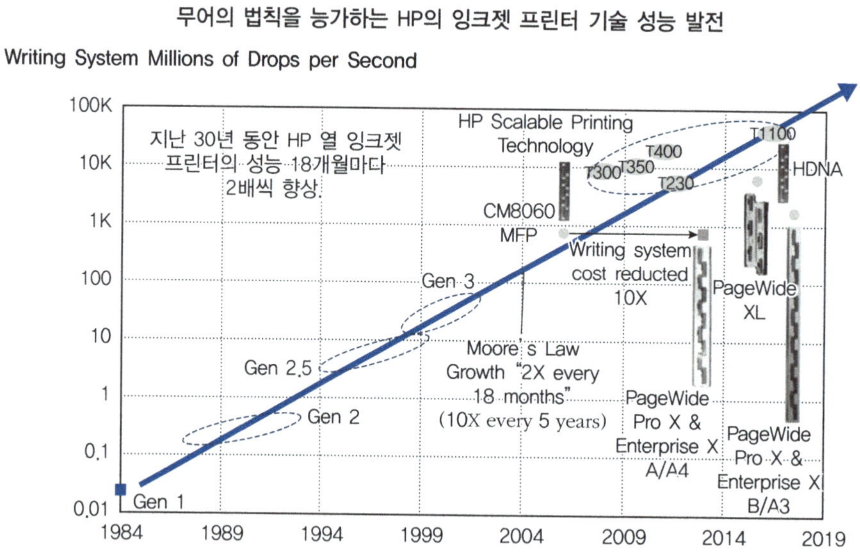

주 : 1984년 이후 HP의 열 잉크젯 기술 성능은 무어의 법칙의 속도로 발전하여 사실상 18개월마다 약 두 배씩 증가. HDNA(고화질 노즐 아키텍처)를 사용하는 PageWide Web Press에서는 인쇄 헤드 성능이 인치당 96노즐에서 인치당 2400노즐로 향상. HDNA의 듀얼 드롭 웨이트 기술로 인쇄 헤드당 초당 최대 3억 방울의 잉크를 발사.

출처 : David Murphy, "How brands, publishers, and print providers benefit from HP PageWide Press' upgradable innovation", Founder at Nvent Marketing, 2017. 11. 19, https://www.linkedin.com/pulse/how-brands-publishers-print-providers-benefit-from-hp-david-murphy

의 양을 조작하는 것으로 현대 인쇄의 기본 구성 요소가 된다. 현재 HP 인쇄 기술은 빗방울의 10만 분의 1의 사이즈로 초당 수십억 개의 잉크를 떨어뜨릴 수 있게 되었고, 지난 30년 동안 인쇄 성능은 2년마다 약 두 배씩 증가했다. 이 기술은 인쇄를 훨씬 뛰어넘는 응용분야를 가지고 있으며 HP에서는 마이크로 프로세서가 전자제품에 사용되었던 것처럼 액체에 있어서도 혁명적일 수 있다고 믿는다([그림 7-6]).

예를 들어 마이크로 유체 공학이 더 나은 건강 결과를 가능하게 하기 위해 제약 개발, 진단 테스트 및 개인화된 의학의 새로운 돌파구를 추진하는 미래를 볼 수 있도록 만들 것이다. 그 결과 HP는 디지털 분사 시스템이라는 혁신적인 적정 기술을 개발해 첫 바이오 약품 연구 도구인 D300e Digital Dispenser를 2015년에 선보였다.

3.1 HP D300e Digital Dispenser 소개

2015년에 D300e Digital Bio Dispenser를 출시하기 위해, HP의 Specialty Printing Systems(SPS)와 Microfluidics Technology and Operations(MTO) 팀이 이 분야에서 HP의 첫 번째 생명 과학 응용 프로그램을 시장에 내놓기 위해 협력했다. 잉크젯 프린팅 기술이 적용된 HP D300e Digital Dispenser는 자동화된 실험실 분사가 잉크 대신 제약 샘플을 "인쇄"할 수 있도록 하고 있다. 이 제품은 항생제 내성(AR)랩 네트워크 내 질병관리본부(CDC) 등 전 세계 연구소와 제약사가 전국 보건부서와 병원을 대상으로 항균 감수성 검사를 실시하는 데 활용되고 있다.

HP D300e Digital Dispenser는 바이오 프린터보다는 고품질의 바이오 의약품 연구와 의약품 발견을 가능하게 하는 첨단 분사 도구로 보는 것이 맞다.

왜냐하면 바이오 프린터의 정의는 보통 3차원(3D)으로 살아있는 세포, 생체소재, 약물, 성장인자, 유전자 등 생물을 층층별로 선별적으로 증착해 조직과 장기구조를 제작하는 것이 목표다. 바이오 산업에서 인쇄를 한다는 측면에서 고객에게 쉽게 각인이 되기 위해 바이오 프린터라고 제품명을 붙였지만 정확히는 디지털 분사 도구라고 보아야 한다.

이 제품은 하드웨어, 소프트웨어, 서플라이(디스펜싱 카세트)로 구성되어 있으며 HP 잉크젯 프린터 내부의 기술을 적용하여 실험실 작업 흐름을 간소화하며 값비싼 시약을 절약하고 샘플에 정확한 유체 농도를 보장한다. HP D300e Digital Dispenser를 사용하면 희석 단계를 제거하고 qPCR 반응 볼륨을

〈표 7-2〉 D300e Digital Dispenser 제품 설명

HP D300e Digital Dispenser	HP Dispensing Software	HP T8+ 분사 카세트	HP D4+ 분사 카세트

유연하고 쉬운 조작	직관적 기능	다양한 볼륨 분사	
- 12~1536 (완전 호환) - 층류 및 멸균 후드에 쉽게 장착 가능 - 자동화 기능을 갖춘 유연한 벤치탑 설계	**마법사** - 적정 - 약물 시너지 - 효소 프로파일 - qPCR 셋업 **특장점** - 자동 볼륨 및 집중 계산 - 디지털 랜덤화	**분사** - DMSO 또는 수용액의 소분자 및 생체분자 **분사 볼륨** - 11pL~20uL	**분사** - DMSO 또는 수용액 중 소분자 및 생체분자 **웰당 분사 부피** - 1nL~200uL

출처 : HP Specialty Printing Systems-Life Science Dispensing-HP D300e Digital Dispenser, https://www.hp.com/us-en/commercial-printers/specialty-printing-systems/d300.html

소형화하며, 다양한 저용량 분사 애플리케이션을 활용해 볼륨을 쉽게 분사할 수 있다. 약물 발견, 유전체학 및 단백질학 연구를 가능하게 하기 위해 작은 분자와 생체 분자를 더 빠르고 신뢰할 수 있도록 피콜리터에서 마이크로 리터까지 정확하게 볼륨을 분배한다(〈표 7-2〉).

이 제품은 잉크젯 열 분사 기술을 사용하여 가스 버블 팽창에 의해 힘이 발생하여 노즐을 통해 유체를 구동한다. 기포는 실리콘으로 만들어진 박막 저항기의 표면에서 액체와 증기의 상전환에 의해 만들어진다. 물방울 배출 후, 유체는 저장소에서 실리콘의 슬롯을 통해 교체되며, 이것은 초당 수천 번 반복된다. 복합 분사는 기기와 인터페이스하는 디지털 분사 소프트웨어에 의해 제어됩니다. 디지털 분사 소프트웨어는 먼저 각 분사 헤드에 적재할 적절한 양의 DMSO 또는 화합물을 채운다. 복합 저장장치와 노즐은 일회용 분사 카트리지에 장착된 8채널 분사 헤드로 배열된다([그림 7-7]).

[그림 7-7] 컴파운드 분사 방식 예시

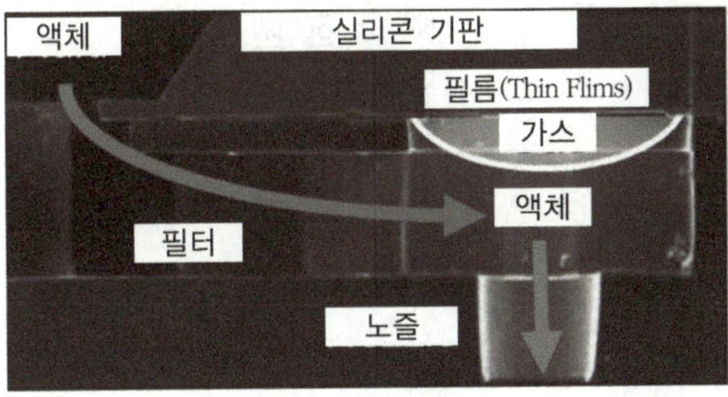

(a) Thermal dispensing mechanism

(b) HP D300 dispensing cartridge

주 : (a) 가스 구동 버블 형성을 묘사한 유체 구조 단면 마이크로 그래프. 여과 기능이 내장되어 있어 막힘과 불량 감소.
(b) HP D300 Digital Dispenser에 있는 8개의 분사 헤드 중 한 개의 분사헤드 어레이에 2 마이크로 리터의 화합물을 채우는 중.

출처 : Raisa E. Jones, Wei Zheng, John C. McKew, Catherine Z. Chen, "An Alternative Direct Compound Dispensing Method Using the HP D300 Digital Dispenser", *Journal of Laboratory Automation*, 18(5) 367-374, 2013.

[그림 7-8] HP D300e Digital Dispenser 타임라인

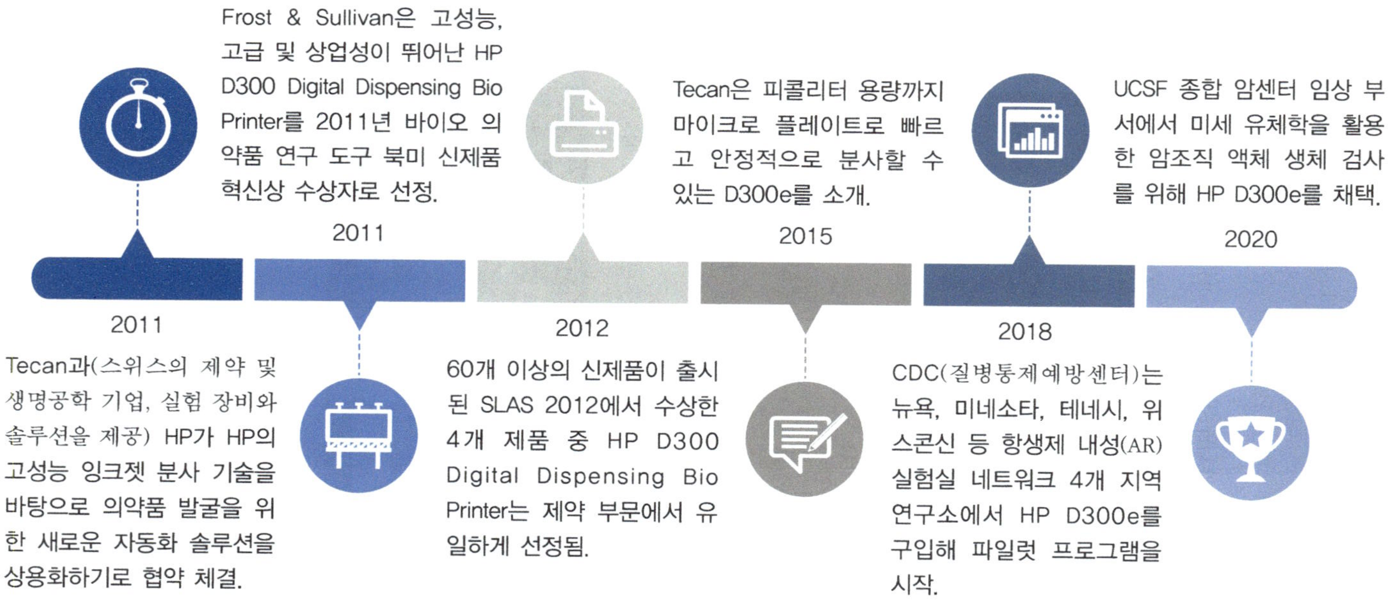

처음 제품이 소개된 것은 2011년도였다. Tecan과(스위스의 제약 및 생명공학 기업, 실험 장비와 솔루션을 제공) HP가 HP의 고성능 잉크젯 분사 기술을 바탕으로 의약품 발굴을 위한 새로운 자동화 솔루션을 상용화하기로 협약을 체결했다. HP 브랜드 장비와 공급품은 Tecan의 생명과학 비즈니스를 통해 독점적으로 배포, 서비스 및 지원되며 Tecan은 생명과학 비즈니스를 통해 기구와 소모품에 대한 독점 판매, 마케팅, 서비스 및 지원을 제공하기로 했다([그림 7-8]).

이 혁신적인 시스템은 연구자들이 매우 낮은 농도로 잠재적 약물 화합물을 평가할 수 있게 하여 제약 개발에서 새로운 약물 후보들에 대한 평가를 가속화하고 개선하기 위해 만들어졌다. 처음에는 연구용으로만 제작됐으며 약물 상호작용 테스트 및 약물 효과 평가 시 정확성을 향상시키도록 설계되었다.

그 결과 혁신적이거나 파괴적인 혁신을 달성하고 지속적으로 우수성을 입증한 조직을 대상으로 하는 Frost & Sullivan Best Practices Awards[1]에서 2011년 바이오 의약품 연구 도구 북미 신제품 혁신상 수상자로 선정되었다. 또한 2012년에는 60개 이상의 신제품이 출시된 SLAS[2] 2012에서 수상한 4개 제품 중 HP D300 Digital Dispenser는 제약 부문에서 유일하게 수상했다.

3.2 HP D300 Digital Dispenser 실제 사용 사례

미국 CDC(질병통제예방센터)는 새로운 항생제의 테스트를 가속화하기 위해 항생제 내성 연구소 네트워크용 HP D300e Digital Bio Dispenser를 구입했다.

1. Frost & Sullivan은 1961년에 설립된 미국 뉴욕의 컨설팅 회사이며 Frost & Sullivan의 Best Practices Awards는 매해 리더십, 기술 혁신, 고객 서비스, 전략제품 개발 등 분야에서 뛰어난 성과와 우수한 성과를 입증한 다양한 지역 및 글로벌 시장의 기업을 선정해 수여한다.
2. Society for Laboratory Automation and Screening(SLAS)은 2010년 실험실 자동화 협회와 생체분자 과학회가 합병해 결성한 국제 과학 전문 학회로 연구실 자동화 기술의 개발자와 공급자와 결합된 학술, 산업 및 정부 생명과학 연구자들이 모인다.

2018년 8월 27일에 HP사는 항균성 박테리아와 싸우기 위해 고안된 새로운 항생제의 테스트를 가속화하기 위한 목적으로 CDC(질병통제예방센터)에 의해 운영되는 시범 프로그램에 참여했다고 발표했다.

항균 저항은 국제적인 공중 보건 문제이다. 내성 박테리아를 위한 새로운 항생제는 생명을 구하는 데 도움이 될 수 있지만, 병원들은 종종 이 새로운 약이 효과적일 수 있는지 알아보기 위해 항균 감수성 검사에 접근할 수는 없다. HP 프린터는 몇 분 안에 금본위 시험판을 "인쇄"함으로써 현지 수준에서 시험 가용성을 높일 수 있도록 지원한다. 시험을 이용할 수 없는 경우, 신약의 남용은 항생제 내성에 기여하거나, 활용도가 낮거나, 도움이 필요한 환자를 돕지 못하거나, 또는 부작용이나 장기 치료로 이어질 수 있다.

CDC는 파일럿의 일환으로 새로운 HP D300e Digital Bio Dispenser를 항생제 내성(AR) 연구소 네트워크의 4개 지역 연구소에 배치하여 신약에 대한 항균 민감성 검사 방법을 개발하고 의약품 샘플을 "인쇄"하고 있다. 처음으로 지역 연구소는 전국의 보건 부서와 병원을 대상으로 신속한 민감도 테스트를 실시할 수 있게 될 것이다.

한편, 최상위권 의학계열 대학원으로 유명한 University of California, San Francisco(UCSF)의 외과 종양학 연구소 종합 암센터 內 임상부서에서 2020년에 HP D300e Digital Bio Dispenser를 채택했다. USCF는 이 제품이 HP의 수십 년간의 잉크젯에 대한 전문 지식을 바탕으로 유체 흐름과 전기장, 온도, 압력을 정밀하게 제어해 더 나은 액체 조직 검사로 접근하여 개별 셀 조작의 어려운 문제를 해결하는 데 도움이 될 것이라 믿는다.

UCSF 외과 종양학 연구실장인 David Donner 박사는 암 연구에서 혁신적인 새로운 미세 유체 공학 기술의 이점을 설명했다.

그는 "HP의 인쇄 기술을 기반으로 한 더 나은 액체 조직 검사는 암세포가 다른 종류의 세포, 심지어 다른 암과는 다른 특정한 전기적 특성을 가진 사실을 이용해 혈액에 유체역학적 장과 전기장의 조합을 적용함으로써 세포를 분리할 수 있다. 그리고 이를 바탕으로 우리는 분자 수준에서 맞춤형 치료를 처방하는 데 사용할 수 있는 정보를 제공할 수 있을 것이다"라고 말했다.

HP는 인쇄 기술을 기반으로 한 더 나은 액체 조직 검사로 접근한다. HP Labs 팀에 의해 취해진 접근법은 순환하는 종양 세포 조직검사 방법에 대한 변형이다. 그러나 혈액 샘플을 걸러 내기 위해 세포 크기와 같은 특성을 사용하는 대신, 암세포가 다른 종류의 세포와 심지어 다른 암과는 다른 특정한 전기적 특성을 가진 것으로 알려져 있다는 사실을 이용한다.

새로운 접근법은 기존의 순환 종양 세포 조직 검사 방법과 비교할 때 특정 혈액 부피의 암 세포의 수율을 증가시키고 동시에 세포 샘플의 순도를 증가시킬 수 있는 잠재력을 가지고 있다. 이러한 노력은 고품질의 액상 잉크 인쇄에 대한 HP의 깊은 경험을 바탕으로 이루어졌다.

4. 미세 유체학 특허 분석 및 시사점

미세 유체학 기술과 관련된 특허 지형은 오늘날 매우 개방적이어서 학계 및 산업계 출원을 위한 공간을 제공한다. Knowmade에서 "Microfluidic Technologies for diagnostic Applications Patent Landscape"(2017) 리포트를 발표했는데 4,500개 이상의 특허를 포함하여 1,150개 이상의 families 대표하고 500개 이상의 특허 출원이 관련(2016년 기준)된 결과가 나왔다. 놀랍게도 몇몇 중요한 시장 주자들은 주요 특허 출원자들 사이에 나타나지 않고 있고, HP와 같은 이 분야의 예상치 못한 회사들이 최근 많은 특허를 출원하고 있다고 지적했다. 그 이후로(2017년부터 2020년까지) 미세 유체학의 특허에 어떤 변화가

[그림 7-9] 진단 미세 유체학 기술 관련 특허 출판 추이

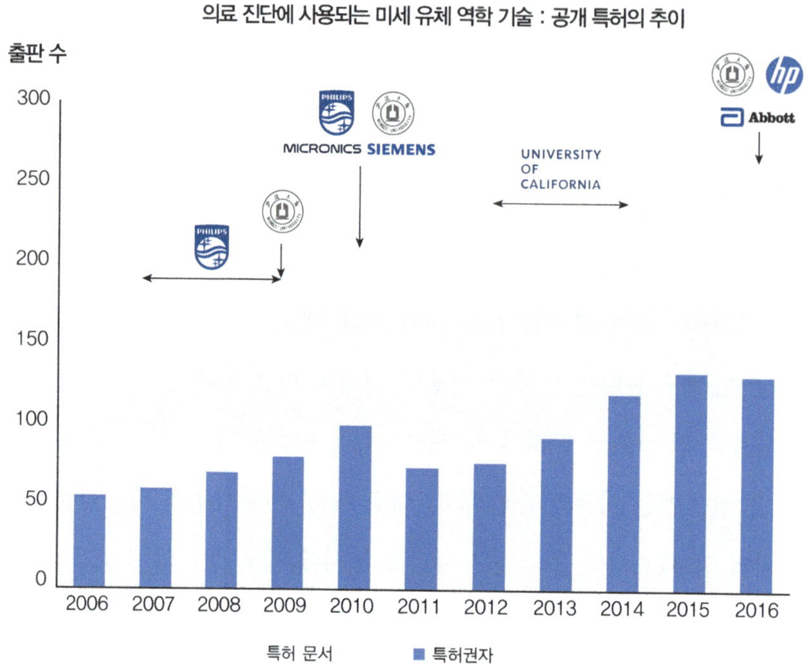

주 : 1) 2006년부터 2010년까지는 주로 필립스, 지멘스, 마이크로닉스와 같은 미국 기업이자 기존 산업의 주요 플레이어가 미국 특허 출원의 우위.

2) 중국과학대학, University of California, Harvard University 등의 대학들도 주 참여자. 2016년 들어서 Abbott, HP가 중요한 IP 도전자로 등장.

3) KnowMade 팀은 특허 지형 보고서에서 캘리포니아 대학의 특허 포지셔닝을 예를 들어 강조. MGH(Massachusetts General Hospital), BD, Micronics, Roche와 같은 회사들이 중요한 IP 플레이어로도 등장.

4) 진단 어플리케이션용 마이크로 유체 테크놀로지 분야의 현재 특허 활동을 고려할 때 Philips, HP 및 MIT는 중요한 IP 도전자.

출처 : "Microfluidic Technologies for Diagnostic Applications Patent Landscape Report", KnowMade,February 2017.

있었는지 직접 조사해 보았다([그림 7-9]).

2011년부터 2020년까지 전체 미세 유체학 특허 중 Alive만 조사했을 때 최근 5년 사이 CAGR이 38.5%를 나타냈으며 개별 특허 28,518개, DWPI Families 11,364개로 집계됐다([그림 7-10]). 특히 대학은 진단 애플리케이션을 위한 미세 유체학 기술 영역에서 매우 강력한 리더십을 보여줬는데 중국과학원, University of California, Harvard University, 삼성전자를 이어 HP가 6위를 차지했다. 연도별로 봤을 때는 2016년을 기점으로 폭발적으로 치고 올라오면서 2020년에 University of California를 이어 2위를 차지했다([그림 7-10]).[3]

[그림 7-10] 주요 특허 출원 기업과 출원 추이

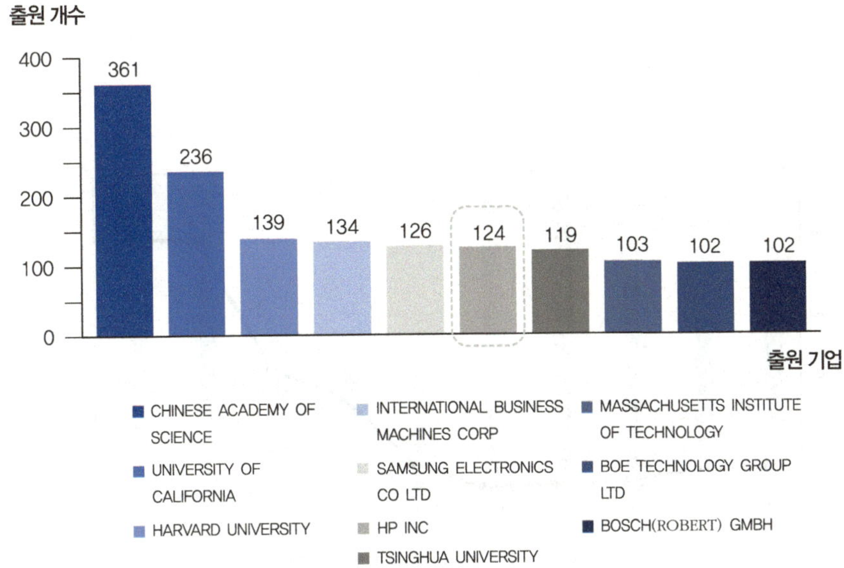

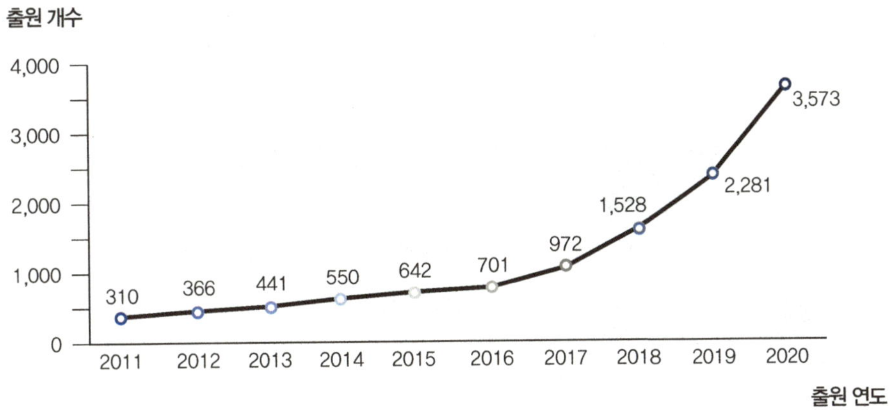

3. Clarivate's Derwent Innovation, DWPI/DPCI database.

한편 HP가 보유하고 있는 특허 중에서 미세 유체학 특허가 차지하는 비율을 조사해 보았다. 2011년부터 2020년까지 Alive한 특허 중 HP의 전체 특허는 11,806개(DWPI families 기준)였으며 미세 유체학은 195개(DWPI families 기준)였다. 특히 HP D300e Digital Bio Dispenser를 출시한 2016년부터 본격적으로

[그림 7-11] HP 특허 내의 미세 유체기술 관련 특허의 비중

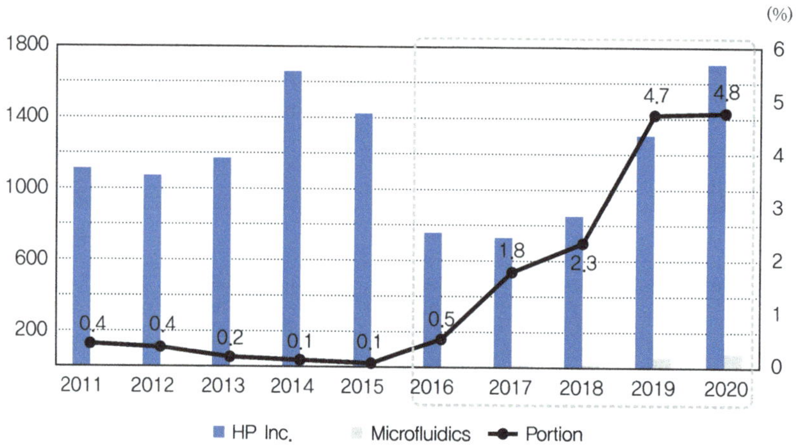

[그림 7-12] 글로벌 프린터 시장 현황과 잠재적 경쟁자

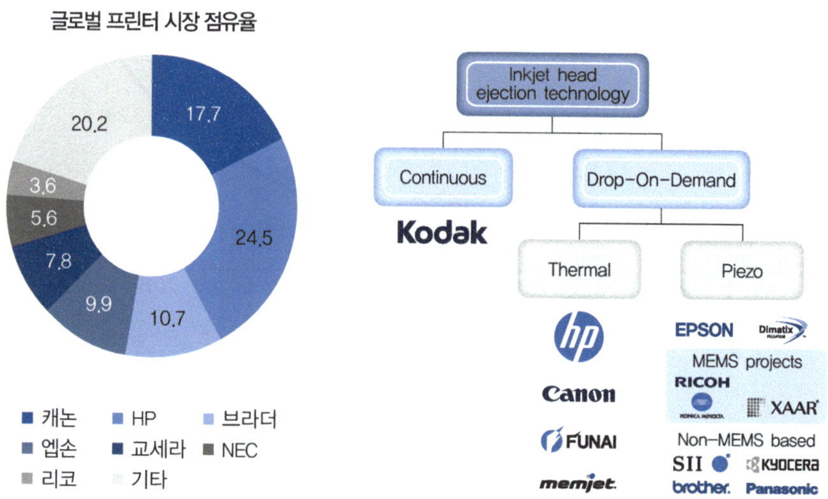

(a) 시장 점유율(%)

(b) 잉크젯 기술 보유 기업

[그림 7-13] Text cluster로 본 HP와 CANON의 열잉크젯 기술 특허 비교

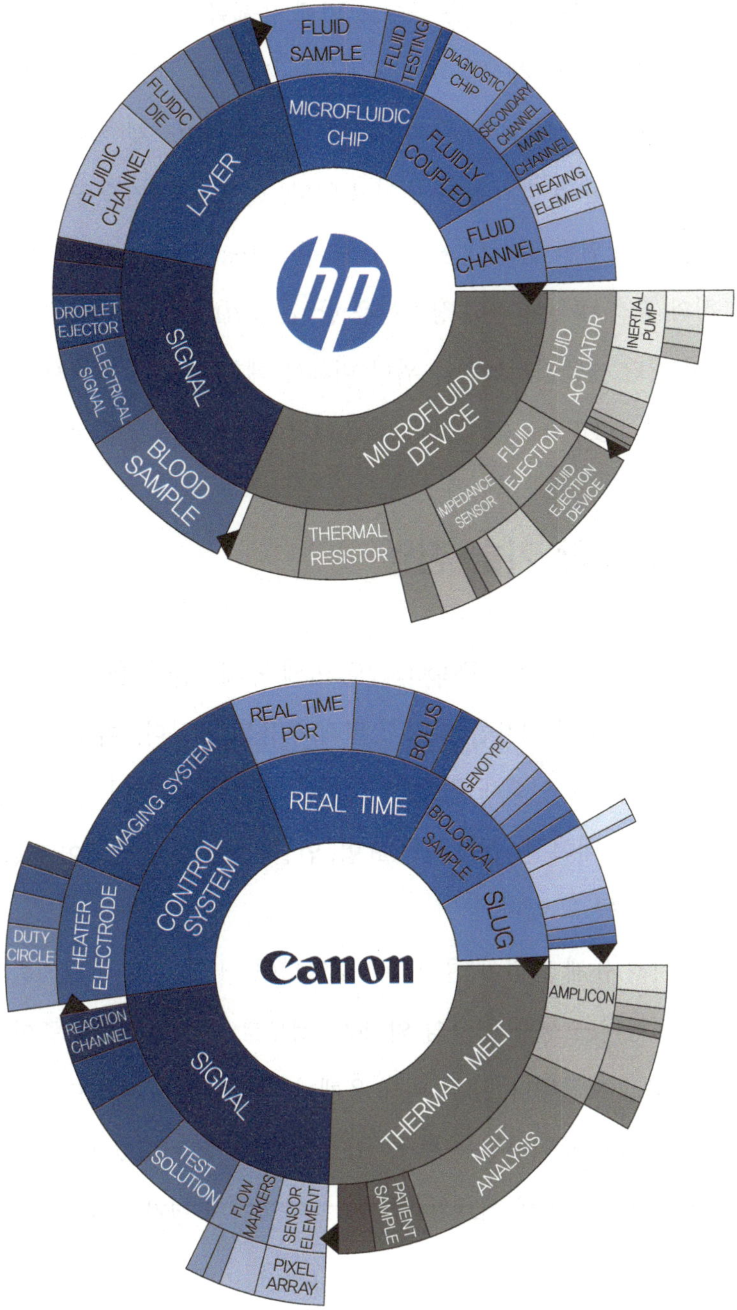

증가하는 것을 볼 수 있다([그림 7-11]).

그렇다면 경쟁 프린터 회사 중에도 미세 유체학을 활용해서 생명과학 비즈니스 분야에 진출할 가능성이 있을지 궁금해졌다. 글로벌 프린터 시장은 HP와 Canon이 전체 M/S의 반을 차지한다. 둘 다 열 잉크젯 기술을 가진 업체라는 점에서 치열한 경쟁 구도를 벌이고 있다. 열 잉크젯 기술을 가진 업체 중 HP를 이어 M/S 2위를 달성하는 Canon의 경우 Text Cluster로 분석해 본 결과 관련 특허와 강점 내용이 완전 상이함을 알 수 있었다([그림 7-13]).

따라서 진단 애플리케이션을 위한 미세 유체학 기술 분야에서 현재 특허 활동을 고려할 때 HP Inc.는 중요한 IP 플레이어로 활동함을 알 수 있다.

5. 미세 유체학 기술 전망

HP는 D300e Digital Bio Dispenser로 미세 유체학을 활용해 현재 전 세계 연구소에서 약품 분석 비용을 줄이기 위해 사용되고 있다. 이 기술은 맞춤형 의약품을 효과적으로 인쇄해 현재 제약 회사가 약 값을 과다 청구해 큰 악재를 받고 있는 콤비네이션 약품, 화학 요법, 인슐린, 진통제, 심지어 인플루엔자 방지제에도 적용될 수 있다.

이처럼 미세 유체 진단이 클리닉에 도입되어 더 많은 표적 탐지를 제공하고, 오늘날 시행되는 생체 검사의 약 20% 정도로 발생하는 합병증의 위험을 제거할 것이라고 예상된다. 또한 미세 유체학 기구는 의사가 간단하게 혈액을 채취하여 지속적인 모니터링을 할 수 있고, 환자가 완치되고 난 후 정기적이고 더 정확한 감시를 통해 치료가 얼마나 효과적인지 평가할 수 있게 해줄 것이다.

미세 유체학은 이러한 진보적인 기술 발전에서 판도를 바꾸는 요소다. 클

라우드의 건강 정보 통합, 빅데이터 분석 및 머신러닝(machine learning)을 통해 마이크로 유체학 혁신은 개인의 이익뿐만 아니라 인구와 글로벌 인간 건강에 대한 새로운 통찰력을 제공할 수 있게 될 것이다.

[참고문헌]

Alessandra Dellaquila Ph.D., "Five Short Stories on The History of Microfluidics", Elveflow, 2017, https://www.elveflow.com/microfluidic-reviews/general-microfluidics/history-of-microfluidics/

"Blended reality for life", *HP Innovation Journal* Issue 3, Summer, 2016.

"Blood Cells Separation and Sorting Techniques of Passive Microfluidic Devices : From Fabrication to Applications", *Micromachines*, 10(9), 593, 2019, https://doi.org/10.3390/mi10090593

David Murphy, "How brands, publishers, and print providers benefit from HP PageWide Press' upgradable innovation", Founder at Nvent Marketing, 2017. 11. 19., https://www.linkedin.com/pulse/how-brands-publishers-print-providers-benefit-from-hp-david-murphy

"Driving oncology drug development forward", *Tecan Journal*, 02−2015, https://www.tecan.com/tecan-journal/taking_the_guesswork_out_of_drug_development

HP Specialty Printing Systems−Life Science Dispensing−HP D300e Digital Dispenser.

https://press.hp.com/us/en/press-kits/2020/the-hp-d300e-bioprinter-prints-pharmaceutical-samples-instead-of-ink1.html

https://www.hp.com/us-en/commercial-printers/specialty-printing-systems/d300.html

INNOPLEXUS INCLUDED AGAIN IN GARTNER HYPE CYCLE FOR LIFE SCIENCES, Eschborn, Gartner(August 2018), 2019. 1., https://www.innoplexus.com/news/innoplexus-included-again-in-gartner-hype-cycle-for-life-sciences/

"Microfluidic Technologies for Diagnostic Applications Patent Landscape Report", KnowMade, 2017. 2.

"Precision medicine : Opening the aperture", Pharmaceutical and Medical Practice, McKinsey&Company, 2018.

Raisa E. Jones, Wei Zheng , John C. McKew , Catherine Z. Chen, "An Alternative Direct Compound Dispensing Method Using the HP D300 Digital Dispenser", *Journal of Laboratory Automation*, 18(5) 367–374, 2013.

Status of the Microfluidics Industry 2020, Yole Développement 2020, https://www.i-micronews.com/products/status-of-the-microfluidics-industry-2020/?utm_source=PR&utm_medium=email&utm_campaign=PR_Status_Microfluidics_Industry_YOLE_September2020

"Tecan and HP to develop new drug-dispensing solutions for research", *Tecan Journal*, 02–2011.

The HP D300e BioPrinter "prints" pharmaceutical samples instead of ink, 2020. 7. 13.

8장

수술 로봇 기술 혁신 패턴의 변화

—AI 기술의 핵심 응용 분야, 수술용 로봇 기술

남용원(KAIST)

1. 기술 혁신 패턴의 변화 : 수술 로봇
2. 수술 로봇 기술의 특허 분석
3. 수술 로봇 산업 및 혁신 패턴 분석
4. 분석 시사점

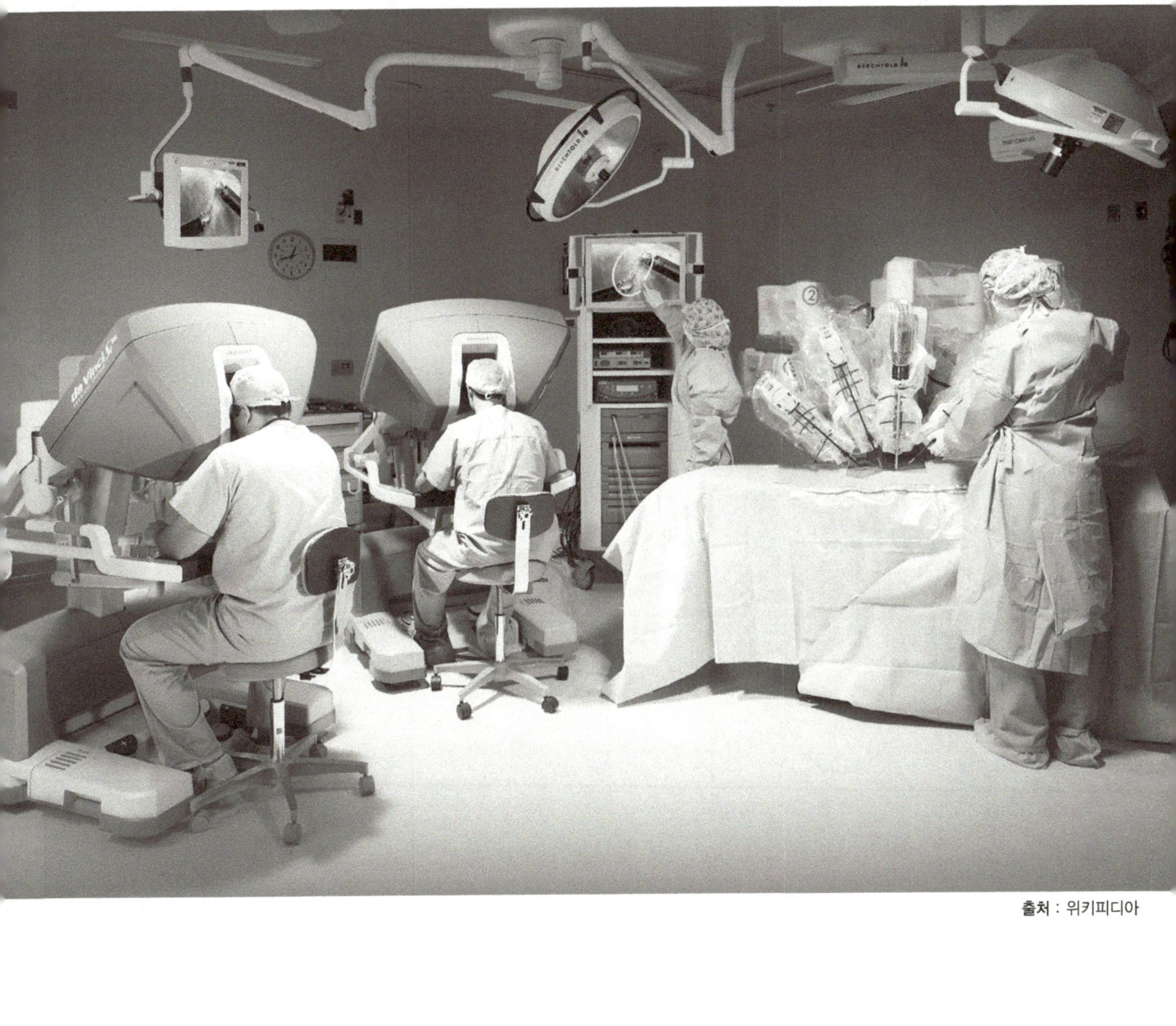

출처 : 위키피디아

초정밀의 지능을 요구하는 인공지능 수술용 로봇의 기술 혁신 패턴과 글로벌 시장 경쟁 환경은 어떠한가?

1. 기술 혁신 패턴의 변화 : 수술 로봇

1.1 기술 혁신 패턴의 변화

기업에게 있어서 Covid-19와 같이 불확실성 증가와 급격한 기술의 변화는 제품의 생명주기를 단축시키고, 생존을 더욱 어렵게 한다. 하지만, 반대로 지속적인 R&D 투자를 통해 경쟁 우위의 기술과 제품을 개발한 기업은 경쟁 기업들을 집어 삼키며 결국 불확실한 시장을 지배한다. 즉, 기업의 끊임없는 기술 혁신은 생존을 위한 필요충분 조건이다. 끊임없는 기술 혁신을 위해서는 기업 내부의 R&D 역량과 외부 지식과 기술을 활용하는 능력이 필요하다. 전통적으로 기업 내부에서 R&D 활동을 통해 창출된 혁신적인 제품과 지식을 외부로 확산시키는 형태에 집중해 왔다. 하지만, 제품의 생명주기의 단축과 기술 융복합을 통한 혁신이 가속화되는 모습은 외부 과학 지식과 기술 활용의 중요성을 증대시켜왔다. 따라서 최근 빠르게 변하는 시장에서 자본력을 가지고 있는 구글, 애플과 같은 글로벌 공룡 기업들, 그리고 국내 대기업들은 M&A를 통한 전략적 기술 확보와 대학 및 외부 연구소와의 활발한 협력을 통해 새로운 기술 혁신을 만들어 내는 패턴을 보여주고 있다.

본 장에서는 IP Data를 기반으로 수술 로봇 기술 산업의 혁신 패턴 변화를 보여주고자 한다. 수술 로봇 기술은 ① 디지털 기술의 발달과 ② 핵심 특허 기간 만료에 따라 주요 Player들의 전략적 변화와 산업의 혁신 패턴이 변화되는 모습을 보여주고 있다. 우선, IP Data를 기반하여 주요 국가별 트렌드와 기술 포트폴리오 등을 통해 기술과 시장을 이해하고, 주요 Top Player와 그들의 주요 전략과 특징들을 분석할 것이다. 그리고 수술 로봇 기술의 특허 · 비특허의 전후방 인용 Data를 기반하여 기술별, Player별 혁신 역량과 지식흡수 역량의 상대적 비교를 하여 기술별, Player별 혁신성을 비교 · 분석할 것이다. 마지막으로 초기 수술 로봇 혁신 패턴(2000~2015년)과 최근 수술 로봇 혁신 패턴(2015~현재)의 변화를 PAVITT(1984)의 산업별 기술 혁신 패턴론의 관점에서 변화의 동적인 모습을 분석할 것이다. 따라서 독자들은 IP Data를 기반으로 분석한 수술 로봇 사례를 통해 수술 로봇 시장 상황 변화와 주요 Player들의 전략을 살펴볼 수 있고, PAVITT의 관점에서 혁신의 패턴의 변화 모습을 볼 수 있다.

1.2 수술 로봇 기술의 발전 : 기술 경쟁의 심화

수술 로봇은 1985년 산업용 로봇인 PUMA560을 뇌수술에 사용하여 의료용 로봇의 가능성을 확인하면서 사용되기 시작했다. 수술 중 환자의 출혈을 최소화하고 의사들의 육체적 피로도를 낮추기 위한 근본적인 문제 해결을 위해 의료 현장에서 로봇을 이용한 다양한 연구와 제품들이 개발되었다. 2000년 수술 로봇으로서 세계 최초로 FDA 승인을 받은 Da Vinci 수술 시스템(Intuitive Surgical Inc, 미국)이 시장을 지배하면서 기술의 발전을 촉진시켰다.

Da Vinci 수술 시스템은 최소침습 기술(MIS)을 활용한 복강경 수술 로봇으로서 의사가 로봇 팔을 원격 조정하여 수술하는 형태의 Master-Slave의 구조를 가지고 있다. 하지만 2016년부터 Intutive Surgical의 일부 특허가 만료되고 글로벌 기업들이 수술 로봇 시장에 본격적으로 진입하면서 기술 경쟁이 심화되고 있다. 2016년 J&J의 자회사인 의료 수술 로봇 회사인 Ethicon Endo와 Google이 공동으로 Verb Surgical 설립하면서 Google의 정보 처리 기술을 기반한 Information-guided digital surgery(Surgery 4.0)라는 미래 수술 로봇의 청사진을 제시하기도 하였다. 또한, 2015년 Stryker 정형외과 수술 로봇 전문 기업 MAKO 인수, 2018년 Mazor 정형외과 수술 로봇 인수, 2019년 J&J가 차세대 복강경 수술 로봇 제조 기업인 Auris Health를 3조 원에 인수까지 기존의 글로벌 의료기기 업체들이 자본력을 앞세워 Intutive surgical이 지배했던 수술 로봇 시장에 본격적으로 뛰어들고 있다.

정부 차원에서도 2016년 미국은 첨단 제조 파트너쉽 정책을 발표하면서 차세대 로봇 기술 개발을 목표로 국가 차원에서 다양한 기술 개발 프로젝트에 착수했다. 특히 2억 1,500만 달러를 정밀 의료 이니셔티브에 투자하여 ICT가 융합될 수 있는 의료 정보 운용성 표준 개발, 개인정보 보호 프로젝트 진행 등을 시작하였다. 이처럼 국가 차원의 드라이브와 디지털 기술의 발전은 기술 혁신의 속도를 더욱 빠르게 하고 수술 로봇 산업의 혁신을 변화시키고 있다. 이와 같이 수술 로봇 산업의 변화 모습은 IP DATA 분석 결과에서도 확인할 수 있다.

2. 수술 로봇 기술의 특허 분석

2.1 기술의 분류

지능형 로봇 표준포럼 의료 로봇 분과위원회는 의료 로봇을 '의료기기로 사용하기 위한 로봇 또는 로봇 장치(Robot or a Robotic Device Intended to be Used as a Medical Device)'로 정의하고 그 종류를 크게 수술 로봇, 수술 시뮬레이터, 재활 로봇, 기타 의료 로봇으로 나누고 있다. 특히, 수술 로봇은 수술의 전 과정 또는 일부를 의사 대신 또는 함께 작업하는 로봇으로서 단순 보조 기능을 넘어서 의사를 대신하거나 의사가 직접 할 수 없는 부분까지 해결할 수 있도록 도와준다. 이러한 수술 로봇의 핵심 기술은 크게 로봇의 설계 및 평가 기술, 로봇 및 통합시스템 제어기술, 센서 응용 및 의료영상 처리기술, 인허가를 위한 임상시험 계획 기술, 인허가 획득 기술 등이 있다. 또한 최근에는 수술시스템 무인화를 목표로 자율 수술 로봇에 대한 연구, 혈관속에서 진단 및 치료를 진행하는 마이크로 로봇, 그리고 원격 진료를 가능케하는 로봇들도 함께 연구되고 있다.

수술 로봇은 〈표 8-1〉과 같이 기술의 특징에 따라 복강경, 정형외과, 마이크로 수술 로봇으로 나눌 수 있다. 복강경 로봇은 일반적으로 내과 수술을 수행하는 로봇으로서 최소침습수술(MIS) 로봇이라고 불린다. 즉, 복강경 환부에 구멍을 뚫고 수술용 카메라와 로봇용 팔을 삽입한 후 의사가 원격 조정하거나 직 · 간접적으로 수술에 참여하는 형태의 수술 로봇이다. 주요 Player로는 Da Vinci 수술 시스템(Intuitive Surgical Inc, 미국)이 있다. 정형외과 수술 로봇은 환자의 손상된 관절에 인공 삽입하기에 앞서 CT 등 3D 영상을 기반으로 컴퓨터로 세워진 설계를 해주고 뼈를 자동 · 반자동 깎아주어 척추와 관련된 디스크 등과 관련된 수술을 도와주는 수술 로봇이다. 마지막으로, 마이크로 수술 로봇은 약물 전달, 수술, 치료를 위해 혈관이나 뇌 등 쉽고 작은 조직 내로 마이크로 로봇을 이동시키는 기술을 의미하고 수술 로봇에 대한 정의를 〈표 8-2〉와 같이 정의하였다. 그리고 지난 10년간 출원된 특허 데이터들을 간략히 분석하여 우선, 특허 수 변화, 국가별 특징 등 특허 트렌드를 확인하고 기술별 포트폴리오를 분석하여 기술에 대한 이해를 도울 것이다. 이후, 기술별

〈표 8-1〉 수술용 자동화, 로봇 의료기기 기술 분류(특허청, 2012)

대분류	중분류	소분류
수술용 자동화, 로봇 의료기기	로봇 수술기기	복강경
		정형외과
		마이크로 로봇

Top Player들과 Top Player들의 혁신성을 분석하고 수술 로봇 기술 혁신 패턴을 확인하기 위해 PAVITT의 관점에서 산업의 변화를 살펴볼 것이다.

〈표 8-2〉 특허 분석을 위한 의료 로봇 기술 분류 및 정의

대분류	중분류	소분류	내용
의료 로봇	수술 로봇	복강경 수술 로봇	최소침습수술(MIS) 로봇이라고도 하며, 환부에 여러 개의 구멍을 뚫은 뒤 수술용 카메라와 로봇 팔을 삽입한 후 콘솔에서 의사가 원격 조종하거나 직·간접적으로 수술에 참여
		정형외과 수술 로봇	환자의 손상된 관절에 인공 관절을 삽입하기에 앞서 CT 데이터 등을 기반으로 3D 영상을 이용하여 컴퓨터로 세워진 수술 설계에 따라 뼈를 자동·반자동으로 깎는 로봇 기술
		마이크로 로봇	약물전달, 수술, 치료를 위해 혈관이나 뇌 등 손상되기 쉽고 작은 조직 내로 마이크로 나노 로봇을 이동시키는 기술

2.2 수술 로봇 기술 이해

수술 로봇 관련 의료 로봇 관련 전 세계 공개·등록 특허 동향은 2010년 이후로 절대적인 수가 꾸준히 증가하고 있는 것을 볼 수 있다([그림 8-1]). 복강경 기술이 수술 로봇의 절대적 수치 비율을 차지하고, 마이크로 로봇 기술은 최근 빠르게 성장하고 있다. 또한, 지난 10년간 주요 시장국에서 출원된 총 특허 수를 살펴보면 미국이 가장 많은 특허를 출원하고 있음을 알 수 있다. 주요 시장국 들의 기술별 특징을 살펴보면 수술 로봇 기술의 성숙기에 있는 복강경, 정형외과에서는 미국이 가장 많은 특허를 출원했지만, 아직 초기 단계의 기술 수준의 마이크로 로봇 기술에서는 중국이 상대적으로 기술 개발을 활발히 하고 있다(〈표 8-3〉).

[그림 8-1] 수술 로봇 기술별 출원 트렌드

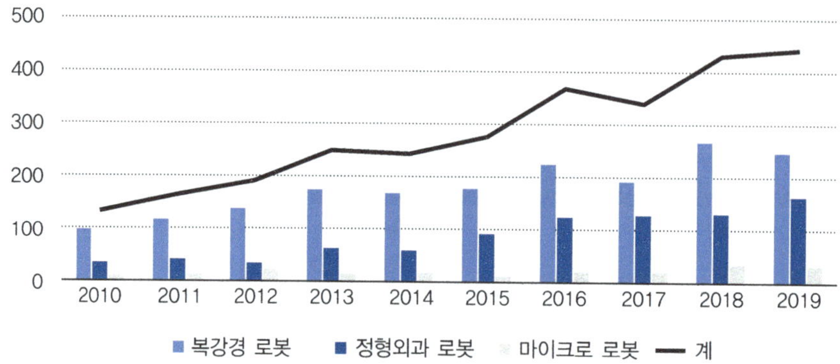

〈표 8-3〉 수술 로봇 기술 국가별 출원 특허 총 수(2010~2019년)

	복강경	정형외과	마이크로	계
미국	919	345	28	1,292
중국	267	241	92	600
한국	78	40	38	156
유럽	54	24	4	82
일본	62	9	6	77

특허 맵 분석을 통하면 기술별로 집중하고 있는 부분을 확인할 수 있고, 이를 통해 기술별 포트폴리오를 확인할 수 있다([그림 8-2]). 첫 번째로, 복강경 로봇은 Master-slaver 구조의 시스템적 메커니즘과 의사 대신 수술을 이행하는 로봇 팔, 로봇의 눈이라고 할 수 있는 내시경과 디스플레이 기술이 상호 간에 연관되어 복강경 수술 로봇에 대한 기술 포트폴리오를 구성하고 이들을 중심으로 기술 개발이 이루어지고 있다. 정형외과 로봇은 척추, 뼈와 관련된 수술 기술과 척추 등에 정확한 철심을 박을 수 있도록 하는 수술 기술과 컨트롤을 도와주는 이미징 기술, 축을 계산을 도와주는 SW 기술 중심으로 포트폴리오

를 구성하고 있음을 알 수 있다. 마지막으로, 마이크 · 나노 기술은 자기장과 관련된 기술과 혈관을 통해 마이크로 로봇이 돌아다닐 수 있도록 하는 기술, 암 치료와 관련된 기술들 중심으로 포트폴리오를 구성하고 있다.

[그림 8-2] 수술 로봇 기술별 특허 맵

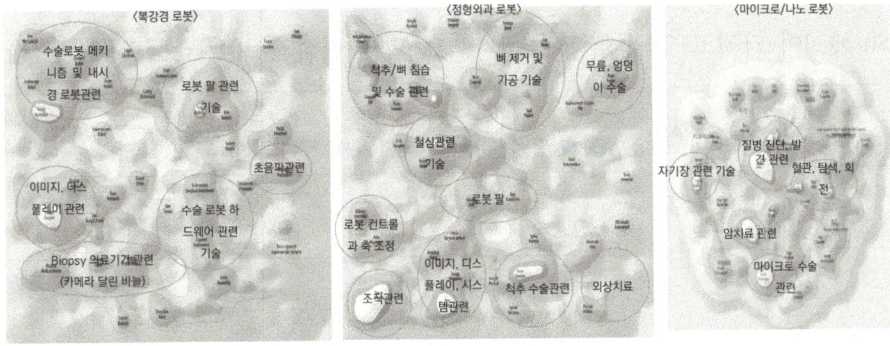

[그림 8-3] 수술 로봇 기술별 형태

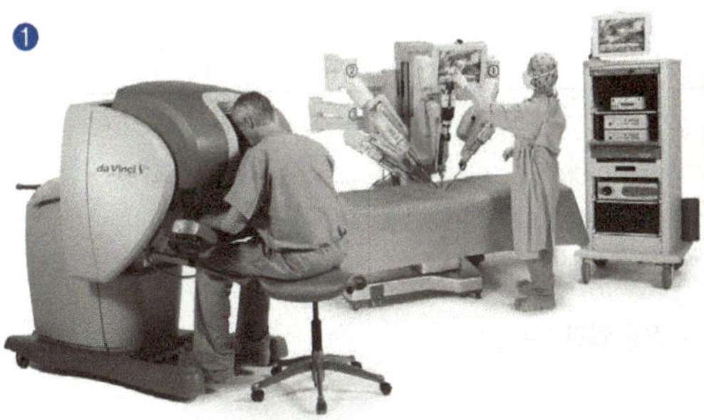

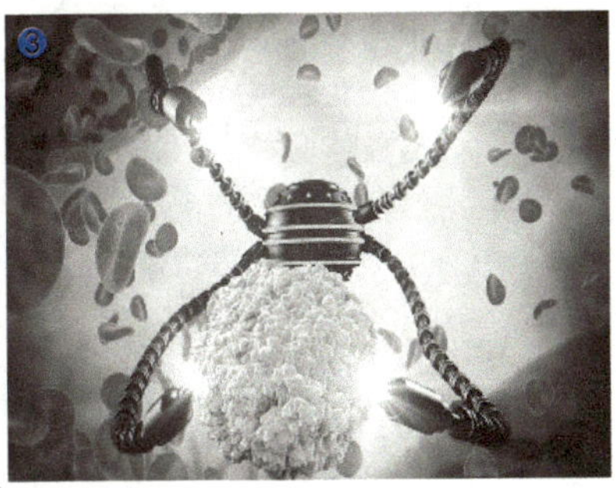

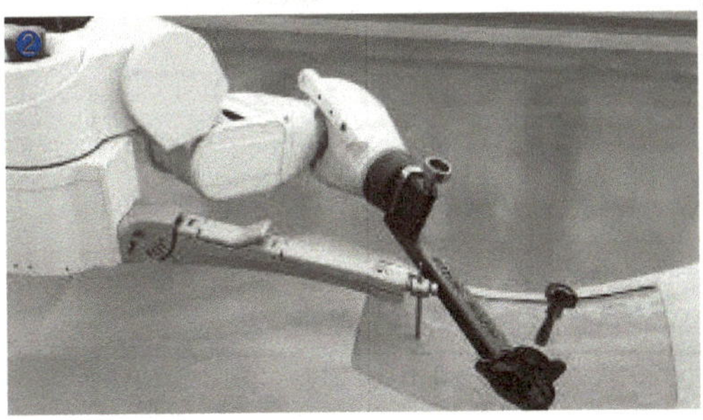

❶ 복강경 로봇 ❸ 마이크로 수술 로봇
❷ 정형외과 로봇(MAZO)

출처 : ❶ "수술용 로봇에 필요한 모션은?–다빈치 수술 로봇 시스템에 사용되는 맥슨모터", MFG, 2020.
❷ "2020 : Robots surgeons of Medtronic received Midas Rex drills for Mazor X", Tadvisor, 2020.
❸ "초소형 로봇의 시대가 오고 있다", 삼성디스플레이 뉴스룸, 2018.

2.3 기술별 주요 Top Player

2010년부터 중복을 제외한 연도별 등록된 특허 수 변화를 살펴보면 2010년대 초에는 Intuitive Surgical이 복강경 수술 로봇 기술을 주도하고 있는 모습을 볼 수 있다([그림 8-4], 〈표 8-4〉). 하지만, 복강경 수술 로봇 관련 Intuitive Surgical이 가지고 있던 핵심 특허가 만료되는 시점인 2016년 전·후부터는

[그림 8-4] 수술 로봇 기술별 Top Player별 특허 트렌드(2010~2019년)

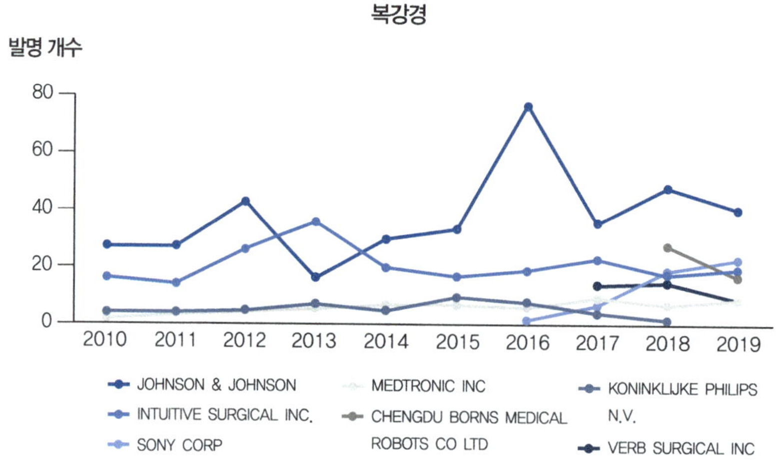

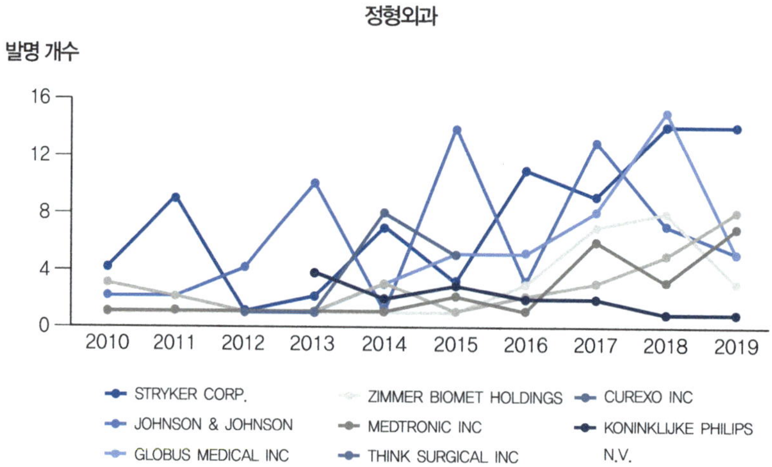

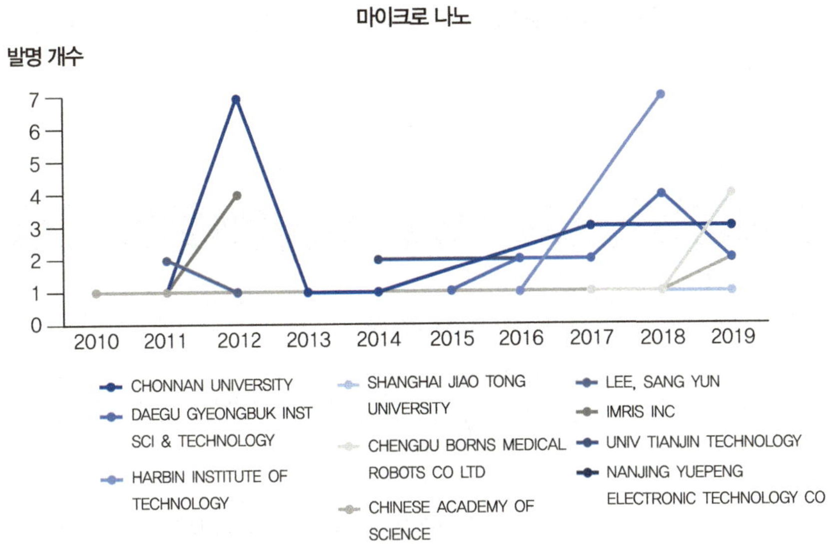

Intuitive Surgical이 기술 트렌드를 주도하는 모습이 아닌 다른 모습을 보여주고 있다. 다른 기업들이 수술 로봇 시장에 뛰어 들어 기술 경쟁이 심화되고 Ethicon, Auris Surgical 등을 인수한 J&J이 기술 경쟁에서 우위를 가져가는 모습을 보이고 있다. Da Vinci 수술 시스템으로 지난 20년간 독과점 시장을 누렸던 Intuitive Surgical은 수술 로봇 시장에서 핵심 특허 기술 만료와 디지털 기술의 진보로 새로운 도전을 맞고 다른 국면이 진행되고 있는 것이 특허 데이터 흐름에도 그 경향이 뚜렷이 나타난다. 추가적으로, 최소침습수술 기술을 이용한 복강경 수술 로봇이 전체 수술 로봇 특허 수의 대부분 차지 하는 모습에서 수술 로봇 전체 시장과 기술 트렌드를 이끌고 가는 모습을 볼 수 있다. 하지만, 정형외과 수술 로봇 Hip Joint(인공 관절 삽입) 수술 기술을 활용한 외과용 로봇은 활용 목적이 다르다. 따라서 복강경 로봇과 다른 Player들이 시장을 차지하고 있는 모습을 보여준다. 외과형 수술 로봇과 관련된 주요 Player로는 Mako 로봇을 보유하고 있는 Stryker와 Medtronic, 그리고 Globus Medical이 있다. 마이크로 나노 수술 로봇은 아직 Early Stage 단계로서 전남대학교(한국),

하얼빈공업대학교 등 상용화보다는 학계에서 기술 개발이 이루어지고 있는 모습을 볼 수 있다([그림 8-4], <표 8-4>).

<표 8-4> 수술 로봇 기술별 Top Player별 특허 트렌드(2010 ~ 2019년)

구분	모기업	출원 기업	특허 수
복강경	J&J	ETHICON INC	236
	Initutive	INTUITIVE SURGICAL INC.	221
	J&J	ETHICON ENDO-SURGERY INC	108
	J&J	AURIS SURGICAL ROBOTICS INC	75
	SONY	SONY CORP	51
	CHENGDU	CHENGDU BORNS MEDICAL ROBOTS CO LTD	43
	Medtronic	COVIDIEN PLC KON	41
	Philips	INKLIJKE PHILIPS N.V.	40
	J&J	VERB SURGICAL INC	34
정형외과	Stryker	MAKO SURGICAL CORP	54
	Globus	GLOBUS MEDICAL INC	42
	J&J	ETHICON INC	23
	Curexo	THINK SURGICAL INC	22
	Curexo	CUREXO INC	15
	Stryker	STRYKER CORP.	14
	P Tech	P TECH LLC	14
	Medtronic	MEDTRONIC INC	14
	Philips	KONINKLIJKE PHILIPS N.V.	14
	Zimmer	ZIMMER HOLDINGS INC.	13
마이크로 나노		CHONNAN UNIVERSITY	18
		DAEGU GYEONGBUK INST SCI & TECHNOLOGY	11
		HARBIN INSTITUTE OF TECHNOLOGY	9
		SHANGHAI JIAO TONG UNIVERSITY	6

	CHENGDU BORNS MEDICAL ROBOTS CO LTD	6
	LEE, SANG YUN	5
	CHINESE ACADEMY OF SCIENCE	5
	UNIV TIANJIN TECHNOLOGY	4
	IMRIS INC	4
	NANJING YUEPENG ELECTRONIC	3

2.4 Top Player 기업들의 혁신성과 지식흡수 역량

주요 Player들의 혁신 역량을 분석하기 위해 주요 기업들의 특허 수, 특허 전방인용 수[1], 비특허 후방인용 수[2]를 이용하여 기업별 혁신 역량과 지식흡수 역량을 정의하고 비교 분석하였다(〈표 8-5〉). 특허 및 비특허의 전방인용과 후방인용 수를 통해서는 지식의 흐름과 파급효과 그리고 기업의 전략적 행동까지 확인할 수 있다. 해당 기업이 개발한 특허를 다른 특허에서 얼마나 인용하고 있는가를 의미하는 전방인용 수는 많으면 많을수록 해당 기업이 핵심적인 특허를 개발하여 다른 기술에 영향을 많이 끼쳤다는 것을 의미한다. 따라서 그 수가 많을수록 혁신성이 높다고 정의하였다. 비특허의 후방인용 수는 각 기업의 등록한 특허들이 비특허(과학간행물, 도서 등)를 많이 활용하고 있다는 것을 의미한다. 즉, 비특허의 후방인용 수가 많다는 것은 해당 기업들이 등록한 특허들이 비특허의 과학적 지식을 많이 받아들이고 있는 가를 의미하고, 이를 본 저자는 지식흡수 역량이라고 정의하였다. 따라서 혁신 역량을 Y축, 지식흡수 역량을 X축으로 두고 각 기업들을 사사분면에 점으로 나타내었다.

---

1. 후속 특허들이 해당 기업이 발명한 선행 특허를 인용한 수를 의미함.
2. 논문, 책 등 비특허를 인용한 선행 특허의 수를 의미함.

이를 통해, 주요 기업들이 가지고 있는 누적된 역량과 현황에 대해 상대적 비교를 하였다([그림 8 - 5]).

〈표 8-5〉 Top player별 혁신성 & 지식흡수 역량 비교 분석

메인 기술	국가	출원 기업	특허 수	혁신 역량	지식흡수 역량
복강경	미국	ETHICON INC	215	154.30	16.03
	미국	INTUITIVE SURGICAL INC.	215	69.14	26.13
	미국	ETHICON ENDO-SURGERY INC	75	47.43	3.84
	미국	AURIS SURGICAL ROBOTICS INC	73	161.07	17.64
	일본	SONY CORP	47	0.23	0.15
	중국	CHENGDU BORNS MEDICAL	43	0.14	0
정형외과	미국	MAKO SURGICAL CORP	54	15.20	1.93
	미국	GLOBUS MEDICAL INC	42	9.07	0.6
	미국	STRYKER CORP.	14	10.36	14.43
	미국	MEDTRONIC INC	14	19.14	1.5
	한국	THINK SURGICAL INC	22	5.05	1.09
	한국	CUREXO INC	14	6.36	4.57
마이크로 나노	중국	CHONNAN UNIVERSITY	18	2.11	2.11
	한국	DAEGU GYEONGBUK	11	0.45	0.45
	중국	HARBIN INSTITUTE OF TECHNOLOGY	9	0.44	4.78
	중국	SHANGHAI JIAO TONG UNIVERSITY	6	1.50	0.33
	미국	JOHNS HOPKINS UNIVERSITY	3	53.33	22.33

[그림 8-5] Top player별 혁신성 & 지식흡수 역량 비교 분석 차트

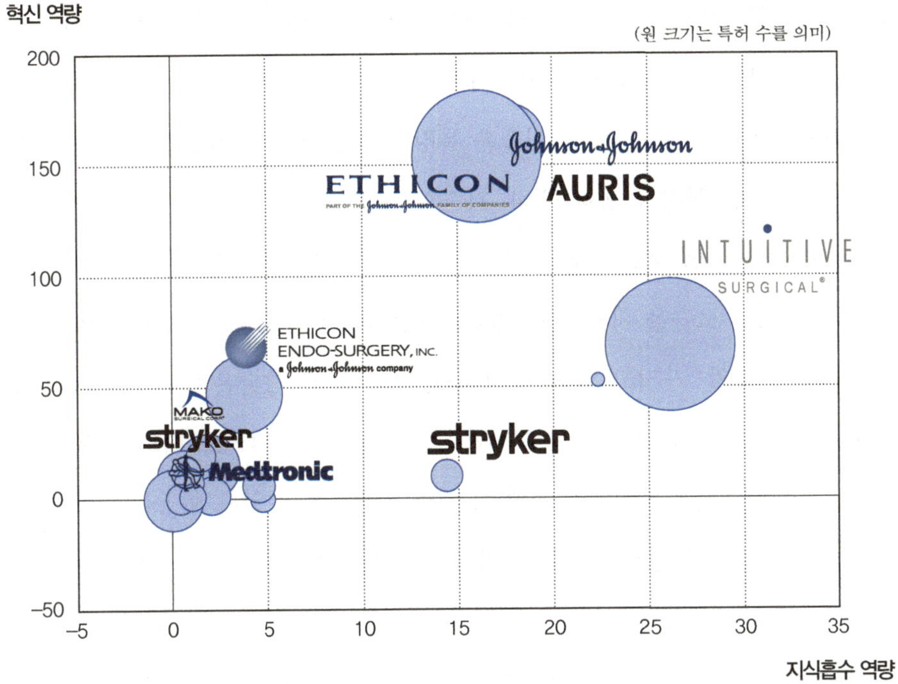

기업의 혁신성 지표(Y축)

= 출원한 특허의 전방인용 수/해당 기업의 전체 특허 수

기업의 지식흡수 역량 지표(X축)

= 비특허의 후방인용 수/해당 기업의 전체 특허 수

우선 주요 기술 분류별로 혁신성과 지식흡수 역량에 대해 살펴보면 수술 로봇 기술의 핵심 트렌드이자 주요 시장인 복강경 수술 로봇의 주요 Top Player(Ethicon, Auris, Intuitive Surgical)가 높은 혁신 역량과 지식흡수 역량을 가지고 수술 로봇 기술 혁신을 이끌고 있다고 할 수 있다. 정형외과 수술 로봇 기술에서는 Top Player인 Stryker(Mako)와 Medtronic이 상대적으로 높은 혁신성

과 지식흡수 역량을 보여주고 있다. 상대적으로 마이크로 나노 수술 로봇 기술의 혁신 역량과 지식흡수 역량이 낮고 대부분 기업이 아닌 대학교들이 Top player로 Early stage 단계에서 기술 개발이 이루어지고 있음을 알 수 있다.

앞서 보다시피 수술 로봇 기술은 복강경 수술 로봇 Player들이 높은 혁신성과 지식흡수 역량을 통해 전체 기술과 시장을 리딩하고 있다. 특히, J&J (Ethicon, Auris)와 Intuitive Surgical이 높은 기술 역량을 가지고 다른 Player들을 압도하고 있는 모습을 확인할 수 있다. 반면에 상대적으로 낮은 혁신 역량 및 지식흡수 역량을 가지고 있는 정형외과 수술 로봇 기술은 Stryker(MAKO)와 Medtronic이 이끌어 가고 있는 모습을 볼 수 있다. 마이크로 나노 수술 로봇 기술은 대학교나 연구소의 Player들이 기술을 리딩하고 있으며, Johns Hopkins 대학교가 높은 혁신성과 지식흡수 역량을 보여주고 있다.

3. 수술 로봇 산업 및 혁신 패턴 분석

3.1 수술 로봇 기술 산업의 거시적 환경 분석

2000년 최소침습수술 기법과 Master-Slave 원격 조종 기술을 기반으로 하고 있는 Da Vinci 시스템(Intuitive Surgical)은 당시 수술 로봇 시장의 패러다임을 바꾸고 수술 로봇 기술의 표준이 되고 시장을 독점 지배하였다. 하지만 앞서 IP 분석 결과에서도 볼 수 있듯이 2016년 핵심 특허 만료 이후 시점부터 다른 기업들의 시장 진입과 더불어 치열한 기술 경쟁이 시작되었다. 하지만, 생명을 다루고 FDA 승인 등이 필요한 규제 산업으로 구매자보다는 공급자의 협상력이 높은 산업이다. 즉, 공급자의 기술력과 혁신성에 의해서 시장이 좌우되고 진입장벽이 높다. 이는 복강경 수술 로봇 및 정형외과 수술 로봇 모두 몇 개의 의료기기 제조 기업이 독과점 형태로 시장과 기술을 지배하고 높은 가격대를 형성하고 있다는 면에서 알 수 있다. 하지만 수술 로봇도 디지털 기술을 기반으로 하고 있기 때문에 디지털 플랫폼 기업인 구글과 같은 IT 기업들의 시장 진입 기회를 엿보고 있다. 대표적인 예로, Google이 J&J와 JV 형태로 공

[그림 8-6] 디지털 기술을 기반한 차세대 수술 로봇(Auris Health, Verb Surgical)

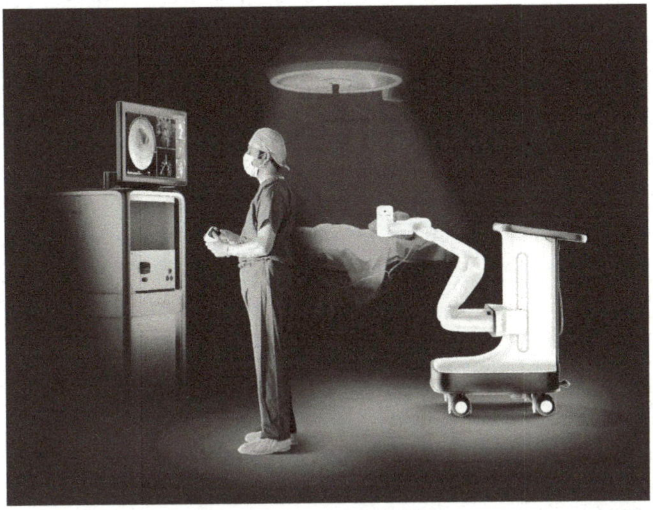

(a) Auris Health 대표 모델

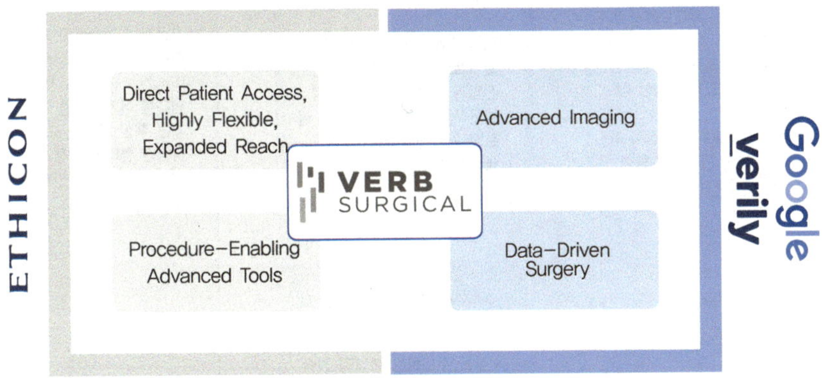

(b) Verb Surgical–Surgery 4.0

출처 : 1) "Ottava surgical assistant robot finally unveiled by Johnson & Johnson", The Robot Report, 2020.
2) "Democratizing Surgery : What Verb Surgical is Creating", 2016, ormankheeb.medium.com

동 설립하였던 Verb Surgical은 Data-Driven 기반의 Surgery 4.0을 제안하였다. 또한, 컨트롤이 용이한 로봇 컨셉의 Auris Health는 또 한 차원 진보된 로봇 시스템을 개발하는 등 디지털 기술을 기반한 새로운 대체제들의 시도는 계속되고 있다([그림 8-6]). 하지만 무엇보다 기존 의료기기 시장에서 강자인 J&J, Medtronic, Stryker 등이 자본력을 앞세워 수술 로봇 시장 선점을 위한 공격적인 M&A를 진행하여 기존 수술 로봇 시장의 지배자인 Intuitive Surgical을 계속해서 위협하고 경쟁이 심화되고 있는 양상을 띄고 있다([그림 8-7]).

[그림 8-7] 수술 로봇 거시 환경 분석(마이클 포터 5 Force 분석)

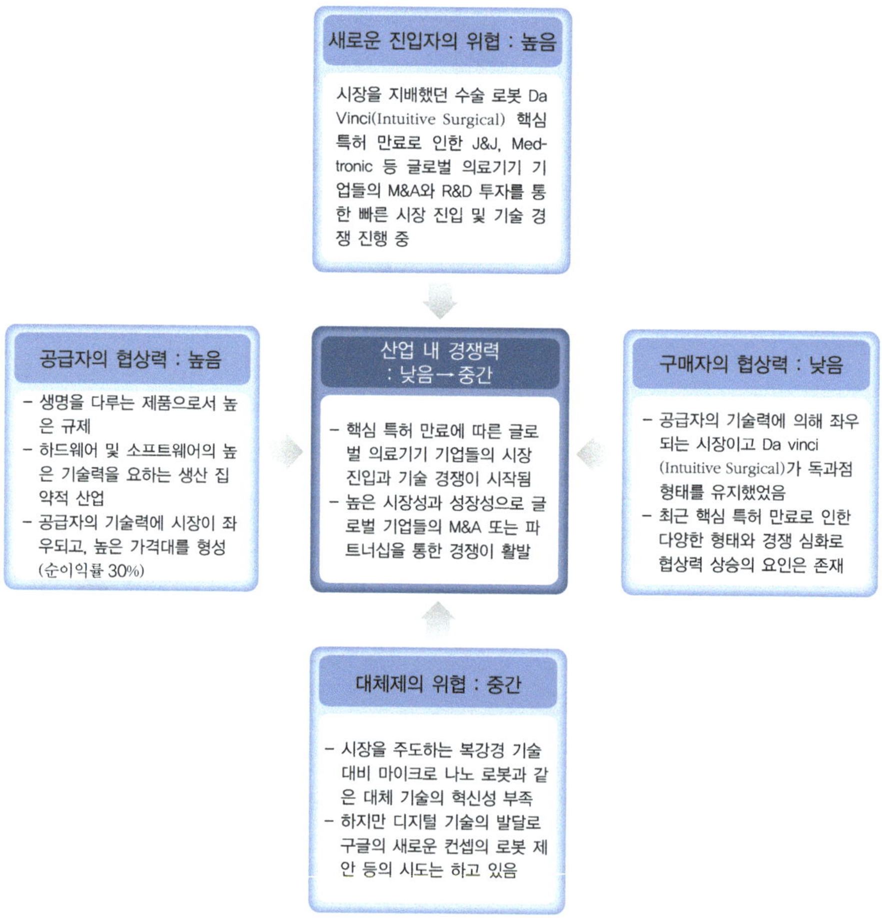

3.2 수술 로봇 기술 혁신 패턴 분석

모든 산업이 내부에서 R&D 활동을 통해서만 기술 혁신을 가져오고 그 혁신이 시장으로 확산되는 형태를 지니는 것은 아니고, 반대로 외부 조직과의 협력과 M&A를 통해서만 새로운 혁신을 가져오거나 시장과 산업을 변화시킬 수 있는 것도 아니다(Pavitt, 1984). 결국 산업별로 그 형태가 다르게 나타나고 이는 당시의 시장 상황과 기술 트렌드의 변화에 따라 동적으로 변할 것이다. 따라서 과거부터 꾸준히 산업별 혁신 과정의 차이점과 혁신 패턴의 다양성에 대해서는 꾸준히 연구되어 왔다.

본 저자는 IP Data에 기반하여 앞서 디지털 기술의 진보 핵심 특허 만료에 따라 기술 트렌드, 그리고 주요 기업들의 전략적 변화를 살펴보았다. 또한, 거시 환경 분석을 진행했다. 앞서 분석한 내용을 종합해 마지막으로 기술 혁신 패턴의 동적인 변화를 Pavitt의 분류법에 따라 보여주고자 한다. 우선, IP 분석 결과에서도 볼 수 있듯이 핵심 주요 특허들의 만료되는 시점(2014~2016년)에 따라 산업과 Top Player들의 변화가 나타나는 특징을 보이고 있다. 따라서 마지막으로 Pavitt의 관점에서 수술 로봇의 과거 시점(2000~2015)과 현재 시점(2016~현재) 비교에서 혁신 패턴의 변화를 찾을 것이다.

Pavitt의 산업별 혁신 패턴론은 공급자지배 산업, 과학 기반 산업, 생산집약적 산업으로 분류할 수 있고, 공급자지배 산업에서는 공급 업체와 연관성 그리고 생산집약적 산업에서는 고객과의 연결고리, 과학 기반 산업에서는 대학과 관계가 각각 혁신에 기여한다는 것을 보였다. 생산집약적 산업 중 규모집약적 대기업 혁신의 원천은 내부 생산 기술과 R&D 역량이며, 전문 공급자와 상호 작용을 통해 획득한 외부지식을 활용한다. 또한, 공급자지배 산업은 외부지식 활용, 과학 기반 산업은 새로운 지식 창출이 이루어지는 반면 생산

집약적 산업은 새로운 지식 창출과 외부지식이 모두 활용되는 산업이다. 특히 생산집약적 산업은 외부지식의 도입·구입과 생산 학습뿐만 아니라 수요자-공급자 간의 공동 개발을 통해 새로운 지식을 창출한다. 또한, 다른 연구들에서는 대학·연구기관 기술 연계가 과학 기반 산업뿐만 아니라 생산집약적 산업으로 확산되고 있음을 보이기도 하였다.

[그림 8-8] 산업부문 간 주요 지식 연계(PAVITT, 1984)

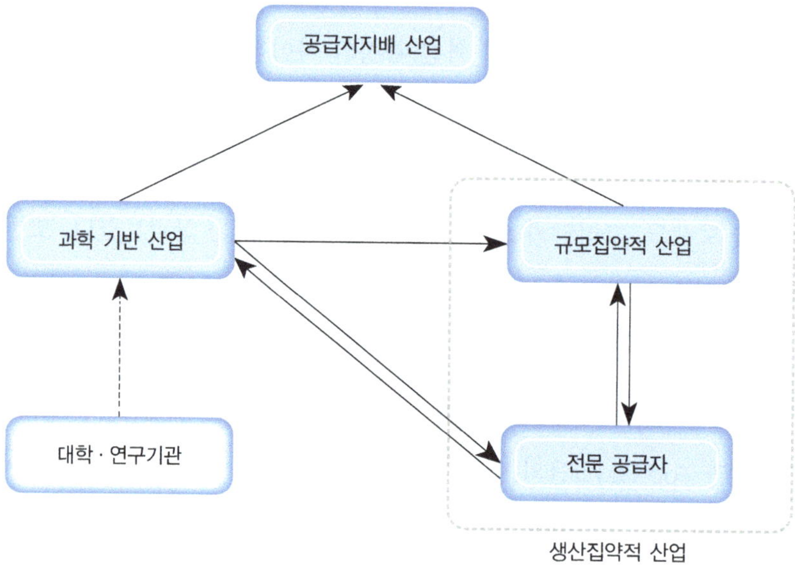

수술 로봇 기술의 경우 Da Vinci 시스템 등장 이후 핵심특허가 만료되는 시점 전, 과거(2000~2015년)와 그 이후 시점, 현재(2016년~현재) 모두 Pavitt(1984)의 관점에서 소수의 기업이 혁신 공정기술을 자체 보유하고 시장과 산업의 혁신을 유발하는 생산집약적 산업 중심의 혁신 패턴을 보여준다. 하지만 과거와 현재는 생산집약적 산업이라는 테두리 안에서 수요자-공급자 간 공동 개발을 넘어 수요자가 전문 공급자 인수를 통한 경쟁력 강화, 과학 기반 산업(디지털 산업)이 전문 공급자로 혁신 지식 흐름이 강화된다는 면에서 그

패턴의 차이점을 보인다. 과거에는 전문 공급자가 설계부터 장비 제조까지 전문 지식을 자체적으로 보유하고 규모집약적 대기업이 전문 공급자와의 공동개발한 위주라면, 현재에는 전문 공급자와 JV 설립 및 M&A 등 다양한 방면을 통해 외부지식을 획득한다. 추가적으로 앞서 분석한 Top Player들의 혁신 역량과 지식흡수 역량에서 알 수 있듯이([그림 8-5]), 소수의 주요 기업 J&J와 Intuitive Surgical이 생산집약적 독과점 시장의 혁신을 이끌고 있다. 하지만, 마이크로 나노 로봇의 경우에는 독자적으로 대학 · 연구기관을 통해 자체적으로 기술 개발하며 수술 로봇 기술 시장에 또 다른 과학지식을 유입시키고 있는 모습을 보이고 있다([그림 8-9]).

[그림 8-9] 수술 로봇 혁신 패턴 과거 vs 현재(Pavitt)

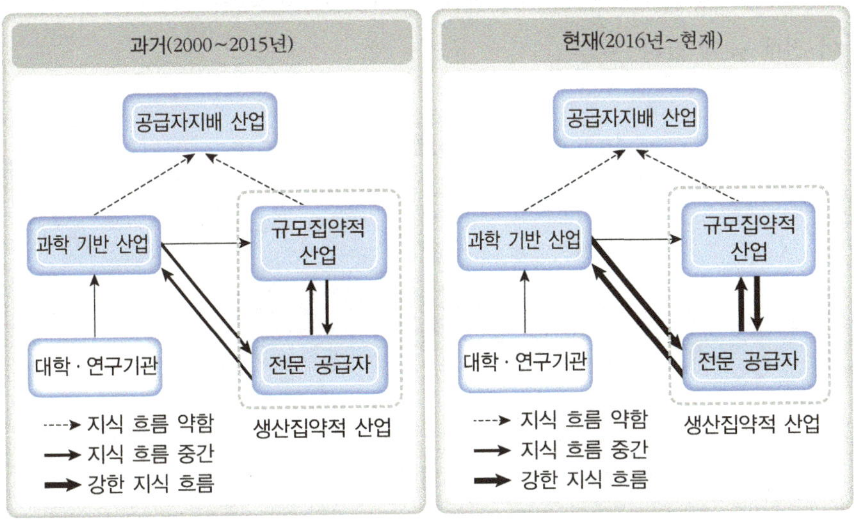

결국 수술 로봇 산업에 있어서 과거와 현재의 가장 큰 혁신 패턴의 변화는 디지털 기술의 혁신적인 진보와 핵심 특허 만료에 따른 소수 독점 자본 기업들의 M&A 전략이라고 할 수 있다. Da Vinci 시스템으로 수술 로봇 시장의 독점을 누리던 Institutive Surgical에 J&J가 자본력과 의료기기 생산 역량을 앞세

워 혁신 스타트업 Auris를 인수하거나 Google과 JV를 설립하는 등 수술 로봇과 관련된 디지털 기술을 외부에서 전략적으로 흡수하는 등 과학 기반 산업의 디지털 기술들로부터 지식 흐름을 과거 대비 강화시켜 새로운 혁신 패턴을 만들어 내고 있다. 이는 특허맵 분석에서도 명확히 드러난다([그림 8 - 10]). 추가적으로 정형외과 수술 로봇 기술의 경우 의료기기 분야 글로벌 자본력을 가진 Stryker와 MEDTRONIC도 MAKO와 MAZO X 인수 등을 통해 수술 로봇 포트폴리오를 확대하면서 산업 자체의 경쟁이 심화되고 있는 모습을 보이고 있다. 이들 또한 디지털 기술을 기반으로 하고 있기 때문에 외부의 진보된 디지털 기술의 로봇 산업 영향력과 Player들의 전략적 접근은 더욱 커질 것으로 예상된다. 마이크로 나노 수술 로봇의 경우 아직 과거와 같이 초기 단계이지만, 그 가능성과 디지털 기술의 진보로 대학 · 연구기관 중심으로 기술이 꾸준히 개발이 진행 중에 있다.

[그림 8 - 10] J&J의 특허전략(특허맵 분석)

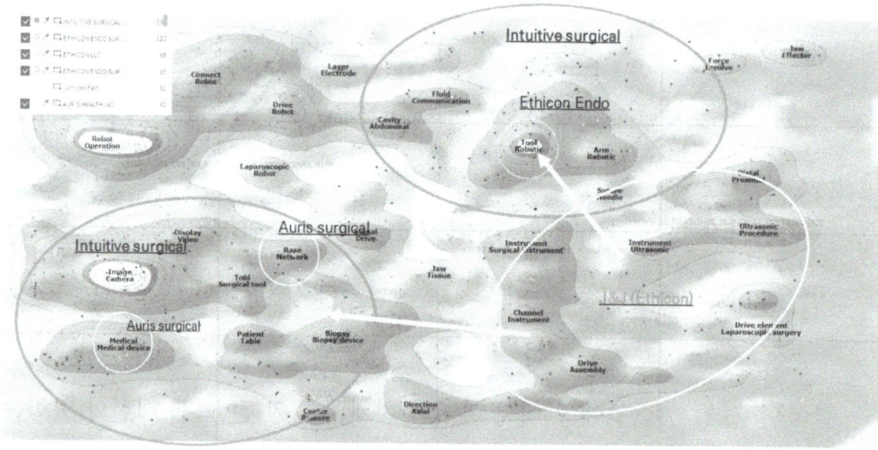

4. 분석 시사점

한 산업의 기업들은 COVID-19, 미 · 중 무역전쟁, 새로운 경쟁 기업의 등장 또는 성장 등 예측 불가능한 불확실한 상황 속에서 생존을 위해 노력하고 있다. 또한 기술 혁신의 속도는 더욱 빨라지고 산업 간 경계도 허물어지면서 기업들은 지속적인 R&D를 통한 기업들의 핵심 역량 및 포트폴리오 강화는 생존에 필수불가결한 요소이다. 효율적인 R&D 투자를 위해서 내부적으로 기술개발을 하는 것뿐만 아니라 대학 · 연구기관의 협력 및 M&A 등 외부 기술을 내재화하는 것 또한 중요하다. 이를 위해서는 IP Data를 기반으로 산업의 혁신 패턴과 지식의 흐름을 동적으로 이해하고 기업에 맞는 전략적 접근을 하는 것이 필요하다.

과거 최소침습수술과 Master-Slave 구조의 Da Vinci 시스템을 만든 Intuitive Surgical은 수술 로봇 시장의 패러다임을 바꾸고 표준화되면서 시장을 독점 형태로 지배하였다. 높은 진입장벽과 규제의 복잡성 등으로 인해 외부의 기술보다는 내부의 R&D 역량 강화만으로도 시장과 기술 트렌드를 이끌어 갈 수 있었다. 하지만 핵심 특허 만료뿐만 아니라 AI, Bigdata 분석 등 디지털 기술이 중요해지고 구글과 같은 디지털 플랫폼 기업들이 산업 경계를 허물기 시작했다. 더 나아가 2016년 국가 차원에서 다양한 기술 개발 프로젝트에 착수하고 2억 1,500만 달러를 정밀 의료 이니셔티브에 투자하여 시장이 점차 확장(2020년 67억 달러 → 2025년 118억 달러 수준 성장)되면서 다양한 글로벌 기업들이 기술 경쟁에 본격적으로 뛰어들어 경쟁이 심화되고 있다. 특히, 최소침습수술 기술을 가지고 있던 의료기기 전문기업인 J&J는 Google과 JV 설립 및 지분 확보, 수술 로봇 Auris 혁신 스타트업 인수 등 디지털 기술과 외부 기술 흡수를 통해 Intutive Surgical 독점 시장에 본격적인 경쟁을 이어가고 있다. 또한 의료기기 전문 글로벌 기업인 Stryker의 MAKO 인수와 Medtronic의 MAZO 등 정형외과 수술 로봇 중심으로 관련 기업들을 인수하면서 수술 로봇 시장 경쟁에 뛰어 들고 있다. 앞으로 수술 로봇 기술 경쟁 속에서 어떤 기업이 또 다른 혁신을 가져올지 지켜볼 필요가 있다.

[참고문헌]

로봇신문, "2025년 수술용 로봇 시장, 118억 달러 규모로 성장", 장길수, 2020. 3. 21.

바이오타임즈, "'푸마560' 이후 35년 로봇 수술이 꿈꾸는 미래는", 염현주, 2021. 6. 25.

식품의약품안전평가원, 『신개념 의료기기 전망 분석 보고서』, 진한엠앤비, 2017. 2.

이방래, 「의료용 로봇-의료기기 FDA 인증과 시장 진입 진일보 방안」, 『KISITI MARKET REPORT』, VoL. 2, Issue 10 , 2016.

이병주, 김경훈, 「수술 로봇 기술 동향과 산업전망」, VOL 17-3, ISSUE 4, 한국산업기술평가관리원, 2017. 11.

이병주, 「인간 친화형 서비스 로봇 발전 방향-수술로봇」, 『Technology & Innovation』, Special Issue 02, 2018. 7.

임정선, 「수술로봇 의료기기의 시장기술 동향 및 향후 사업전략」, 기술혁신분석센터, KIST, 2015.

「특허기술 동향조사 보고서-중재시술 및 수술용 자동화/로봇 의료기기」, 특허청, 2012. 7.

「특허 분석을 통한 산업기술분야 메가트랜드」, 한국기술평가관리원, 2012.

홍장표, 김은영, 「한국 제조업 산업별 기술혁신패턴 분석」, 『기술혁신연구』 17권 2호, 2008.

Environment Programme, Emission Group Report-2017, 2017.

9장

기술 수용 주기로 본 AR 산업 동향

—메타버스 구현의 핵심 엔진, 증강현실(AR) 기술

최형기(인벤티지랩)

1. 증강현실?
2. AR 시장 전망
3. AR 기술의 현재
4. AR 기술 수용도 분석
5. AR 기술 어디로 가고 있나?

출처 : 플리커

날로 발전하는 증강현실의 기술 혁신 추이와

시장 성장에 따른 주요 기업들 간의 치열한 경쟁 동향은 어떠한가?

2016년 7월 AR(Augmented Reality, 증강현실) 기술을 이용한 블록버스터급 게임인 실시간 모바일 증강현실 게임 '포켓몬 GO'가 출시되면서 전 세계는 AR 기술에 열광했다. 포켓몬이라는 게임 속에 갇혀 있던 세계관이 현실에서 구현되면서 너도나도 스마트폰을 들고 도심 속에 숨어 있는 포켓몬을 찾기 위해 열심히 뛰어다녀 사람들의 건강이 좋아질 것이라는 우스갯소리도 생겼다. '포켓몬 GO'가 이렇게 전 세계적으로 폭발적인 성공을 할 수 있었던 이유는 포켓몬이라는 우수한 콘텐츠의 영향도 있지만, 게임의 공간을 현실로 끌어들여 현실과 가상 공간의 경계를 없앤 매력이 있었기 때문이다.

▲ 포켓몬 GO 로고 및 게임 장면
(출처 : 헤럴드경제, 포켓몬 고향 日, 뒤늦게 '포켓몬 고' 공식출시, 2016, https://pokemongolive.com/)

'포켓몬 GO'의 성공 이후 2018년까지 AR과 VR(Virtual Reality, 가상현실)이 당장 세상을 변화시킬 수 있을 것처럼, 그리고 마치 앞으로 우리가 살고 있는 현실을 AR이나 VR이 대체할 것처럼 언론과 소셜 미디어를 통해 소개됐으며, 벤처 투자 업계뿐 아니라 주식시장에서도 AR, VR 관련 업체들의 주가가 기하급수적으로 상승하는 시기가 이어졌다. 그러나 시간이 지나면 지날수록 여러 제약들과 한계로 인해 갑작스레 대중과 시장의 관심도가 급격히 줄어들면서 관심 있는 소수를 제외하고 대중에게 잊혀가는 기술로 여겨졌다. 그리고 2021년 메타버스라는 이름으로 소개된 AR은 다시 한번 대중화를 위한 기회를 엿보고 있다.

본 장에서는 하이프 사이클과 기술 수용 주기 이론을 통해 과거부터 현재까지의 AR 기술 산업을 분석하고자 한다. 그리고 이를 통해 2022년, 성장의 기점에 선 AR 산업이 향후 성장을 위해 필요한 요소가 무엇인지 알아보고 기술 발전의 방향을 전망해 보고자 한다.

1. 증강현실?

AR은 XR(Extended Reality, 확장현실)의 한 기술로, XR 기술은 AR 외에도 MR(Mixed Reality, 혼합 현실) 기술 및 VR 기술을 포함한다.

이 중 AR 기술은 스마트폰, 태블릿 PC 또는 안경 형태 등의 기기를 통해 보이는 현실의 이미지에 가상의 부가 정보를 실시간으로 덧붙여 향상된 현실을 보여주는 기술을 뜻한다. 예를 들면 AR 글라스를 착용할 경우 쇼핑을 하면서 현재 보고 있는 식자재나 의류의 정보 및 가격을 볼 수 있거나 밤하늘을 올려다 볼 때 별자리 정보를 볼 수 있도록 밤하늘이라는 현실 정보에 별자리라는 가상의 정보를 덧붙여 유저 경험을 강화하는 기술이다.

마이크로소프트 등 글로벌 IT 기업을 중심으로 AR 기술을 MR 기술로 혼용하여 사용하기도 하는데 이는 MR 기술이 AR 기술을 포함하는 더 확장된 개념이기 때문이다. 1994년 폴 밀그럼 교수가 MR을 "가상성 연속체의 극단 사이

[그림 9-1] 밀그램의 현실-가상 연속체 이론을 통한 개념 분류

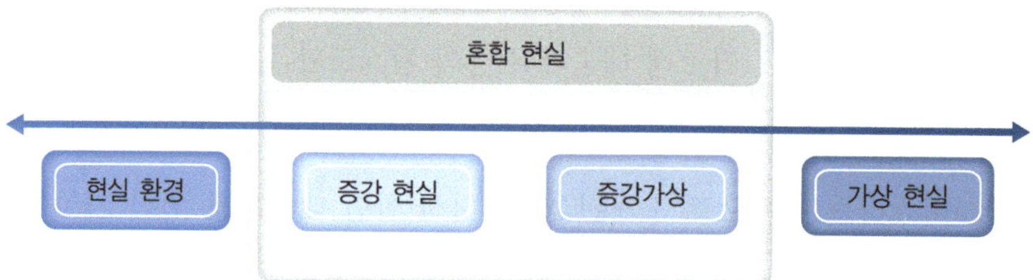

출처 : 삼성증권

에 있는 어딘가"로 지칭하였으며 현실 환경과 가상 환경 사이의 모든 환경을 MR로 표현했다([그림 9-1]).

본 장에서는 MR뿐 아니라 AR과 다른 개념인 AV(증강가상, Augmented Virtuality) 등 개념을 구분하기가 어려우며 최근에는 단어가 포괄적으로 혼용되어 사용되고 있는 점을 고려하여 AR로 통칭하여 사용하기로 한다.

2. AR 시장 전망

AR 산업은 기술 및 시장의 복잡성 때문에 기관마다 굉장히 다른 전망을 내놓고 있지만, 향후 10년간 급격하게 성장할 것이라는 의견이 공통적이다. PWC에 따르면 2019년 330억 달러였던 AR 시장이 2030년에는 1조 924억 달러로 약 10년간 33배로 증가한다고 전망하였는데, 이는 AR을 PC와 모바일을 잇는 신규 플랫폼 중 하나로 판단하였기 때문이다([그림 9-2]).

[그림 9-2] AR · VR 관련 시장 전망

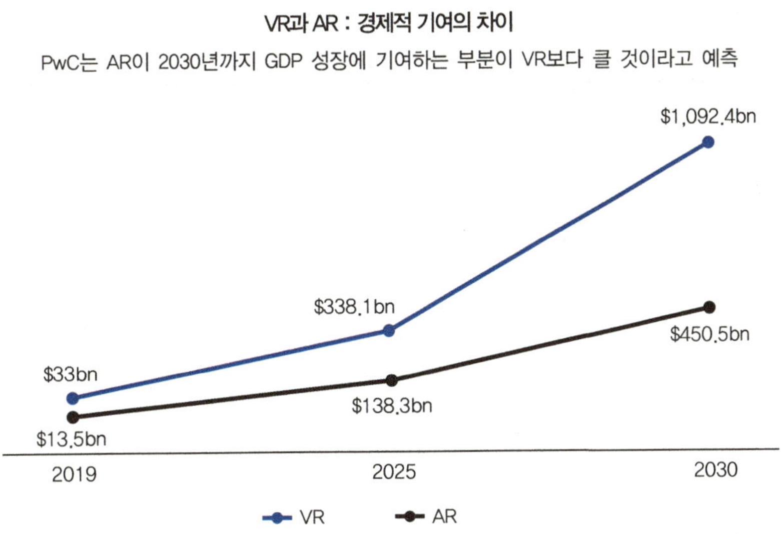

출처 : Top 4 Insights You Need to Know about AR & VR in 202, Marvin XR, 2021.

또한 2025년 이후에는 현재 AR 산업의 주류를 이루고 있는 소수의 게임 및 엔터테인먼트 위주의 콘텐츠뿐 아니라 제품 및 서비스 개발, 의료 및 헬스케어 등 다양한 산업계 수요를 근간으로 성장할 것으로 예상된다(〈표 9-1〉).

〈표 9-1〉 AR 기술 주요 활용 분야별 내용 및 시장 전망

(단위 : 십억 달러)

활용 분야	활용 내용 및 예시	2030년
제품 및 서비스 개발	- 제품 디자인과 개발 과정을 효율화하고 새로운 기술 적용 가능 - 자동차 산업 분야에서 VR · AR은 이미 보다 정확하고 현실적인 구상(concept) 창출을 가속화하여 제품 개발 파이프라인을 단축하고 상당한 시간과 비용 절감	359.4
의료 및 헬스케어	- 의대생과 외과 의사들을 훈련시키고 의사 결정과 대응 연습 - AR 글라스는 엑스레이를 환자의 몸에 겹쳐 놓고 의사의 시야를 확보해 환자의 검사 결과와 데이터를 한 눈에 확인 가능	350.9
교육 및 훈련	- VR · AR 기술은 실용적이거나 안전하지 않은 곳에서 일하는 직원들을 실제 세계에서 교육할 수 있는 방법을 제공	294.2
공정 개선	- 프로세스의 효율성, 생산성, 정확도를 향상시키는 혁신적 방법 - 엔지니어 및 기술자는 VR · AR 인터페이스를 사용하여 신속하게 수리 및 유지 · 보수 수행, 물류 부문에서는 스마트 안경에 작업자의 선별 정보를 표시하고 위치를 강조 표시	275.0
소비재 및 유통	- VR · AR은 영화, 게임, 소매 분야에서 소비자와 관계를 맺고 즐거움을 주며 소통하는 혁신적인 방법을 제공 - 특히 게임은 이미 많은 사람들이 VR · AR을 경험한 분야	204.0

출처 : PWC(2019), 정보통신정책연구원 요약.

3. AR 기술의 현재

3.1 AR의 시작

AR 기술의 시작은 1901년까지 거슬러 올라간다. 『오즈의 마법사』 원작자로 유명한 라이언 프랭크 바움(Lyman Frank Baum)이라는 작가가 현실 세계를 비춘 영상에 사람이 만든 데이터를 덧붙여 표시하는 '캐릭터 마커'라는 아이디어를 제안한 바 있다. 이후 1968년에는 컴퓨터 그래픽 기술의 선구자로 알려진 이반 에드워드 서덜랜드(Ivan Edward Sutherland)가 개발한 HMD가 첫 AR 디바이스로 전투기 조종사가 사용하는 헬멧처럼 눈 앞에 설치된 렌즈에 다양한 정보를 표시할 수 있는 것이 특징이었다.

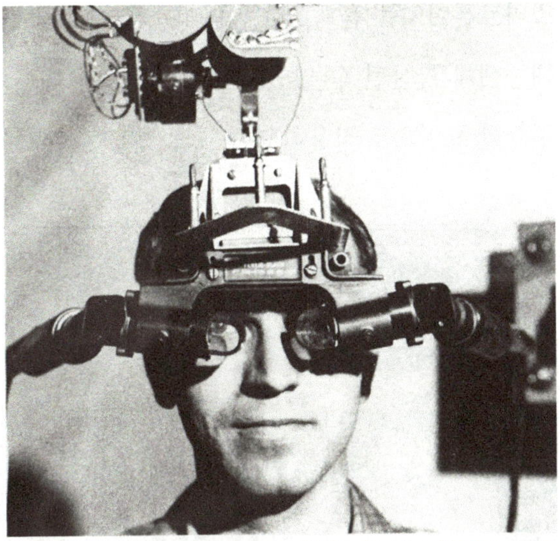

▲ 이반 에드워드 서덜랜드가 개발한 첫 AR 디바이스(1968, 출처 : A brief history of Augmented Reality, 2019, www.medium.com)

AR이라는 말이 처음 등장하게 된 것은 1990년으로 보잉의 연구자였던 톰 카우델(Tom Caudell)이 최초로 AR을 언급하면서 세상에 알려지게 되었다. 이렇듯 AR 기술은 이름은 다르지만 여러 형태로 대학이나 연구기관, 정부 등을 중심으로 연구가 지속되어 왔다.

AR 기술이 실제로 대중에게 널리 알려진 것은 카메라와 대형 화면이 결합된 아이폰이라는 스마트폰이 빠르게 시장 점유율을 확대하고 있던 2009년, 아이폰을 이용한 Social AR 애플리케이션이었던 Sekai Camera가 대히트를 치면서 대중이 실제로 AR 기술을 사용해 보면서부터이다. Sekai Camera는 스마트폰을 통해 현실 공간에 '에어 태그'라고 불리는 디지털 포스트잇을 붙여 다른 사람을 위한 리뷰를 남기거나 유저 자신의 정보를 남기는 등 공간 중심의 AR 애플리케이션으로 당시에는 굉장히 혁신적인 서비스로 평가되었으나 현재는 서비스가 종료되었다. 이렇게 AR이라는 기술은 크고 무거웠던 기기의 한계를 스마트폰이라는 콤팩트한 디바이스를 이용해 구현이 가능하게 되면서 빠르게 대중에게 확산될 수 있었으며, AR 기술의 대중화에 대한 기대감이 커지게 된 주요한 요인으로 작용하였다.

▲ Sekai Camera 실제 구동 모습(출처 : TechCrunch)

3.2 벤처 투자, AR 개화의 시작

3.2.1 3개의 투자 물결

산업의 성장성을 판단하기 위해서 주로 초기 투자자인 벤처캐피탈의 투자 금액 및 추이를 활용하는데, 이는 아직 초기 시장으로 리스크가 극대화되어있는 시장 상황에서 벤처 투자자들이 향후에 기대되는 시장성과 수익성을 주요 지표로 투자 의사결정을 내리기 때문이다. 따라서 초기 시장에서의 벤처 투자 금액은 시장의 성장성을 파악해 볼 수 있는 좋은 지표가 될 수 있다.

Sekai Camera 이후 2014년부터 마이크로소프트, 구글 등과 같은 대형 IT 대기업 및 Venture Capital(VC)을 중심으로 AR 기술 및 콘텐츠에 대한 자본 투자가 본격적으로 시작되었는데, 특히 2012년 구글이 출시한 AR 디바이스인 구글 글라스로 인해 AR 상용화에 대한 기대감이 극대화되면서 투자의 양상은 더 공격적으로 바뀌었다. 정보통신기술진흥센터는 2014~2017년까지 AR 및 VR 산업의 투자는 세 개의 물결이 일어난 것으로 아래와 같이 분석하고 있다.

〈표 9-2〉 AR 및 VR 산업의 3개의 투자 물결 특징

시기		특징
첫 번째 투자 물결	**2014. 4Q ~2015. 4Q**	VR · AR 분야에 특화된 초기 VC 다수 등장 - 인텔과 퀄컴 등 반도체 업체의 CVC가 VR 및 AR 분야의 하드웨어 스타트업에 적극적 투자 - 인텔 : AR 글래스 2곳에 투자 및 인수 - 퀄컴 : 3D 캡처 업체 투자 및 매직리프 투자 - 초기 투자자의 적극적 투자(Y Combinator, 500 Startups) 및 인프라 지원 - 중국 및 일본도 투자 규모 확대
두 번째 투자 물결	**2016. 1Q ~2017. 2Q**	대형 VC의 투자 시작 - 2016년은 주요 VR HMD가 시장에 나온 해로 플랫폼으로서 투자의 기초가 갖추어졌다고 판단 - 주로 게임 및 소프트웨어 업체 투자 - 제약 요소(가격, 기술적 요소)로 인한 침체기 및 회의론
세 번째 투자 물결	**2017. 4Q ~2018. 3Q**	VR에서 AR로 투자 방향 전환 - 애플과 구글이 경쟁적으로 추진하는 AR용 콘텐츠 제작 환경인 모바일 AR 드라이브가 세 번째 물결의 주요 요인(애플 : AR Kit, 구글 : AR Core) - AR 특화 액셀러레이터 및 VC들이 출현

출처 : 정보통신기술진흥원 분석, 저자 정리.

약 3년간 AR 산업에서 세 번의 투자 물결이 약 1년씩의 간격을 두고 찾아왔는데 각 물결의 시발점은 '기술 상용화'라고 할 수 있다. 기술 상용화에 한

발짝씩 다가가는 이벤트가 모멘텀이 되어 투자금이 몰리는 현상이 지속되었다(〈표 9-2〉).

첫 번째 투자 물결의 경우 당시 오큘러스의 Head-mounted Display(HMD)인 오큘러스 리프트로 인한 VR의 상용화 가능성 및 페이스북의 오큘러스 인수 등으로 VR 산업이 각광받고 있던 시기였으며, 2014년 SONY의 Playstation VR 프로젝트(프로젝트 명 : 모피어스) 및 HMD가 성공적으로 소개되면서 VR뿐 아니라 AR 산업도 함께 투자금이 몰리게 되었다. 이때 전문적으로 AR · VR 초기 스타트업에 투자하는 유명 액셀러레이터 및 글로벌 IT 기업이 생겨나기 시작했다.

두 번째 투자 물결은 주요 HMD 제품의 라인업이 확대되던 시기이자 포켓몬 GO로 AR 기술이 성공적으로 서비스화 되어 널리 사용되게 된 시기로, 이러한 트렌드에 따라 주요 VC들이 적극적으로 투자에 나섰다. 이는 AR · VR 산업의 주요 인프라인 HMD의 개선 및 잇따른 출시로 투자의 기반이 갖추어졌다고 판단하였기 때문으로 이 시기에는 게임 및 소프트웨어 업체 투자가 주로 이루어졌다.

세 번째 투자 물결은 아이러니하게도 한창 투자가 이루어졌던 VR 산업에 대한 회의론 때문에 이루어졌는데, 이때 구글과 애플의 AR 기술 경쟁으로 인해 주요 투자자의 초점도 AR 산업으로 전환되기 시작했다. VR의 HMD는 여전히 무거웠고 이를 작동시키기 위해 별도의 고사양의 PC가 필요하여 배보다 배꼽이 더 큰 상황이었으며, 저가형 HMD의 경우에도 낮은 LCD 품질로 인해 몰입감이 떨어지는 이슈 등 낮은 상품성으로 인해 VR의 상용화는 아직 시기상조라고 여겨졌다. 반면 AR은 AR 콘텐츠 개발 환경인 모바일 AR 드라이브가 출시되면서 기술 상용화에 점차 다가가는 것처럼 보였다.

정리하면, VR과 AR은 트렌드를 마치 공유하는 듯하나 첫 번째 물결의 경우 VR을 중심으로 산업이 성장하였고 두 번째 물결부터 본격적으로 AR 기술이 XR 산업에 기여한 것으로 볼 수 있다. 그리고 세 번째 물결부터는 VR의 상용화 부진으로 인해 AR로 그 투자의 방향성이 바뀌었는데, 이는 아래 그래프([그림 9-3])를 보면 투자 트렌드와 그 모멘텀을 보다 자세히 확인할 수 있다.

[그림 9-3] AR · VR 관련 투자 추이 및 3가지 물결

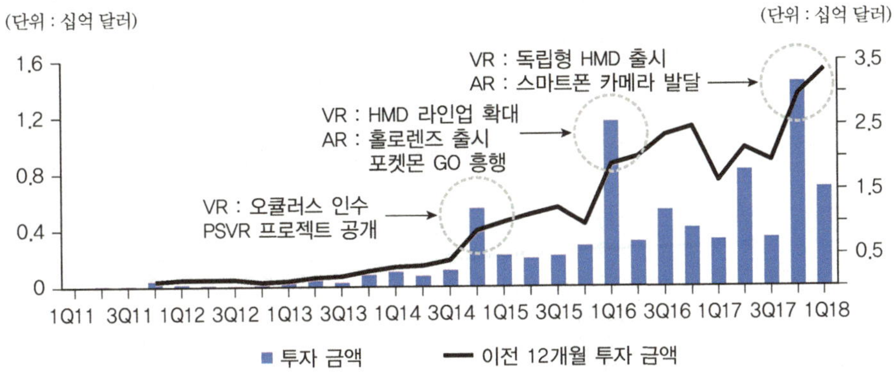

출처 : Digi Capital, 삼성증권.

그러나 이렇게 가파르게 성장하던 AR · VR 산업의 투자가 2018년 3분기를 정점으로 지속적으로 하향 추세를 그리면서 2020년 1분기에는 2015년 수준으로 투자 금액이 감소하며, AR 기술뿐 아니라 XR 기술 자체에 대한 회의론이 지배하게 되었다.

3.2.2 4번째 투자의 물결

두 해 연속 하향하던 투자자의 투자 심리는 2021년을 기점으로 다시 반등의 기회를 얻게 되었다. 바로 4번째 투자 물결이 시작된 것인데, 2021년 AR · VR 기술에 벤처캐피털의 투자 금액이 4.3조 원이 집행되면서 2019년 2

조 원, 2018년 1.9조 원에 머물렀던 투자금 대비 2배 이상의 투자가 집행되었다. 특히 페이스북이 사명을 '메타'로 변경했던 2021년 4분기에만 2021년 전체 투자 금액의 50% 수준인 2조 원이 집행되면서 다시 한번 AR · VR 기술에 대한 재평가가 이루어지게 되었는데, 실제 투자를 받고자 했던 실리콘밸리의 AR · VR 벤처 기업 관계자들에 따르면 이제까지 AR · VR 기술에 대해 비관적이던 투자자의 시선이 '메타버스'라는 용어가 트렌드가 되면서 급격히 투자 유치 국면의 전환이 이루어진 것으로 볼 수 있다([그림 9-4]).

[그림 9-4] AR · VR 벤처캐피털 투자 건수 및 금액

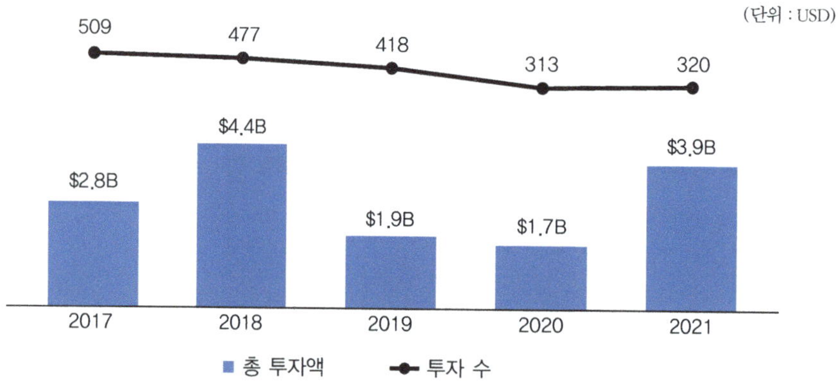

출처 : Crunchbase.

4번째 투자의 물결의 주요한 요인은 통신 기술의 발전과 하드웨어의 개선 및 COVID-19 펜데믹으로 정리할 수 있다. XR 기술을 구현하기 위해 필요한 대용량 데이터를 끊기지 않고 빠르게 전송할 수 있는 5G망이 전 세계적으로 구축되었고 와이파이6이 등장하였으며, VR에만 국한되기는 하지만 HMD의 스펙 향상 및 가격이 점차 내려오면서 기술이 과거에 비해 대중성을 갖추게 된 것이 주요했다. 또한 COVID-19 펜데믹이 장기화되고 사람들이 집에 있는

시간이 많아지면서 일상뿐 아니라 업무 공간으로의 가상공간에 대한 수요를 창출하면서 '메타버스' 열풍이 불기 시작한 것이 수요측 원인으로 분석될 수 있다.

그렇다면 2021년 초부터 메타버스 열풍으로 시작된 이 4번째 투자 물결은 여러 기관에서 전망한 것과 같이 빠르게 시장을 성장시킬 수 있는 모멘텀이 될 수 있을까? 아니면 제3의 투자 물결처럼 성장 추세가 꺾이고 다시 비관론이 우세한 환경이 되는 것일까?

4. AR 기술 수용도 분석

4.1 Gartner's Hype Cycle

이를 분석하기 위해 먼저 시장조사 기관인 Gartner의 Hype Cycle(이하 하이프 사이클) 분석을 통해 AR 기술의 사업화가 어디까지 진행이 되었는지를 확인해 보고자 한다.

하이프 사이클은 Gartner사에서 개발한 신생 기술의 수명 주기를 나타낸 그래프로, 기술 자체에 대한 분석보다는 기술의 상용화 및 사업화 수준을 나타내는 데에 초점이 맞춰져 있으며, 기술의 성숙도 및 수용도를 파악할 수 있다. 2,000여 개의 기술이 매년 수명주기가 업데이트되는데 기업에서는 하이프 사이클을 통해 기술전략 의사결정에 활용하기도 한다. 하이프 사이클은 크게 기술의 수명을 5단계로 나누어서 설명하였는데 단계별 특징은 〈표 9-3〉과 같다.

〈표 9-3〉 하이프 사이클 단계별 특징

구분	명칭	특징
1단계	발생기 (Innovation Trigger)	잠재적 기술이 관심을 받기 시작하는 시기로 초기 개념 증명 내용과 미디어의 관심이 대중화됨. 사용 가능한 제품이 아직까지 없으며 상용화 가능성이 증명되지 않은 상태
2단계	버블기 (Peak of Inflated Expectations)	초기 미디어의 관심이 일부의 성공적 사례와 다수의 실패 사례를 양산하여 일부 기업은 실제 사업에 착수하지만 대부분의 기업들은 관망
3단계	환멸기 (Trough of Disillusionment)	실험 및 구현이 결과물을 내놓는 데 실패함에 따라 관심이 시들해지고, 기술 생산자들과 제품화를 시도한 주체들은 크게 쇄신하거나 실패함. 살아남은 생산자들이 소비자들을 만족시킬 만한 제품의 향상에 성공한 경우에만 투자가 지속
4단계	계몽기 (Slope of Enlightenment)	기술이 어떻게 기업에 이익을 줄 수 있는지에 대한 사례가 더 많이 구체화되고 널리 이해되기 시작함. 2~3세대 제품들이 출시되고 더 많은 기업들이 사업에 투자하기 시작함. 보수적인 기업들은 여전히 유보적임
5단계	안정기 (Plateau of Productivity)	기술이 시장의 주류로 자리 잡기 시작함. 사업자의 생존 가능성을 평가하기 위한 기준이 명확해짐. 기술의 폭넓은 시장 적용성과 관련성이 명확함

출처 : 박유현, 「가트너 "부상하는 기술을 위한 Hype Cycle"의 정량적 분석」, 2018.

[그림 9-5]는 wikitude에서 정리한 하이프 사이클상에서 AR 기술의 위치를 시간 흐름대로 표기한 그래프로, AR 기술의 대중의 관심은 2005년부터 시작된 것을 볼 수 있다. 2단계의 버블기는 2010~2011년 사이, 가장 최근인 2018년은 3단계의 바닥을 치고 올라오는 지점에 위치하고 있다.

가트너는 2018년까지 AR 기술이 환멸기 단계에 있다고 분석하였는데, 성숙기로 가기 위해서는 5~10년 정도의 시간이 걸릴 것으로 예상하였다. 이는 위에서 언급한 AR 기술의 투자 금액에서도 환멸기 단계의 특징을 그대로 나타내는 것을 확인할 수 있다.

환멸기 단계에서는 기술의 미래 시장성에 확신을 가진 소수의 기업만 투

[그림 9-5] 하이프 사이클상 AR 기술

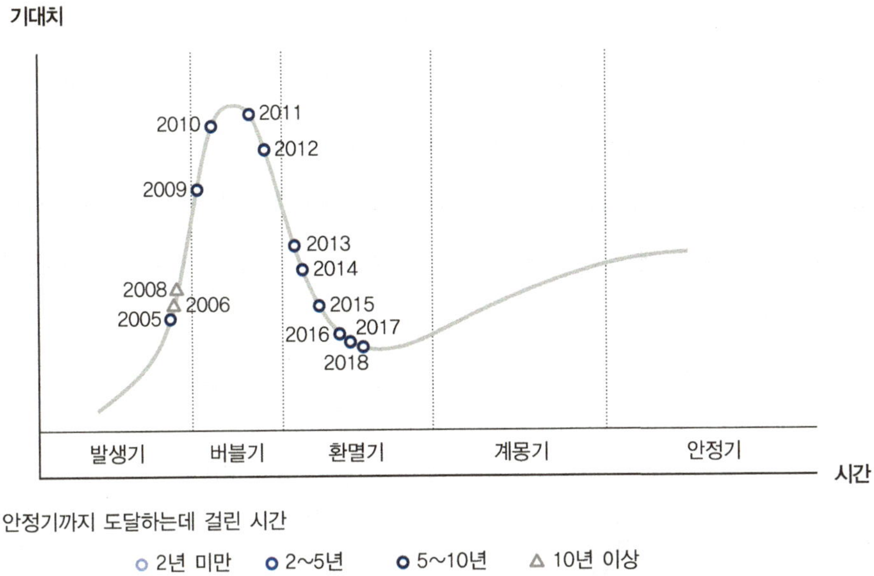

출처 : wikitude.

자를 이어가게 되는데, 벤처캐피털의 경우에도 이 소수 기업에 집중하여 투자하는 양상을 보인다. AR 기술이 환멸기 단계를 지나고 있던 2014년에서 2019년까지 AR · VR 기술을 개발하고 있는 스타트업에 대한 누적 투자 금액 가운데 54.9%가 5개 업체에 몰려 있다.

가장 많은 투자를 유치한 기업은 AR · MR 기술을 개발하고 있는 매직리프로 2021년 12월까지 31억 달러를 투자 받은 것으로 알려져 있다. 매직리프 외에도 2~4위 업체가 게임 개발 엔진 플랫폼 기업이고 5위가 포켓몬 GO의 개발 업체인 Niantic으로 아직은 대중화를 위한 콘텐츠 또는 엔터테인먼트 개발사 등의 투자보다는 기술 상용화를 위한 HMD 및 소프트웨어 중심의 기업에 투자되고 있다.

4.2 하이프 사이클과 캐즘

기술 수용 주기는 사회학자 에버렛 로저스(Evette Rogers)가 혁신 기술을 수용하는 데 걸리는 시간에 따라 소비자를 5개의 군으로 나누어 시각화한 자료로, IT 기술 컨설턴트인 제프리 무어(Geoffrey Moore)가 기술 수용 주기에 캐즘 이론을 적용하여 현재 우리가 알고 있는 캐즘(Chasm) 이론이 탄생하게 되었다([그림 9-6]).

[그림 9-6] 기술 수용 주기와 캐즘

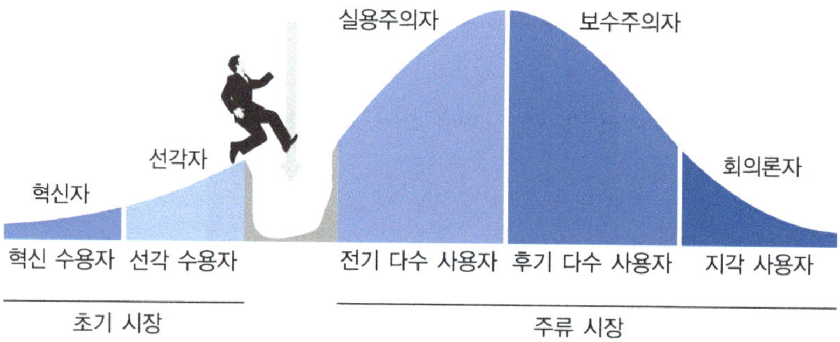

출처 : Business Insight, 인터비즈.

캐즘은 기술 수용 능력이 뛰어난 혁신자와 선각자로 구성된 초기 시장과 대중화의 시작인 실용성을 중시하는 실용주의자 사이에 일시적으로 수요가 정체하거나 후퇴하는 단절 현상을 뜻하는데, 기술이 주류 시장(Mainstream Market)까지 넘어가기 위해 꼭 넘어야 하는 구간이다. 새로운 학습이 필요하더라도 새로운 혁신 기술이 주는 편익을 취하고자 하는 수요가 높은 초기 시장과는 달리 주류 시장으로 가기 위해서는 기술의 고도화, 가격의 하락 그리고 새로운 기술을 대중에게 이해시키기 위한 마케팅 등 여러 요소들을 충족시키는 것이 필요하다. 그렇다면 AR 기술은 현재 캐즘의 터널에 빠져있는 것일까?

[그림 9-7]은 기술 수용 주기와 하이프 사이클을 함께 두고 분석한 그래프로, 하이프 사이클의 3단계인 환멸기가 기술 수명 주기의 캐즘 구간과 맞닥뜨려 있는 것을 볼 수 있다. 2018년 기준으로 AR 기술은 환멸기 중에서도 가장 기대치가 낮은 구간(그림 내 원으로 표기)을 지나고 있으며, 캐즘 구간을 지나고 있는 것으로 판단된다. 하이프 사이클의 3단계에서는 제품화에 실패하는 것이 3단계 진입의 주요 요인으로, 기대와 의구심을 한 몸에 받고 있던 매직리프의 Magic Leap One과 MS 홀로렌즈 1의 흥행 및 대중화가 실패하면서 캐즘에 빠진 것으로 분석할 수 있다. 또한 아직 콘텐츠 수급면에서도 AR을 이용한 게임이나 엔터테인먼트 콘텐츠 중 킬러 콘텐츠라고 할 수 있는 것이 미미하고 일부 산업에서만 사용되고 있어 대중화까지 추가 개발이 필요한 점들이 고려된 것으로 보인다.

[그림 9-7] 하이프 사이클과 기술 수명 주기 : AR 기술

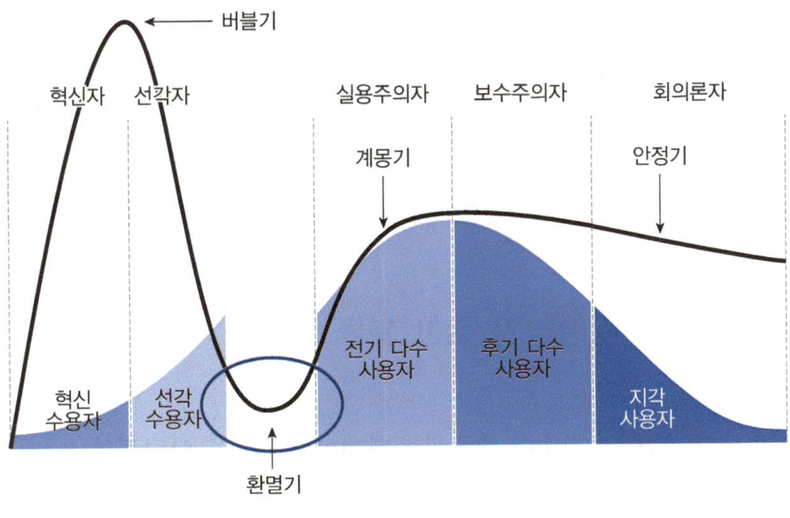

출처 : Graphic by Tetradian, based in part on works by Gartner, Rogers, and Wardley, 저자 수정.

실제로 AR · VR 기기 출하량은 2020년 기준 501만 대로 아직은 대중화가 되었다고 보기 어려운 수치이다. 스마트폰이 아이폰3G의 출시로 급격히 대중화되었던 2010년 기준 출하량은 약 2억 대이며, 닌텐도 게임 콘솔 Wii, Sony의 게임 콘솔인 플레이스테이션 등의 경우 출시 후 수천만~1억 대의 판매량을 보이는 것에 비해 아직 AR · VR 기술의 대중화를 논하기에는 시기상조로 보인다([그림 9-8]).

[그림 9-8] AR · VR 기기 출하량 추이 전망

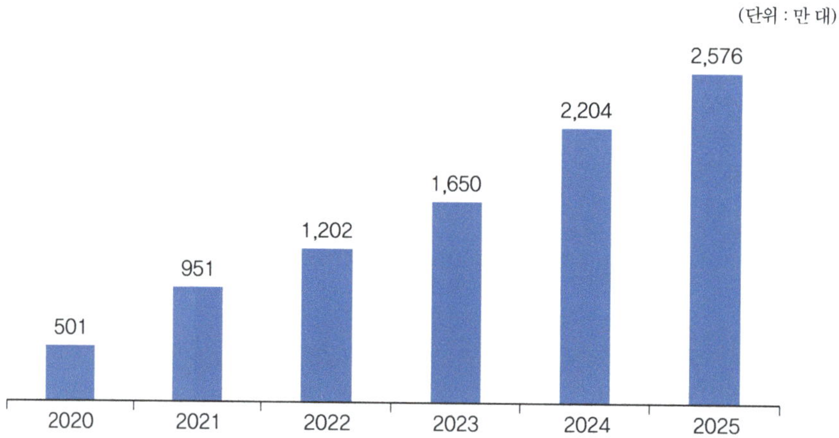

주 : 2021~2025년은 추정치.
출처 : TrendForce.

4.3 캐즘을 뛰어넘기 위한 분투

그렇다면 과연 AR 기술이 캐즘에서 빠져나와 하이프 사이클의 4단계인 계몽기로 진입하고 대중화의 시작인 주류 시장으로 진입할 수 있을까? 이를 AR 기술의 특허 동향 분석을 통해 전망해 보고자 한다.

4.3.1 AR 기술 공개 및 출원 특허 수

AR 기술의 공개 및 출원 특허는 매년 거듭할수록 빠르게 증가하고 있다. 특히 2011년부터 꾸준히 증가하다가 2016년부터 급격히 증가한 것을 확인해 볼 수 있는데, 특허 심사에 통상 1~3년 정도의 소요되는 것을 감안했을 시 2014~2015년 사이에 특허 출원 수도 빠르게 증가한 것을 확인할 수 있다.

[그림 9-9] AR 기술 공개 특허(상) 및 출원 특허(하) 추이

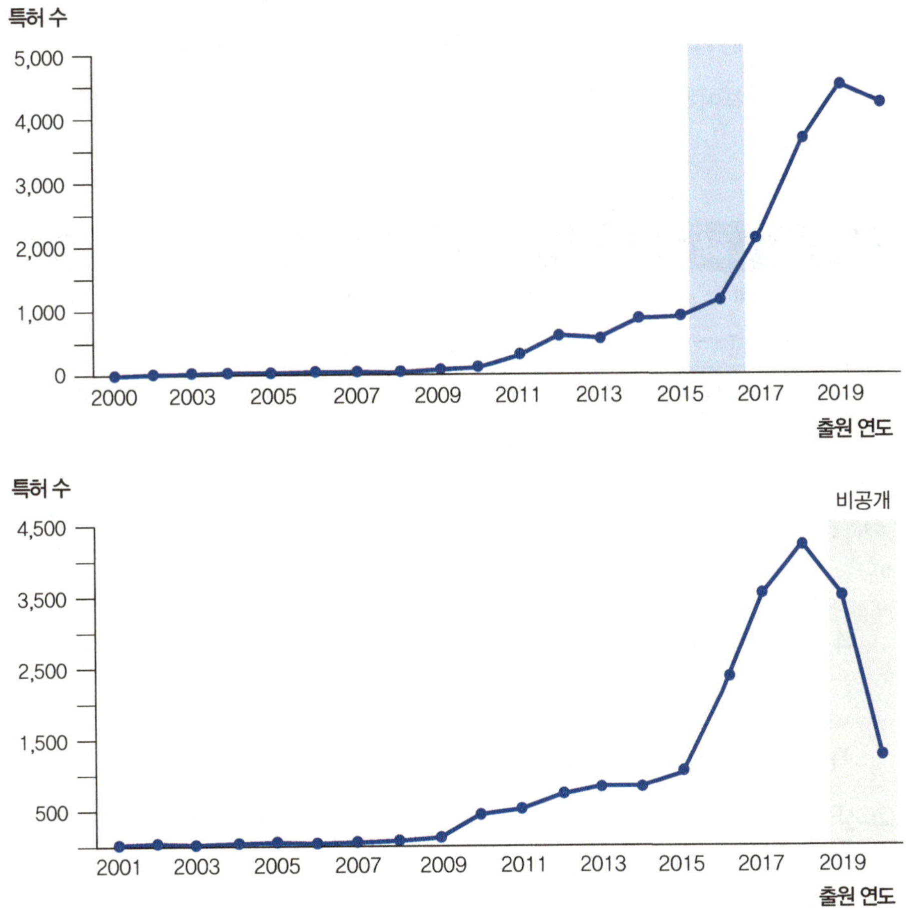

출처 : Clarivate's Derwent Innovation, DWPI/DPCI database.

이는 3개의 투자 물결과도 일치하는데 2014년에 시작된 첫 번째 투자 물결을 타고 벤처캐피털 및 글로벌 IT 기업의 AR 기술의 투자가 빠르게 증가한 것과 동일한 추이를 보이고 있는 것을 확인할 수 있다([그림 9-9]).

4.3.2 출원인

AR 기술은 주로 글로벌 IT 거대 기업을 중심으로 개발되고 있다. 특히 마이크로소프트가 가장 적극적으로 특허를 출원하고 있으며, 스타트업인 매직리프, 구글, 페이스북, 인텔, 국내 업체는 삼성전자와 LG가 다(多) 출원인으로 기술 개발에 참여하고 있다(〈표 9-4〉).

〈표 9-4〉 전 세계 TOP 10 출원인(등록 특허 기준)

순위	출원인	특허 수	순위	출원인	특허 수
1	Microsoft	558	6	Intel Corp	279
2	Huawei Tech	480	7	Google	245
3	Samsung Electronics	396	8	LG Electronics	244
4	Magie Leap	389	9	Amazon	242
5	Facebook	363	10	IBM	225

출처 : Clarivate's Derwent Innovation, DWPI/DPCI database.

4.3.3 주요 4개 기술 특허 현황

특허청에서는 AR을 구현하기 위해서 필요한 주요 기술을 ① 표현 기술, ② 상호작용 기술, ③ 저작 기술, ④ 객채인식 및 트레킹 기술로 구분하였다. 그중에서도 개발 난이도나 중요도 측면에서 가장 핵심 기술은 가상의 정보나 객체 모델링을 위한 렌더링 기술과 HMD가 주요 기술인 표현 기술로, 이 2개의 기술을 중심으로 특허 현황을 알아보고자 한다(〈표 9-5〉).

〈표 9-5〉 AR 구현을 위한 주요 기술

구분	설명	IPC 기준 특허 수
저작 기술 (렌더링 기술)	가상현실에서 가상 공간을 표현하며 증강현실에서는 가상의 정보 또는 객체 모델링에 활용되는 기술	5,028
표현 기술	시각, 청각, 촉감 등 인간의 감각을 이용한 사용자 인터페이스 기술, 대표적으로 HMD(Head-mounted display) 기술	3,297
상호작용 기술	가상공간 내에서의 조작 방법 혹은 증강현실에서 실제 공간 또는 객체의 조작을 위해 필요한 핵심 기술	3,235
객체인식 및 트레킹 기술	가상의 정보를 현실 공간에 정확히 표현하기 위해 관심 객체를 인지하고, 사용자의 시점을 정확히 계산하기 위해 필요한 기술	1,545

출처 : 특허청.

1) 렌더링 기술

AR의 핵심 기술인 렌더링 기술은 가상의 정보 등 AR 콘텐츠를 현실에 표현하기 위한 HW · SW 기술로, AR의 핵심 기술이며 등록 특허 추이는 전체 AR 특허 동향과 유사하다([그림 9-10]). 렌더링 특허에서 가장 특이한 점은 특허 수가 가장 많은 출원인이 글로벌 IT 기업이 아닌, 매직리프라는 스타트업이라는 점이다. 사실 매직리프는 AR HMD 개발을 목적으로 2010년에 설립되어 업력도 짧은 편에 속하지만, 모든 요소 기술의 특허 TOP 10 출원인에 포함되어 있는 유일한 스타트업이다. 매직리프는 위에서 언급한 바와 같이 설립 이후 대규모 투자를 지속적으로 유치하면서 AR 산업의 와일드 카드로 주목받았으나 2018년 출시한 HMD인 Magic Leap One이 MS의 홀로렌즈1 대비 판매량이 저조하고 흥행에 실패하면서 위기를 맞았다. 하지만 2020년부터 사업의 방향을 엔터프라이즈로 선회하고 CEO를 변경하는 등 구조조정에 성공하면서 2021년 추가로 5억 달러의 메가 딜을 유치하면서 다시 한번 그 성장성을 인정받았다.

[그림 9-10] 렌더링 기술 특허 TOP 10 출원인 및 특허 보유 수

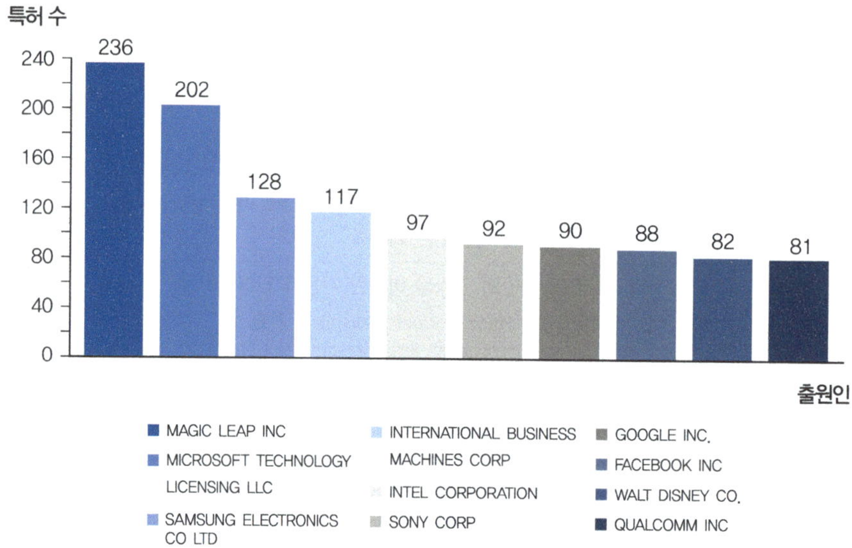

출처 : Clarivate's Derwent Innovation, DWPI/DPCI database.

▲ Magic Leap One 기술 구현 사례(출처 : 매직리프)

▲ 렌더링 기술 구현 사례(출처 : 매직리프)

매직리프는 직접 개발하고 있는 HMD에 가장 최적화된 AR 렌더링 기술을 적용하고자 하였으며, 이에 매직리프가 AR 렌더링 기술을 타 업체 대비 많은 특허를 보유하고 있는 것으로 파악된다. 동일한 이유로 마이크로소프트의 경우에도 렌더링 기술 특허 보유 순위 2위이며, VR 투자로 뒤늦게 AR HMD 개발에 나선 삼성전자가 3위를 하고 있는 것을 확인할 수 있다.

2) HMD 기술

AR 대중화의 핵심은 HMD 기술로, VR 기기와는 다르게 디스플레이, 컨트롤러, 트레킹 센서, 컴퓨팅 기능 등 4가지 요소가 모두 1개의 HMD에 내장화되어야 하기 때문에 고차원적 기술이 필요하다. 초기 VR 기술이 먼저 각광을 받은 후 AR 기술에 대한 관심이 이어지면서 2017년부터 특허 출원 수가 집중적으로 늘어나게 된 것을 볼 수 있다([그림 9-11]).

[그림 9-11] HMD 기술 특허 TOP 5 출원인 및 특허 보유 수

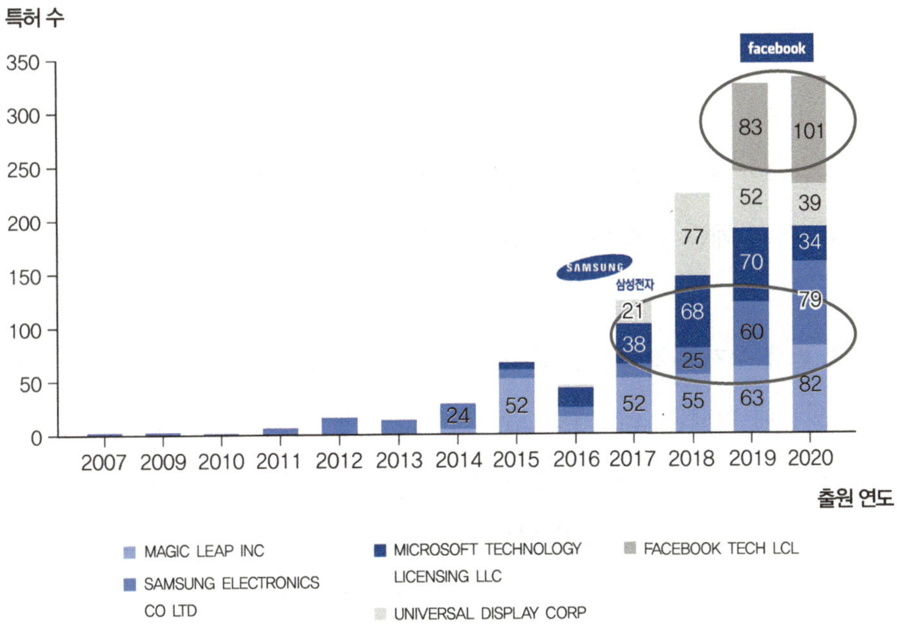

마이크로소프트와 매직리프의 경우 투자 물결과 관계없이 꾸준히 투자를 이어온 것을 확인할 수 있다. 삼성전자와 페이스북의 투자는 2018년 이후 급격히 늘기 시작하였는데, 두 기업 모두 초기 VR 기술에 대한 투자에 집중해 오다가 2018~2020년에 집중적으로 AR Glass 개발에도 집중하기 시작하여 투자하고 있다.

▲ Facebook, Rayban의 AR Glass 예상도 (출처 : 워킹캣트위터)

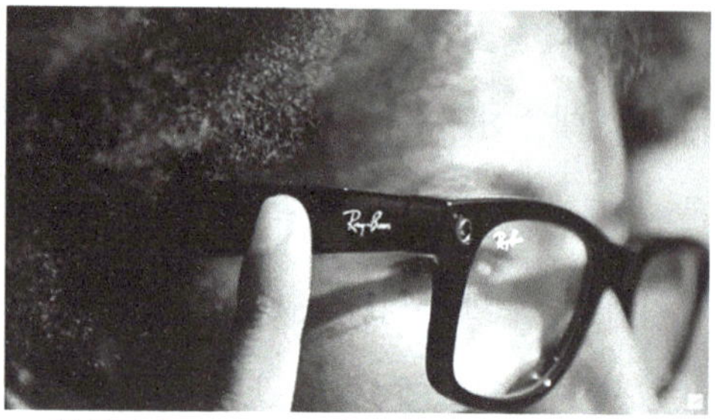

▲ 삼성전자 AR Glass 예상도(출처 : 레이반)

4.3.4 하이프 사이클과 특허

특허 출원 및 등록 동향에서 알 수 있듯이 AR 기술은 IT 거대 기업을 중심으로 4단계인 계몽기로 가기 위해 지속적인 투자를 진행하고 있는 것으로 파악되며, 특허 캐즘이 해소될 수 있는 기반이 마련되어가고 있음을 확인할 수 있다.

첫 번째 투자 물결이 있었던 2014년을 기점으로 특허의 수가 빠르게 늘어나고 있는데 이때는 초기 주요 플레이어였던 매직리프와 마이크로소프트를 중심으로 기술 개발이 이루어졌다. 타 기업의 경우 2015~2017년에 특허 수가 급격히 늘어난 것과 달리 마이크로소프트와 매직리프는 각각 2011년, 2015년부터 특허 출원 수가 빠르게 늘어 그 상승 기조가 유지되었다. 그러다가 애플, 페이스북, 삼성 등이 AR 기술 개발에 참여하면서 특허 수가 급격히 늘어나고 있는데 이러한 현상은 긍정적으로 보인다. 특히 AR 기술의 대중화 핵심 기술의 HMD의 경우, 하이프 사이클 3단계인 환멸기에도 주요 대기업 중심의 신규 플레이어들이 기술 개발에 참전하였다. 이러한 대기업 중심의 기술 개발 및 시장 참여 현상으로 초기 불안정했던 시장성에 대한 불확실성이 점차 해결되어가고 있으며, 하이프 사이클의 4단계인 계몽기에 조금씩 다가가고 있는 긍정적인 신호로 해석할 수 있다.

5. AR 기술 어디로 가고 있나?

5.1 2021년의 AR 기술은?

2021년은 AR뿐 아니라 XR 기술이 다시 한번 각광받는 한 해였다. '메타버스'라는 현실 세계를 가상 세계로 확장시키는 개념이 확산되면서 기반 기술인 XR 기술이 주목받게 된 것이다. 사실 이렇게 다시 주목받을 수 있었던 가장 큰 원인 중 하나는 코로나 바이러스로 인한 펜데믹 때문인데, 재택근무로 인한 화상회의, 비대면 수업 또는 비대면 친목 모임 등 비대면 교류가 확대되면서 가상 공간인 메타버스에 대한 관심도나 수요가 늘어나게 된 것이다. 페이스북은 사명을 '메타'로 변경하면서 메타버스 플랫폼에 사운을 걸 정도의 투자를 예고하였으며, 주식시장도 메타버스의 테마를 타고 관련 주들의 주가가 빠르게 상승하였다.

그렇다면 2021년의 AR 기술은 하이프 사이클에서 어떠한 위치를 차지하였을까? 메타버스의 열풍을 타고 4단계인 계몽기 단계로 넘어갔을까? 결론은 '알 수 없다'이다. AR 기술은 2019년부터 하이프 사이클에서 제외되었다. 가트너는 실제로 산업계나 엔터프라이즈 단계의 AR은 ROI(투자수익률)를 논할 수 있을 정도로 사용되는 등 AR 기술이 빠르게 성숙되어 가고 있기 때문에 이제는 더 이상 Emerging Technology로 분류하지 않으며, AR 외의 신규 혁신 기술에 대한 강조를 위해 AR 기술에 대한 성숙도를 추적하지 않겠다고 인터뷰에서 밝혔다. 실제로 월마트, 보잉, 록히드 마틴을 포함한 많은 기업들이 AR

기술을 사용하여 수익 창출뿐 아니라 높은 ROI를 기록하기도 했다.

그렇다면 AR 기술이 과연 대중화에 가까워졌다고 볼 수 있을까? 일반 대중들은 일부 AR 기술이 적용된 제한적인 서비스나 게임, 애플리케이션으로 지도나 네비게이션 등을 사용하고 있지만, 캐즘을 넘어 대중화로 들어가기 위해 필요한 현실 세계의 가상 세계가 적용되어 몰입 경험을 줄 수 있는 AR 기술의 구현은 아직 어려운 실정이다.

5.2 캐즘을 넘어 그 이상으로

그럼에도 불구하고 많은 리서치 기관이 성장률의 차이만 있을 뿐 산업 수요뿐 아니라 광범위한 소비자를 포함한 AR 전체 시장의 고성장을 예상하고 있으며, 이미 커머스, 훈련 및 교육, 의료, 제품 개발 등 엔터프라이즈 영역에서는 활발히 활용되고 있는 추세이다. 다만 아직은 대중화를 위한 기술이나 상품성 측면에는 보완하고 개선해야 할 부분이 많다.

첫째로, AR을 구현할 수 있는 여러 기술 중 특히 HMD 및 AR Cloud 기술의 고도화가 필요하다. HMD의 경우 MS의 홀로렌즈2의 경우 많은 부분에서 개선이 있었지만 제한된 환경이 아닌 일상에서 사용할 수 있는 수준이 되기에는 아직 모든 부품의 내재화 및 경량화 달성을 위한 명확한 기술적 한계가 존재한다. 이러한 이유로 현재는 모바일 기기에 한정된 AR을 중심으로 시장이 성장하고 있다.

HMD뿐 아니라 공간을 정확하게 파악하고 디지털 객체의 위치를 기억하며, 유저 디바이스 위치를 파악하는 기술인 AR Cloud 기술의 고도화도 필요하다. 이는 빅테크 기업들이 AR Cloud를 구현할 수 있는 툴을 제공 중이지만, 현재까지는 다양한 디바이스와 애플리케이션에서 우리가 상상하는 AR을 구현하는 데 한계가 있는 것이 사실이다.

둘째로, AR HMD의 가격이 대폭 낮아져야 한다. 현재 가장 많이 팔리고 있는 AR HMD인 홀로렌즈2는 가격이 3,500달러 선이다. 엔터프라이즈용으로 개발하기는 했지만 일반 소비자가 선뜻 구매하기에는 어려운 가격이다.

현재는 이러한 상품성 이슈를 해소하기 위해 대형 IT 기업뿐 아니라 AR 스타트업에서도 꾸준한 연구개발이 지속되고 있으며, 많은 전문가들은 이러한 부분들이 결국에는 해결될 것으로 전망하고 있다. 실제로 MS뿐 아니라 메타(구 페이스북) 및 구글에서 사용자 편의성을 개선한 AR Glass를 출시한 바 있으며, 특히 2022년과 2023년은 애플 및 매직리프에서 신규 AR HMD를 출시할 계획이다. 또한 MS는 홀로렌즈2 이후의 새로운 AR HMD 개발을 위해 삼성과 태스크포스를 구성하여 개발에 착수한 만큼 우선은 대형 IT 기업을 중심으로 상품성이 개선된 새로운 제품이 출시될 것으로 보인다.

많은 전문가들은 메타버스를 PC와 스마트폰을 잇는 새로운 플랫폼으로 정의한 바 있다. 과거 PC와 스마트폰 시장은 하드웨어, 소프트웨어, 네트워크 3박자가 맞아떨어질 때 큰 폭의 성장을 경험한 바 있다. 그러나 아직 AR을 포함한 메타버스가 네트워크 인프라를 제외한 하드웨어 및 소프트웨어 기술 측면에서 PC와 스마트폰과 같은 파괴력과 시장성을 갖추기에는 부족한 것이 사실이며, 결국 기술적 · 가격적 한계를 극복하고 캐즘을 뛰어넘기 위해서는 지속적으로 자금뿐 아니라 시간과 노력이 투입되어야 할 것이다.

[참고문헌]

머니S, "돌고 돌아온 VR · AR, 2025년 30조원 갈할까?", 팽동현, 2021. 2. 25.

박유현, 「가트너 "부상하는 기술을 위한 Hype Cycle"의 정량적 분석」, 『한국정보통신학회논문지』, Vol. 22, No. 8, 2018, pp. 1041~1048.

박재범, 「디지털 제품, 캐즘을 넘어라」, 『LG주간경제』, LG경제연구원, 2004. 12. 15., pp. 28~32.

「세 번째 투자 물결이 도래하고 있는 2019년의 VR, AR시장」, 최신 ICT이슈, 정보통신기술진흥센터, 2019, pp. 26~33.

이기범, 「확장현실(XR)의 개념과 기술 동향」, 『발명특허』, Vol. 461, 2017.

전자신문, "스마트폰 다음은 VR · AR… 메타버스, 디바이스 혁신의 장으로", 박정은, 2021. 9. 16.

조선비즈, "삼성도 애플도 AR · XR에 관심 갖는 이유는?…2030년 메타버스 시장 1800兆 규모로 성장", 박진우, 2021. 12. 11.

테크M, "메타버스로 꽃피우는 VR · AR…벤처 투자액 2배 '껑충'", 이영아, 2022. 1. 25.

파이낸셜신문, "가상현실과 혼합현실을 정확히 알아야 하는 이유", 정상권, 2019. 10. 30.

한국정보통신기술협회 정보통신용어사전.

Chris Metinko, "VR/AR Investments Increase Just As Metaverse Talk Heats Up-But That May Not Be The Only Reason, Crunchbase News", 2022. 1. 21.

IT조선, "포켓몬 고가 난리낸 '증강현실, AR' 뿌리는 어디?", 김형원, 2016. 8. 30.

Martin Herdina, "Augmented Reality Disappeared From Gartner's Hype Cycle-What's Next?", AR Post, 2020. 9. 25.

Skarredghost, "Augmented reality is reaching a mature state according to Gartner", The Ghost Howls, 2019. 9. 4.

TexTree, "기업들이 증강 현실(AR)을 비즈니스에 활용하는 방법은?", https://textree.co.kr/blog/business-ar-1223/

Tom Graves, "Technology-adoption, Wardley-maps and Bimodal-IT, Tetradian", 2016. 7. 18.

「VR/AR, 비현실의 현실화」, 삼성증권 리서치센터, Global Research, 2019. 7. 12.

「VR/AR 스마트폰 이후의 파괴적 혁신」, Issue Report, 대신증권, 2019.

10장

SWOT 분석을 통한 ASML사의 기술 혁신 역량 분석

—반도체 노광장비 1위 기업, ASML 기술력 분석

최희수(기초과학연구원)

1. 연구 대상 기업 소개
2. 연구 설계 및 사례 연구
3. 분석 시사점

출처 : 위키피디아

반도체 생산에 절대적으로 필요한 최첨단 EUV 노광장비의 1인자 ASML,
그들의 기술 경쟁력과 사업 성과는 경쟁자와 어떻게 차별화되는가?

전례 없는 신규 바이러스의 출현으로 전 세계가 긴장하게 된 지도 어느새 2년이 되어가고 있다. 팬데믹 확산 및 끝없는 변이의 등장으로 사태는 여전히 심각하지만, 백신 접종이 확산된 이후로는 그래도 길었던 터널의 끝이 보인다는 많은 연구 결과가 나오고 있다. 이에 기업들의 시선은 이미 포스트 코로나에 가 있고 이 시기가 곧 글로벌 판도를 뒤바꿀 시기라고 생각하며 준비하고 있다. 기업들은 포스트 코로나의 핵심이 바로 반도체라고 생각한다. 반도체가 쓰이는 분야가 많아지면서부터 반도체는 국가의 존립에 영향을 줄 정도의 전략물자로 중요성이 점점 커지고 있다. 이에 따라 각국에서 판세를 휘어잡기 위해 반도체 세계전쟁에 뛰어든 상태라고 할 수 있다.

전반적인 상황을 살펴보면, 제4차 산업혁명이 가속화되면서 반도체 수요에 대한 경쟁이 심화되고, 그에 따라 업계의 플레이어들이 점점 더 다양한 전략을 취하고 있으므로 경쟁이 굉장히 첨예해졌다고 할 수 있다. 이러한 시기에 반도체 생산 기술력은 곧 기업의 성패를 좌우할 것이며, 초미세 회로 반도체를 생산할 수 있게 해주는 장비제조사 ASML에 대한 관심이 역대 최대인 시기라고 할 수 있다. 본 연구에서는 이렇게 세계의 반도체 시장을 좌우할 수 있는, 좌우하고 있는 ASML의 성공 전략에 대해 특허 데이터를 바탕으로 분석해 보고자 한다.

1. 연구 대상 기업 소개

1.1 ASML 소개

ASML은 세계 최대의 반도체 노광장비 제조 기업으로, 전자기기 제조 업체인 Philips와 반도체 제조장비 기업인 ASM International(ASMI)의 합작 형태로

1984년 네덜란드 벨트호벤에서 시작되었다. 노광 기술이 있었지만 반도체 시장에서는 두각을 드러내지 못하던 Philips와 뚜렷한 반도체 장비 제조기술을 보유하지 못했던 ASMI의 결합을 바탕

▲ 네덜란드 반도체 장비업체 ASML 본사
(출처 : 글로벌이코노믹DB)

으로 설립된 ASML은 두 회사의 부족한 부분을 서로 보완함으로써 곧 노광장비 분야에서 기술력을 인정받을 수 있었다. 또한 노광장비의 필수 부품을 협력사에게 공급받는 밸류체인 구조를 통해 협력 업체와도 단단하고도 끈끈한 관계를 유지할 수 있었다.

매년 삼성전자, TSMC 등의 글로벌 파운드리(반도체 위탁생산) 기업들은 이렇게 경쟁력 있고 기술력과 영업력을 겸비한 ASML의 장비를 선점하기 위해 장비 도입에 앞다투어 애를 쓰고 있다. 특히 주요 파운드리 업체들의 5나노 이하 초미세 공정 경쟁이 심화되면서 5나노 이하 공정을 실현할 수 있는 극자외선(EUV) 노광장비에 대한 시장의 관심이 매우 뜨거운 상황이다. 제조가 까다로운 탓에 현재 EUV 노광장비는 전 세계에서 유일하게 ASML에서만 제조·공급되고 있으며, 덕분에 ASML은 명실상부 글로벌 반도체 시장의 키를 쥐고 있다고 해도 과언이 아닐 정도가 되었다.

전 세계 반도체 무역 통계업체 WSTS(World Semiconductor Trade Statistics)의 분석 결과에 따르면, 세계 반도체 시장은 2017년 4,122억 달러에서 2021년 5,274억 달러로 지속적인 성장을 보이고 있다.[1] 컴퓨터와 휴대폰이 전부였던

1. 「KIET 산업경제 3월 정책과 이슈」, p. 78.

과거 반도체의 수요처에 비해 현재는 사물인터넷, 자율주행차, 웨어러블 등 다양한 산업군 내 다양한 제품의 개발로 데이터를 주고받는 사용처가 확대된 상황이다. 또한 산업 전반에 걸친 인공지능 기술이 작용하며 사회의 근본적 변화가 전망되는 현 체제 속에서 반도체 시장은 새로운 성장 동력이 될 것이며, 반도체 장비에 대한 수요는 더욱 더 폭발적으로 증가할 것이라 예측되고 있다.

1.2 노광공정, EUV 공정 소개

앞서 언급한 바와 같이, ASML은 반도체 8대 공정 중 노광공정을 담당하는 장비를 생산하고 있다. 노광공정은 반도체 8대 공정의 생산 시간의 60%, 생산 비용의 약 35%를 차지할 만큼 반도체 공정에 있어 매우 중요하고도 핵심적인 역할을 담당하는 과정으로, 원하는 패턴의 회로가 그려진 마스크에 강력한 빛을 통과시켜 웨이퍼 상에 회로패턴을 전사시키는 과정을 말한다. 공정이 미세할수록 같은 면적의 칩에 더 많은 집적회로를 넣을 수 있으며, 반도체 칩 크기

[그림 10-1] 반도체 8대 공정 및 노광공정 도식화

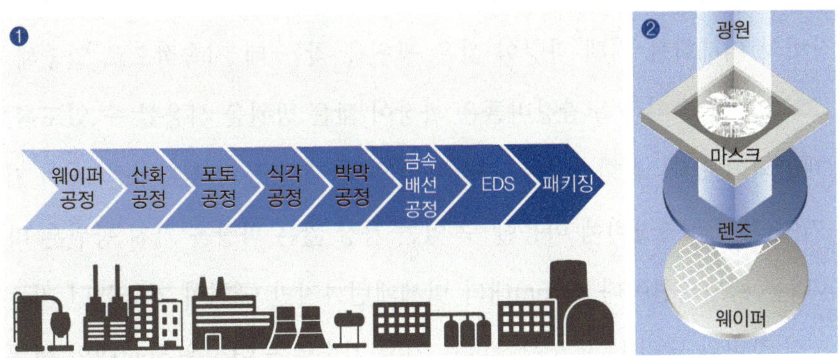

출처 : ❶ 라이오닉스글로벌, 삼성반도체이야기
❷ ZUM뉴스

와 전력 소모가 줄어 에너지 효율 및 반도체 성능이 개선된다. 사회의 고도화로 인해 인류가 주고받는 정보의 양이 기하급수적으로 늘어나게 되었고, 다량의 정보를 처리할 수 있는 반도체에 대한 수요 또한 폭발적으로 증가하고 있는 실정이다. 따라서 반도체 처리패턴의 미세화가 곧 업계에서 가장 중요한 이슈라고 할 수 있으며, 수많은 반도체 업체들이 첨예한 미세공정 개발에 사활을 걸고 있는 상황이다. 이러한 이유로 노광공정은 실로 첨예한 경쟁이 존재하는 '초미세 반도체의 접전지'라고 불리기도 한다.

레일리의 식

$$R = k_1 \frac{\lambda}{NA}$$ (R : 해상도, k_1 : 계수, λ : 파장, NA : 조리개 구경)

반도체 미세화는 곧 해상도와 연관이 있다. 반도체의 해상도는 레일리의 식에 따라 구할 수 있는데, 식을 구성하는 변수인 계수(k_1) 또는 파장, 그리고 조리개의 구경(NA)을 어떻게 조절하느냐에 따라 결정된다. 계수를 낮추거나, 파장을 줄이거나, 조리개의 구경을 키움으로써 해상도를 개선할 수도 있지만, 값을 낮추거나 구경을 늘리는 데에는 한계가 있으므로 노광장비 기업들은 노광장비의 미세화를 위해 파장이 짧은 광원을 찾는 데 지속적으로 열중해 왔다. 그리고 그에 따라 노광장비들은 파장이 짧은 광원을 사용할 수 있도록 점차 개발되어 왔다. 불화크립톤, 불화아르곤 및 액침 등의 심자외선(DUV) 기법을 거쳐 현재 노광장비에 이용할 수 있는 가장 짧은 파장을 가진 광원은 바로 EUV라는 극자외선이다. 20nm대의 미세패턴까지만 구현이 가능했던 기존의 DUV식 장비와 달리 EUV 노광장비는 기존 기술로는 어려운 5nm대의 선폭도 문제없이 구현이 가능한 혁신적인 제품이다. 또한 멀티패터닝을 할 필요가 없어 선폭도 굉장히 정확하게 구현되며, 공정 횟수도 동시에 감소할 수 있어 정확성과 생산성을 모두 잡을 수 있게 되었다.

[그림 10-2] EUV 공정 도식화

EUV(극자외선) 공정

반도체 웨이퍼에 극자외선을 쏴 미세 회로를 그리는 방식. 빛 파장 길이가 13.5nm(1나노미터는 10억분의 1m)에 불과한 극자외선을 활용해 7나노보다 미세한 회로 공정 가능. 극자외선은 다른 물질에 흡수되는 성질이 있어 진공 상태에서 공정을 진행함.

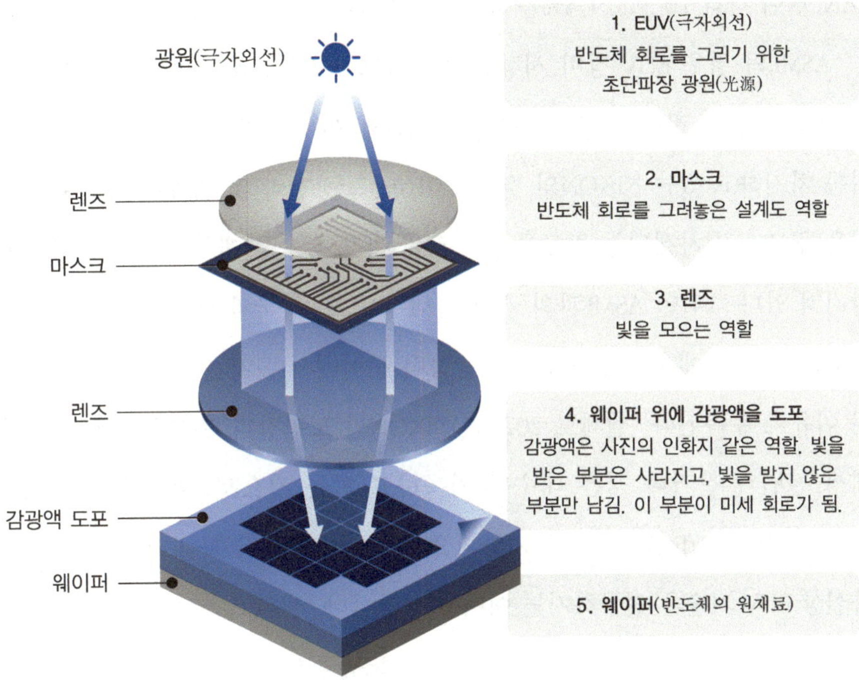

삼성전자와 대만 TSMC의 파운드리 미세 공정 로드맵(양산 시점)

	7나노	6나노	5나노	3나노
삼성전자	2019년 초	2019년 말	2020년 1분기	2021년
TSMC	2018년 하반기	2020년 상반기	2021년	미정

출처 : ZUM뉴스.

1.3 업계 경쟁 상황

현재 반도체 노광장비 시장의 톱3 장비제조사는 ASML, NIKON, CANON이라고 할 수 있다. 시장 연구조사 기관인 인포메이션 네트웍스에 따르면 2018년 2월 기준 ASML은 전체 노광장비 시장의 85.3%를 차지하여 반도체 장비 기업 중 가장 확실한 독점 구도를 구축하고 있으며, 뒤를 이어 NIKON과 CANON이 각각 10.3%, 4.3%를 차지하고 있다.

ASML의 경우 EUV 장비 시장을 독식하고 있으며, 톱3 기업의 총 매출 중 ASML의 비중은 전년 대비 5%p가 증가, 현재 79%를 차지하고 있다.[2] 업계 2위를 차지하고 있는 NIKON의 경우, 2016년 노광장비 및 카메라 사업부의 인원을 구조조정 하겠다는 발표를 함으로써 시장 철수를 계획하고 있는 것으로 알려져 있다. 1위인 ASML과의 격차가 너무 크고, 한국과 대만의 반도체 생산 기업들을 ASML에게 빼김으로써 노광장비 분야에서 흑자를 만들지 못한 것이 큰 이유로 추측된다. 실제로 2020년 NIKON의 노광장비 출하량은 모든 모델에서 전년과 같거나 적은 대수를 기록하고 있는 것으로 알려졌다.[3] 3위인 CANON 또한 ArF(불화아르곤) 기반의 노광장비에서부터 확대된 격차로 인해 사실상 EUV 기술을 연구하기는 어려운 상황이다. 사실 CANON은 천문학적인 비용을 투자하는 EUV 기술 대신 또 다른 노광공정의 기법인 나노 임플란트 리소그래피(Nano Imprint Lithography, NIL) 개발을 추진했는데, EUV에 비교하면 상대적으로 저렴하지만 정확한 패턴 구현이 어렵다는 단점이 있어 덜 선호되고 있다. 최근 출하중인 장비 또는 자체 개발한 장비로 점유율 개선을 꾀하고 있지만, 이미 벌어진 어마어마한 격차 속에서 반등이 쉽지만은 않을 것으로

2. 중국 시장조사 기관 칩인사이츠, 2021. 2. 24.

3. 중국 시장조사 기관 칩인사이츠, 2021. 2. 24.

예측된다.

위에서 살펴본 노광장비 시장의 탑3 회사들의 주요 분야를 바탕으로 등고선 맵(Themescape map)을 그려볼 수 있었다([그림 10 - 3]). 이는 ㈜클래리베이트

[그림 10-3] ASML, NIKON, CANON 3사의 특허 등고선 맵

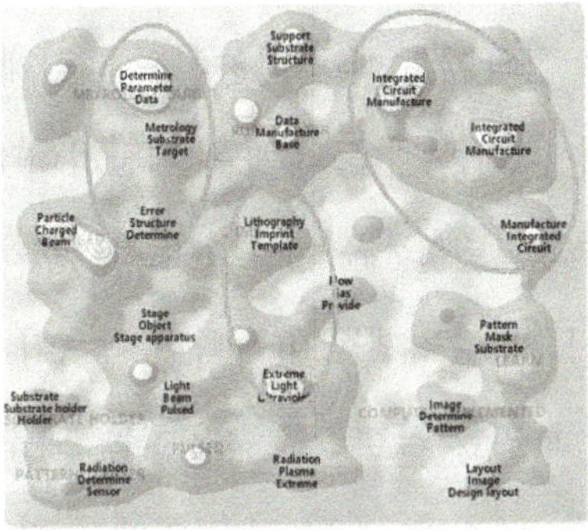

ASML Themescape Map
- Most frequent words
  ① Manufacture(787)
  ② Substrate(776)
  ③ Circuit(626)
  ④ Integrated(606)
  ⑤ Radiation(582)
- 제조, 웨이퍼, 회로 등 반도체에 특화되어 있음
- Error 등 장비 제작 시 필요한 특허
- 'EUV' 및 '노광'이 유일하게 보임

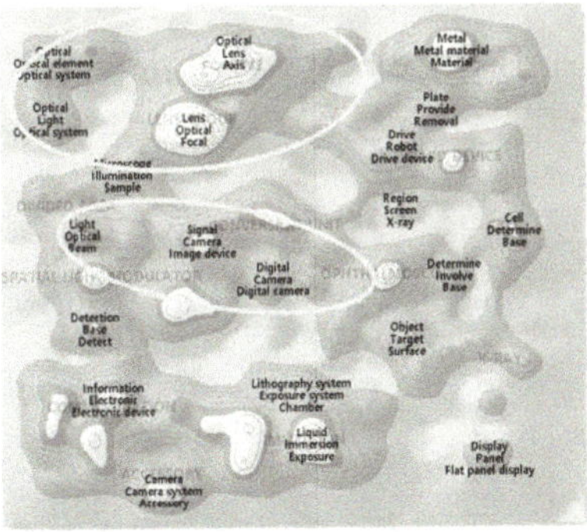

NIKON Themescape Map
- Most frequent words
  ① Camera(830)
  ② Optical(794)
  ③ Lens(579)
  ④ Exposure(435)
  ⑤ Optical System(386)
- 카메라, 렌즈 등 광학 관련 기술

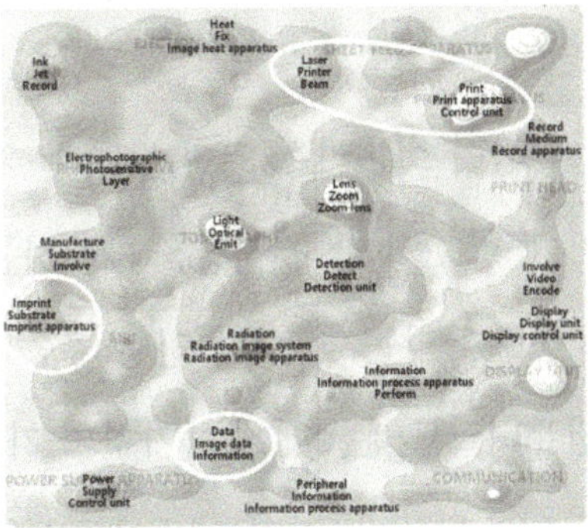

CANON Themescape Map
- Most frequent words
  ① Data(4,440)
  ② Camera(4,176)
  ③ Printer(4,067)
  ④ Image from Apparatus(3,941)
  ⑤ Print(3,315)
- 디지털 데이터 처리 쪽에 관심

출처 : Clarivate's Derwent Innovation, DWPI/DPCI database.

사의 Derwent Innovation의 특허 분석 소프트웨어를 이용하였다. Derwent Innovation은 특허 검색 및 분석 플랫폼으로 각 기업의 특허 데이터를 포괄적으로 포함하고 있다. 기술 전문가의 청구항 재작성을 통해 동일한 발명을 그룹화하였으며, 최초의 basic patent를 바탕으로 DWPI family라는 새로운 체계를 부여했다. 이는 특허의 중복을 제거하는 데 도움을 주었고, 발명 단위의 검토 및 분석이 가능하여 더욱 체계적이고 정확한 분석이 가능하도록 설계되어 있다. 또한 1차 분석 외에도 분석 차트나 등고선 맵 등의 툴을 제공하여 더 체계적인 분석이 가능하도록 도와준다. 등고선 맵 툴을 이용하여 분석한 결과, ASML은 다른 두 기업보다 반도체 및 반도체 장비제작에 특화된 특허가 많았다. 또한 'EUV'나 '노광'이라는 키워드가 보이는 특허들을 유일하게 보유하고 있었다. 그에 비해 NIKON의 경우 카메라, 렌즈 등 광학 기술 쪽에 초점이 맞춰져 있었으며, CANON의 경우 디지털 데이터 처리 쪽에 관심이 많음을 확인할 수 있었다.

2. 연구 설계 및 사례 연구

2.1 Research question

앞서 살펴본 ASML의 이모저모에 대해 여러 의문이 제기될 수 있는데, 그중에서도 가장 근본적인 물음은 바로 "세계 반도체 장비 시장을 제패하는 이 ASML이라는 기업의 전략이 과연 무엇이었을까"라는 점이다. 인텔 공동 설립자인 고든 무어에 따르면, 18개월마다 컴퓨터 성능은 2배씩 증가하며 가격은 반으로 떨어진다고 한다(후에 이 내용은 무어의 법칙이라는 이름으로 확립되었다). 경험적인 관찰에 바탕을 둔 사실이며 그만큼 기술이 빠르게 발전한다는 표현이겠지만, 단순히 법칙만으로 한 기업의 성공을 설명하기에는 무리가 있다. EUV 장비의 엄청난 기술력도 ASML의 성장에 한 획을 그었지만, 기술력을 바탕으로 한 차별화된 전략이 분명 있었을 것이다. 그렇다면 어떠한 부분에서 근거를 찾을 수 있을 것인가?

ASML의 성공에는 무수한 협력사들이 존재했고, ASML은 이러한 협력 업체들과 동반 성장하려고 했다고 알려져 있다. 실제 ASML은 협력 업체의 연구개발에 직접 투자하였으며, 한 번 핵심 부품 공급 업체로 선정된 핵심 부품 업체는 장기 파트너 관계를 보장해 주기도 하는 등 연구개발에 집중할 수 있도록 지원을 아낌없이 해주었다. 종합해 보면, ASML의 성공은 기술력을 위한 끊임없는 연구개발의 노력과 함께 협력 업체와 협력하고 공동으로 노력한 대가였다고 요약해 볼 수 있는데, 과연 이러한 성공 요인에 대해 어떻게 기술경영학적으로 분석해 볼 수 있을지 확인해 볼 필요가 있다고 할 수 있다. 수요의 변화 또는 산업 환경의 변화에 따라 다양한 변혁이 요구되고 있는 시점에 ASML의 사례를 확인하는 것은 반도체 노광공정 시장을 폭 넓게 이해하는 데에 큰 도움이 될 뿐만 아니라 기업의 경영 방식이 우리에게 주는 시사점 또한 깨달을 수 있는 좋은 계기가 될 것으로 생각한다.

2.2 SWOT 분석 및 WO, SO 전략 분석에의 결정

ASML 현황 파악을 위해 SWOT 분석을 실시하였다. SWOT 분석은 대상의 강점과 약점, 기회와 위협을 각각 분석함으로써 어떠한 부분을 보완하고, 또 개선해야 할지의 방향 설정에 도움을 주는 방법론이므로 ASML의 현황을 파악하기에 가장 효과적인 기준이 될 것이라 생각했다. 향후 연구는 SWOT 분석을 바탕으로 강점-기회, 강점-위협, 약점-기회, 약점-위협의 가설을 하나씩 만들어 해당 전략이 어떠한 의미가 있었는지를 정량적으로 분석해 보고자 한다.

1) ASML의 강점

ASML의 강점(strength)으로는 우선 세계 유일의 EUV 리소그래피 시스템 장비를 생산한다는 점을 들 수 있다. ASML은 사용자인 파운드리 회사의 수요를 충족시키기 위해 빛의 파장이 훨씬 작아 더 미세한 반도체 회로를 만들 수 있는 EUV 물질을 기반으로 장비를 생산해 낸 세계 유일의 회사다. 다시 말해 제품 혁신(product innovation)을 실천함으로써 세계 독보적인 위치에 오를 수 있었으며 이는 부정할 수 없는 가장 강력한 강점이라고 할 수 있다. 이 외에도 ASML은 협력 업체와의 공동 연구에 아낌없이 투자함으로써 더 많은 부가가치를 창출한다. ASML의 상생 혁신 시스템과 신뢰의 경영 철학을 구축한 피터 베닝크(Wennink) CFO는 인터뷰를 통해 "우리는 공급업체(supplier)를 단순한 하도급 업체로 여기지 않습니다. 진정한 '비즈니스 파트너'로서 결혼을 한 것과 같은 매우 끈끈한 신뢰 관계를 맺습니다. 그리고 우리의 모든 역량을 총동원해 함께 최고 기술을 만듭니다"라고 하였다. 또한 세계적으로 유명한 광학기기 제조사인 Carl Zeiss 등과 파트너쉽을 맺고 실제로 기술 협력 개발을 위한 공동 연구를 진행하는 등 파트너로 선정한 모든 협력 업체와 강력하고 장기적인 전략적 파트너 관계를 유지해 왔다. 이러한 방식으로 업계 내 탄탄한 supply chain을 구축함으로써 부품 조달에 어려움을 겪을 일이 거의 없다는 점이 ASML의 가장 효과적인 장점이라고 할 수 있다.

2) ASML의 약점

그에 반해 ASML은 하나의 노광장비 모델을 개발하기 위해 막대한 인적·물적 비용을 투자해야 한다는 구조적인 약점을 가지고 있다. 900여 개 협력사에서 약 5,000여 개의 부품을 받아 조립하여 생산하는 노광장비는 집적 수준이 굉장히 고도화된 장비로 하나의 상품을 기획하기부터 생산에 이르기까지 굉장한 노력이 수반되어야 하는 제품이다. 변화가 빠른 반도체 관련 기술에 알맞은 제품을 곧바로 만들 수 있을 만큼 시장의 변화에 빠르게 대처할 수 있는 산업은 더더욱 아니다. 이러한 이유로 경쟁자들이 쉽게 들어올 수 없는 시장이라는 장점이 있지만, 지속적으로 경쟁력을 갖기 위해서는 그만큼 전문학적인 노력과 비용을 들여야 한다. 특히 사회가 고도화될수록 팹 및 파운드리 회사들은 더 많은, 더 빠른 고성능의 반도체를 요구하고 있으므로, 시대의 요구에 적합한 장비를 만들기 위해 노광장비 시장에서는 끊임없는 연구개발에의 투자를 반드시 필요로 한다.

3) ASML의 기회

바야흐로 5세대(5G) 무선 통신 시대가 도래한 현재, ASML은 반도체 산업 속에서 도약의 기회를 맞이하고 있다. IoT, 자율주행, 사물인터넷 등 4차 산업혁명의 근간을 이루는 다양한 기술이 발달되면서 전 세계는 '초연결'로 이어졌으며, 대규모 IoT 환경 구현에 활용될 반도체 수요가 기하급수적으로 증가했다. 또한 전례 없던 대규모 질병 유행으로 전 세계는 몸살을 앓게 되었지만, 오히려 사회적 거리두기로 인한 스마트 기기의 수요가 팽창함으로써 반도체 산업은 그야말로 호황을 누리고 있고 이에 따라 반도체 장비의 수요 또한 폭발적이다. 실제 ASML의 2021년 3분기 매출은 52억 4,100만 유로로 전년도 동기 대비 약 33%가 증가하였으며, 영업 이익은 27억 1,100만 유로로 전년 동기 대비 약 44.1% 증가라는 역대 최고 수준을 기록하고 있다.

이에 더해 삼성전자나 하이닉스 등의 파운드리 회사들은 타사 대비 고성능, 고집적의 반도체를 만들기 위해 기술 개발에 열을 올리고 있다. 삼성전자의 경우 '초격차 전략'을 회사의 당면 과제로 내걺으로써 후발주자가 넘볼 수 없는 정도의 투자를 통해 기술력 및 점유율 선점을 달성하고자 하며, 이에 대응할 만한 기술력과 속도를 반도체 장비 회사에게도 요구하는 상황이다. 당분간 반도체 업황의 호실적이 예측되는 바 노광장비 회사인 ASML 또한 현 시대적 상황과 수요에 부합하기 위한 제품 제조를 통해 앞으로도 긍정적인 전망을 보이고 있다.

4) ASML의 위협

마지막으로 ASML의 위협 요소는 다음과 같은 사회적 상황과 관련되어 있다. 반도체는 가격 급등과 폭락이 반복되는 대표적인 산업군이다. 이른바 슈퍼사이클(반도체 초 호황기)이라고 불리는 이 반도체 사이클은 실제 관련 산업에 적지 않은 영향을 준다. 특히 2021년 7월 메모리반도체 D램 가격의 상승세가 꺾인 뒤 가격 조정론에 힘이 실리고 있다. 업황이 상승세로 접어든 지 불과 1년 만에 하락세로 접어들어 역대 최단 슈퍼사이클이 끝난다는 업계의 시각이 대두되고 있는 상황에서 ASML도 위기를 마주할 수 있다는 우려가 있다(슈퍼사이클이 짧아진 이유는 전 세계 대규모 팬데믹으로 인한 글로벌 공급망 차질로 완제품 출시가 늦어지고 D램의 재고가 쌓이기 때문이라고 할 수 있다).

더욱 심각한 문제는 바로 미 · 중 패권 전쟁이라는 사회적 문제이다. 미국과 중국의 글로벌 패권 확보 경쟁에서 반도체는 두 나라 간 경쟁의 승패를 확실히 가를 수 있는 최전선 자원이라고 할 수 있다. 미국은 반도체 공급망 재편을 위해 반도체 value chain을 분석하고, 글로벌 반도체 제조 기업들에 자료 제출을 요구하는 등 선제적으로 현황을 파악하는 중이다. 중국 역시 2014년부터 시작해 온 반도체 굴기를 바탕으로 국가의 핵심 전략을 확보하는 상황이다. 이렇게 반도체를 놓고 각국이 견주는 가운데 첨단기술을 둘러싼 패권 전쟁이 가열될 것이라는 분석이 유력하다. ASML의 경우 미국의 비위를 건드리지 않기 위해서는 자사의 제품을 중국에 납품하지 않는 결정을 해야 하며, 실제로 2019년 11월 중국 최대의 파운드리 업체인 국영 SMIC에 EUV 장비 납품을 보류한 적이 있다. 그러나 중국을 배제하면 ASML 장비를 확보하지 못한 중국의 기업들이 전력을 다해 장비를 자체 생산하는 방향으로 선회할 것이기에 스스로 시장 지배력을 위태롭게 하는 처사가 된다. 즉, 최대 규모인 중국 시장을 포기하는 대가가 굉장히 크다.

마지막으로 특허 분쟁 이슈가 있다. 노광장비 산업군은 워낙 정교한 기술력을 놓고 경쟁사들이 첨예하게 대립하는 산업군이므로 선진 업체가 후발 업체를 대상으로 특허 분쟁을 제기하기도 한다. ASML에서 특허와 관련하여 분쟁이 일어난 사건으로는 2017년 NIKON의 특허 무단 침해 주장이 있었다. 당시 NIKON은 ASML의 액침 노광장비가 11건의 자사 특허를 무단 침해했다며 손해배상을 제기했고, ASML은 이로 인해 NIKON에 총 1억 5,000만 유로의 특허 비용을 지불했으며, 향후 10년간 NIKON에게 특허 사용료를 지불하는 크로스 라이선스를 계약하는 등 기업 운영에 적지 않은 손실을 얻었다.

〈표 10-1〉은 위에서 분석한 ASML의 강점, 약점, 기회, 위협 요소와 그로 인한 여러 전략 플랜을 도식화한 것이다. 이를 통해 전략을 분석하면 다음과 같으며 본 연구에서 집중적으로 확인할 전략은 SO 전략과 WO 전략이다.

약점을 보완하고 위협을 최대한 회피하는 WT 전략의 내용은 기존 불화아르곤 장비에서의 꾸준한 판매 실적을 통해 명백한 캐시카우를 만들고 이를 바탕으로 신기술에 투자하는 것이다. 또한 기존 장비 제품으로 중국 외의 신시장을 공략하는 전략도 구상할 수 있다. 다만 사실 신시장 개발에도 막대한 자금이 들어가기 때문에 ASML 입장에서 좋은 선택이 아니었을 것이라고 생각한다. 강점을 갖고 위험을 회피하는 ST 전략의 경우, 기존 고객 및 협력 업체와

〈표 10-1〉 ASML의 SWOT 분석 및 SO, WO, ST, WT 전략

<table>
<tr><td colspan="2" rowspan="2"></td><td colspan="2">외부 환경 분석(External Analysis)</td></tr>
<tr><td>O 기회 요인
- 5G 시대를 통한 반도체 산업 도약의 기회
- 삼성전자, 하이닉스 "초격차 전략" : 대응할 만한 속도 및 기술력 필요</td><td>T 위협 요인
- 반도체 가격 급등 및 폭락 반복 : 반도체 업황 악화
- 미·중 무역 분쟁 및 중국의 반도체 굴기
- 특허 분쟁 제기</td></tr>
<tr><td rowspan="2">내부환경 분석 (Internal Analysis)</td><td>S 강점 분석
- 세계 유일의 EUV 리소그래피 시스템 생산 : Product Innovation
- 협력 업체와의 공동 R&D 투자
- 강력한 supply chain</td><td>SO 전략
- EUV 기술에 집중
- 협력 업체와의 공동 연구 지속을 통한 기술 개발로 업계 우위 선점</td><td>ST 전략
- 기존 고객 및 기존 생태계 유지
- EUV value chain 강화
- 지식재산권 관리의 중요성</td></tr>
<tr><td>W 약점 분석
- 상품 개발에 들어가는 인적, 물적, 투자 비용이 막대함
- 빠른 변화가 어려움</td><td>WO 전략
- 수요에 따른 물량 증대로 고정비 상쇄 효과 극대화
- 현재 수요에 맞는 장비 물량 증대</td><td>WT 전략
- 기존 제품의 꾸준한 판매량을 통한 cashcow화
- 명확한 포지셔닝
- 기존 제품으로 신시장을 공략</td></tr>
</table>

의 관계가 무너지지 않도록 생태계 유지에 힘쓰는 동시에 업계 유일의 EUV 시스템의 밸류체인을 견고히 만들어 두어야 한다는 결론이 나온다. 이 또한 기존 사업과 신사업을 동시에 생각해야 하는 것이기 때문에 기업 입장에서는 부담이 될 수 있다.

따라서 SO 전략 및 WO 전략을 조금 더 분석하는 데 초점을 두는 편을 고려했다. SO 전략은 〈표 10-1〉에서 확인할 수 있듯이 EUV 기술 기반 장비 개발에 조금 더 집중하는 방법과 협력 업체와의 공동 연구를 통한 기술 개발로 업계 우위를 선점하는 것이다. 이 두 가지를 알아야 향후 신기술 연구개발에

지속 투자를 할지, 공동 연구를 지속할지 등의 의사결정이 가능해진다. 따라서 현재 ASML이 신기술에 얼마나 집중하고 있는지, 그리고 공동 연구를 통한 기술 개발 정도가 어느 정도인지를 확인해 봐야 할 것이다.

또한 WO 전략을 선택하기 위해 필요한 분석은 바로 비용을 감수하고 개발할 가치가 있는 기회인지 확인해 보는 방법이다. 해상도 개선을 위해 지속적으로 연구개발을 수행한 ASML은 결국 EUV 기술이 해답이라고 결론을 내렸으나 노광장비 분야에서 최고의 경쟁력을 가진 ASML에게도 EUV 분야는 전례 없는 새로운 영역이었다. 더욱 심도 있는 연구가 필요했던 ASML은 공급업체 및 외부기관과의 긴밀한 협력을 바탕으로 기술을 개발했고, 투자 비용이 막대했지만 결국은 독보적인 노광장비를 만들어 냈다. DUV 기반에서 EUV로 업계의 환경이 변화하는 시점에서 ASML을 평가하기 위해서는 새로운 기술을 수용하는 시점에서 실제 공동 연구를 통한 기술 개발의 정도가 얼마나 잘 이루어졌는지 확인해 볼 필요가 있기에 WO 전략 분석을 하게 되었다. 본 연구에서는 WO 전략, 그리고 SO 전략 순으로 각 방법을 확인해 볼 것이다.

2.3 특허 분석 방법 소개

이상과 같은 문제 의식에 근거하여 이하에서는 ASML의 혁신 역량을 분석하기 위해 SWOT 분석에 기반한 특허 분석을 수행한다. 특허는 발명에 대한 기술적 · 상업적 정보를 포함하는 대표적인 기술 자료로써 구체적인 정보를 담고 있으므로 기술과 기술 간, 기술과 산업 간 지식 흐름을 추적하는 데 중요한 정보를 줄 수 있다. 해당 특허가 어떤 기술 분야에 속해 있는지, 언제 어디서 특허가 인수되었는지 등의 단순한 1차적 정보만으로도 출원될 당시의 관심사를 알 수 있고, 특허를 소유한 해당 기업의 전략을 파악할 수 있게 된다.

더 나아가 분석 방법론을 통해 특허 데이터를 분석하면 기술의 진보 정도나 기업의 경쟁력 파악뿐만 아니라 기술이 특정 사회나 현상에 미치는 영향 등을 분석하는 데 활용할 좋은 정량적 데이터가 된다. 본 연구에서는 SWOT 분석을 통해 특허 분석의 방향을 결정하고, 이후 특허 분석 및 경쟁사와의 비교를 통해 기술 개발의 정도를 확인하고자 한다. 특허 분석은 크게 IPC code라는 기술 분야 기반 특허 분류 체계를 바탕으로 하는데, IPC code를 기준으로 분석을 수행할 경우 특히 특정 기술 분야와 관련한 유의미한 평가 결과를 도출할 수 있다.

특허 분석은 다음과 같은 방법으로 수행하였다. 데이터베이스의 범위를 설정하기 위해서는 앞서 등고선 맵과 같이 ㈜클래리베이트사의 Derwent Innovation의 특허 분석 소프트웨어를 이용하였다. 2010년부터 2019년의 기간 동안 출원인이 ASML인 특허 데이터를 추출한 결과는 [그림 10-4]와 같았다. 첫째로 ASML의 2010~2019년 동안의 총 출원특허 개수는 2,755개이다(DWPI Family 특허 기준). 그중 ASML의 특허는 주로 사진제판(G03F IPC code), 사진기(G03B IPC code), 전자관(H01J IPC code)[4]을 주로 하는 기술 분야에 포함되어 있었다(code에 대한 설명 각주 참조). 사진제판 기술 부문인 G03F IPC code에는 총 1,373개의 특허가 포함되어 있었으며, 사진기 기술 부문인 G03B IPC code와 전자관 기술 부문인 H01J IPC code에는 각각 311개와 154개의 ASML의 특허가 포함되어 있었다. 이는 또 다른 특허 분석 소프트웨어 업체인 위즈도메인에서 작성한 ASML 기술 보고서와도 관련이 있다. 해당 기술 보고서에서는

4. G03F IPC code : 사진제판법에 의한 요철화 또는 패턴화 표면의 제조(예 : 인쇄용, 반도체 장치의 제조과정용을 위한 재료, 원료, 특별히 적합한 장치)
G03B IPC code : 사진을 촬영하기 위하여 또는 사진을 투영하여 직시하기 위한 장치 또는 배치, 광파 이외의 파를 사용하는 유사 기술을 사용하는 장치 또는 배치, 그것을 위한 부속물
H01J IPC code : 방전관 또는 방전램프

[그림 10-4] ASML의 2010~2019년 출원 특허 수

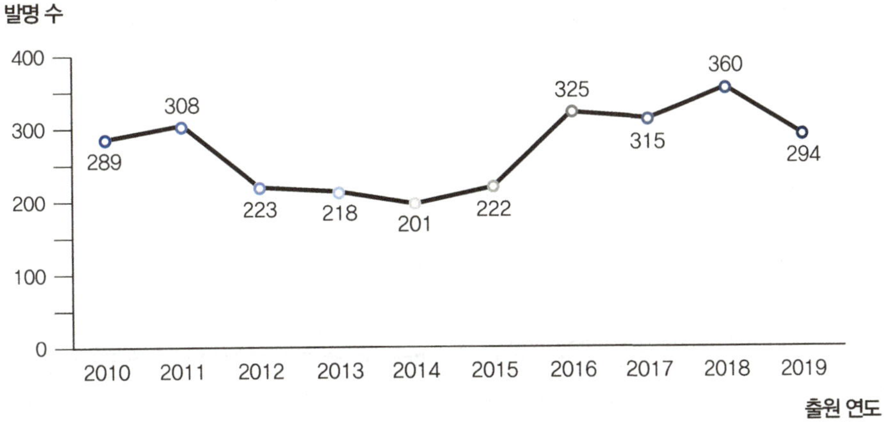

출처 : Clarivate's Derwent Innovation, DWPI/DPCI database.

〈표 10-2〉 주요 기술별 특허 출원 개수

No	IPC code	기술 부문	특허 수(전체)	특허 수 (2010~2019)
1	G03B	사진기	981	311
2	G03F	사진제판	2,395	1,373
3	G06F	디지털 데이터 처리	141	91
4	G01B	길이 측정	224	68
5	H01J	전자관	200	154
6	H05G	X선 기술	153	110
7	G01N	재료 분석	117	64
8	H01S	유도 방출	230	69
9	H01L	반도체 장치	171	36

출처 : Clarivate's Derwent Innovation, DWPI/DPCI database.

신기술인 EUV 관련 기술의 대다수가 사진제판(G03F IPC code) 기술 및 반도체 장치(H01L IPC code)에 포함되어 있다고 하였는데, ASML에서 집중하는 기술의 부문과 비슷하다. 따라서 상기 분석을 통해 ASML은 EUV 기술에 집중하고 기

[그림 10-5] ASML, NIKON, CANON의 2010~2019년 특허 비교 분석

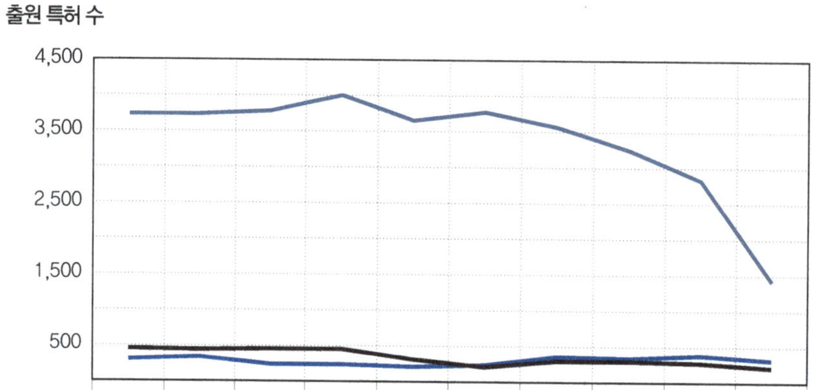

연도	2010	2011	2012	2013	2014	2015	2016	2017	2018	2019
ASML	289	308	223	218	201	222	325	315	360	294
NICON	438	428	445	448	297	199	289	287	249	194
CANON	3,741	3,737	3,781	4,007	3,658	3,772	3,565	3,248	2,828	1,401

ASML NICON CANON

(a) **연도별 출원 수**(2010 ~ 2019년, 출원 개수 전체)

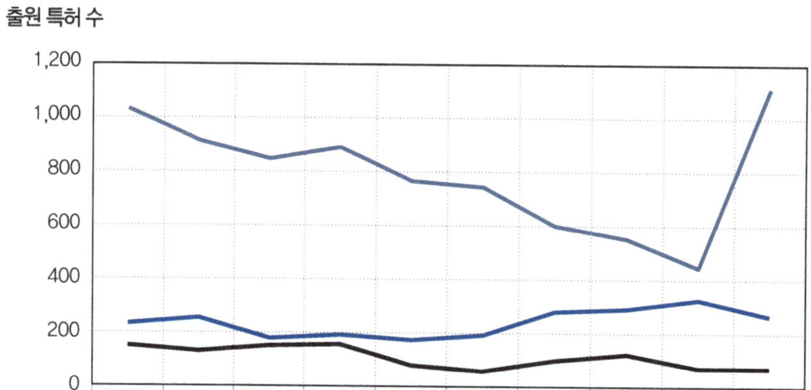

연도	2010	2011	2012	2013	2014	2015	2016	2017	2018	2019
ASML	232	255	183	195	177	192	285	292	327	268
NICON	155	134	155	158	82	62	101	124	73	71
CANON	1,027	913	845	889	763	742	604	553	445	1,113

ASML NICON CANON

(b) **연도별 출원 수**(2010 ~ 2019년, 주요 기술)

출처 : Clarivate's Derwent Innovation, DWPI/DPCI database.

술 개발을 하고 있다고 할 수 있었다.

또한 ASML의 현황을 상대평가를 통해 파악하기 위해 업계 2, 3위인 NIKON 및 CANON의 동시대, 동기간의 특허베이스를 함께 활용하였다. [그림 10-5]은 주요 경쟁사인 NIKON 및 CANON과의 연도별 특허 출원 수 및 주요 기술 분야에서의 연도별 특허 출원 수를 비교한 그래프이다. 같은 기간 NIKON에서는 3,274개의 특허가, CANON에서는 33,788개의 특허가 출원되었다. 앞서 확인한 것과 같이 ASML의 특허가 가장 많이 포함되어 있는 3개의 IPC code에서의 개수 또한 ASML, NIKON, CANON이 각각 2,406개, 1,115개, 7,894개를 출원한 사실을 확인할 수 있었다. 3개 기업의 특허 수는 출원 수 전체뿐 아니라 주요 기술 분야에서도 CANON의 특허가 양적으로 가장 많았다. 특허 수만을 기반으로 한 1차 분석을 보고 특허의 개수가 많을수록 상대적으로 경쟁력이 있는지 그 여부가 궁금해졌고 이어 WO 전략을 분석함으로써 ASML의 혁신 역량을 확인해 보고자 했다.

2.4 WO 전략에 따른 분석

앞서 언급한 것처럼, 이 분석에서 확인할 점은 바로 막대한 연구개발비에도 불구하고 투자할 가치가 있는지 파악하는 것이다. 이를 위해 1백만 달러의 연구개발비당 특허 출원 수 대비 인용도지수를 확인해 보기로 하였다. 인용도지수(Cites per patent ; CPP)는 특정 연도에 등록된 특허들이 이후의 특허들에 의해 평균적으로 인용된 횟수를 의미하는데, 인용 값이 높을수록 주요 특허 또는 원천 특허를 많이 갖고 있음을 의미하기에 특허의 질과 기술적 영향력이 높다고 할 수 있다. 따라서 같은 연구개발 비용 대비 인용도지수가 높을수록 혁신 역량이 높다고 판단할 수 있다. 인용도(CPP) 값은 전체 등록 건수 중 인용된 횟수를 산정하여 계산한다.

$$인용도지수(CCP) = \frac{특허들이\ 인용된\ 건수(피인용\ 횟수,\ Forward\ Citation)}{전체\ 등록\ 특허\ 건수}$$

우선 각 기업의 연도별 R&D 비용 정보를 marketwatch[5] 사이트에서 확인하고 각 기업의 손익보고서(income statement)에서 발췌하였다. 이후 각 연도별 R&D 비용을 각 연도별 특허 수로 나눠보았다. 다만 기업별 R&D 투자 비용에 대해 2015년부터 2019년까지의 자료만 있어 본 연구에서는 각 연도별 R&D 비용을 연도별 특허 수로 나눈 값의 평균을 활용하였다. 또한 각 기술별 R&D 비용을 각각 구할 수 없었기에 각 기술에 들어간 R&D 비용을 전체 R&D 비용으로 가정했다. 이를 바탕으로 연도별 R&D 비용 1백만 달러당 발명 수를 계산한 평균값은 다음과 같다(〈표 10-3〉).

인용도지수를 구하기 위해 ASML, NIKON, CANON 각 주체들이 G03F, G03B, H01J IPC code에서 각각 가지고 있는 등록 특허 수와 인용된 건수를 조사하였다. ASML은 위에서 제시한 IPC code 순으로 2,662개, 1,009개, 224개의 등록 특허를 보유하고 있었고, 인용된 횟수는 각각 19,211번, 13,387번, 1,907번이었다. NIKON은 마찬가지로 1,400개, 3,295개, 92개의 등록 특허를 보유하고 있었고, 각각 11,595번, 20,540번, 626번 인용되었다. CANON은 마찬가지로 1,853개, 11,890개, 878개의 등록 특허를 보유하고 있었고, 각각 6,939번, 36,008번, 5,956번 인용되었다. 이를 바탕으로 각 기업이 각각의 기술 분야를 바탕으로 한 인용도지수(CPP)값을 구하면 〈표 10-4〉와 같다.

5. 재무정보, 비즈니스 뉴스 및 주식 시장 데이터를 제공하는 미국의 경제 종합 미디어 그룹, https://www.marketwatch.com

〈표 10-3〉 각 기업의 2015~2019년 특허 수, 1M 달러당 R&D 비용, 비용 대비 특허 수 및 평균값

	연도	특허 수	1M 달러당 R&D 비용($M)	비용 대비 특허 수	평균값
ASML	2015	222	688.36	0.323	0.302
	2016	325	639.49	0.508	
	2017	315	1,150.00	0.274	
	2018	360	1,470.00	0.245	
	2019	294	1,840.00	0.160	
NIKON	2015	199	64.49	3.086	3.873
	2016	289	63.63	4.542	
	2017	287	60.70	4.728	
	2018	249	63.96	3.893	
	2019	194	62.29	3.114	
CANON	2015	3,772	328.50	11.482	9.333
	2016	3,565	302.38	11.790	
	2017	3,248	333.37	9.743	
	2018	2,828	315.84	8.954	
	2019	1,401	298.50	4.693	

〈표 10-4〉 각 기업의 특허 수, 인용 횟수 및 인용도지수(CPP)

	ASML			NIKON			CANON		
	G03F	G03B	H01J	G03F	G03B	H01J	G03F	G03B	H01J
특허 수	2,662	1,009	224	1,400	3,295	92	1,853	11,890	878
인용 횟수	19,211	13,387	1,907	11,595	20,540	626	6,939	36,008	5,956
CPP 값	7.217	13.268	8.513	8.282	6.234	6.804	3.745	3.028	6.784

위에서 구한 각 기업별 기술코드별 R&D 1백만 달러당 발명 수 대비 CPP 지수를 그래프에 표현하면 [그림 10-6]과 같다. ASML의 R&D 1백만 달러당 특허 수는 NIKON이나 CANON에 비해서는 상대적으로 낮았으나 각 기술코드별 출원 특허의 인용도지수가 상대적으로 높았다. 이는 타 경쟁사 대비 ASML의 질적 혁신 역량이 상대적으로 높았음을 의미한다고 할 수 있다.

[그림 10-6] R&D 1백만 달러당 발명 수 대비 인용도지수

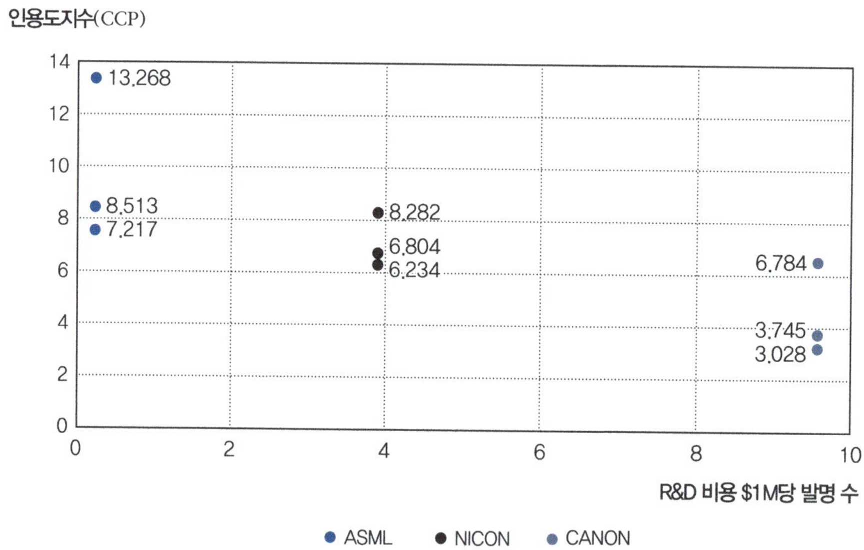

2.5 SO 전략에 따른 분석

이 분석에서는 과연 ASML이 신기술 개발에 집중하고 있는지 확인하며, 공동 연구를 통한 기술의 개발 정도를 파악해 보기로 앞서 언급했다. 3장 특허 분석 방법 소개 분야에서 확인해 보았듯이 현재 ASML은 EUV 기술과 관련 있는 IPC code에서의 특허를 다수 보유하고 있기 때문에 신기술을 꾸준히 개발하고 있다고 할 수 있다. 따라서 이 장에서는 공동 연구 및 협력 연구를 통한

기술 개발 및 기술 융합이 얼마나 이루어졌는지를 중점적으로 확인함으로써 ASML의 혁신 역량을 살펴보고자 했다. 본 연구에서는 기술 융합을 분석하기 위한 방법론 중 공동출원 수 및 동시분류분석도, 그리고 특허영향력지수(PII, Patent Impact Index)라는 지표를 통해 ASML의 특허를 분석하고자 했다.

특허를 활용하여 기술 융합의 정도를 예측하는 방법에는 여러 가지가 있는데, 그중 공동출원 수는 다수의 출원인이 하나의 특허를 출원할 경우 비교해 볼 수 있는 지표이다. 출원인이 많은 특허의 개수가 많을수록, 또는 하나의 특허당 포함된 출원인이 많을수록 다양한 지식이 융합되었다고 추측할 수 있다. 또한 동시분류분석도는 특허의 서지 정보를 활용하여 특정 분야의 연결망 구조를 파악하는 방법으로(Todorov, 1989), 하나의 특허가 두 개 이상의 분류코드에 분류되는 특성을 활용하는 특허 분석법이다. 출원된 모든 특허는 기술 분야를 바탕으로 조직된 'IPC'라는 특정한 분류 방식에 의해 분류되어 있으므로 설정된 분류를 바탕으로 분류체계 간 구조를 파악할 수 있다(Engelsman and Van Raan, 1991). 다수의 코드에 분류되는 하나의 특허는 곧 다수의 산업 및 기술 영역에 관련됨을 의미하므로 해당 특허를 통해 기술 융합 가능성이 높다고 판단할 수 있다(Tijssen, 1992 ; Curran and Leker, 2011). 따라서 동시분류분석도는 이종기술 간의 융합 정도를 분석하는 데 도입할 만한 적절한 지표가 된다. 마지막으로 특허영향력지수는 특정 기술 분야의 전체 특허들이 평균적으로 인용되는 수에 대해 특정 출원인이 소유한 특허가 인용되는 수의 상대적 비율을 나타내는 지표이다. PII 값이 1 이상인 경우 업계 평균 인용 수 대비 해당 주체 소유 특허의 인용수가 높다는 뜻이므로 특허의 질적 수준이 우위에 있음을 의미한다. PII 값이 클수록 신규 특허에 지속적으로 영향을 주고 있다고 할 수 있기에 업계의 특허들 중 해당 주체의 특허가 얼마나 경쟁력이 있는지를 알 수 있는 지표라고 할 수 있다.

PII를 구하기 위해서는 우선 WO 전략에서 사용했던 피인용도(CPP) 값을 구해야 하며 다음과 같은 수식으로 구할 수 있다.

$$\text{특허영향력지수(PII)} = \frac{\text{특정 특허권자 등록 특허 피인용도(CPP)}}{\text{전체 등록 특허 피인용도(CPP)}}$$

단순한 평균 피인용 지수인 인용도지수(CPP)와 달리 특허영향력지수는 여러 출원 주체들의 기술 수준이 고려된 상대적인 기술적 중요도 또는 혁신성과의 가치를 파악하기에 좋은 지표가 된다.

2.5.1 공동 출원수를 통한 ASML의 혁신 역량 분석

[그림 10 - 7]은 ASML, NIKON, CANON의 특허별 공동 출원인 수를 비교한 그래프이다. 본 연구에서는 ASML, NIKON, CANON의 2010년부터 2019년의 기간 동안 출원된 특허 중 2인 이상의 출원인이 공동으로 출원한 특허를 기준으로 공동 출원인 특허 수에 대해 분석하였다. 해당 기간 동안 ASML의 공동 출원 특허 총 개수는 2,414개였으며, G03F 분야에서 총 1,153개, G03B 분야에서 1,170개, H01J 분야에서 91개의 공동 출원된 특허를 보유하였다. 같은 기간 NIKON의 공동 출원 특허 총 개수는 588개였으며, G03F 분야에서 총 264개, G03B 분야에서 311개, H01J 분야에서 13개의 공동 출원된 특허를 보유하였다. 마지막으로 CANON의 공동 출원 특허 총 개수는 1,318개였으며, G03F 분야에서 총 168개, G03B 분야에서 821개, H01J 분야에서 329개의 공동 출원 특허를 보유하였다.

같은 기간 동안 NIKON 및 CANON보다 ASML에서 여러 출원인에 의한 특

[그림 10-7] 기업별 출원인 수 및 공동출원 수

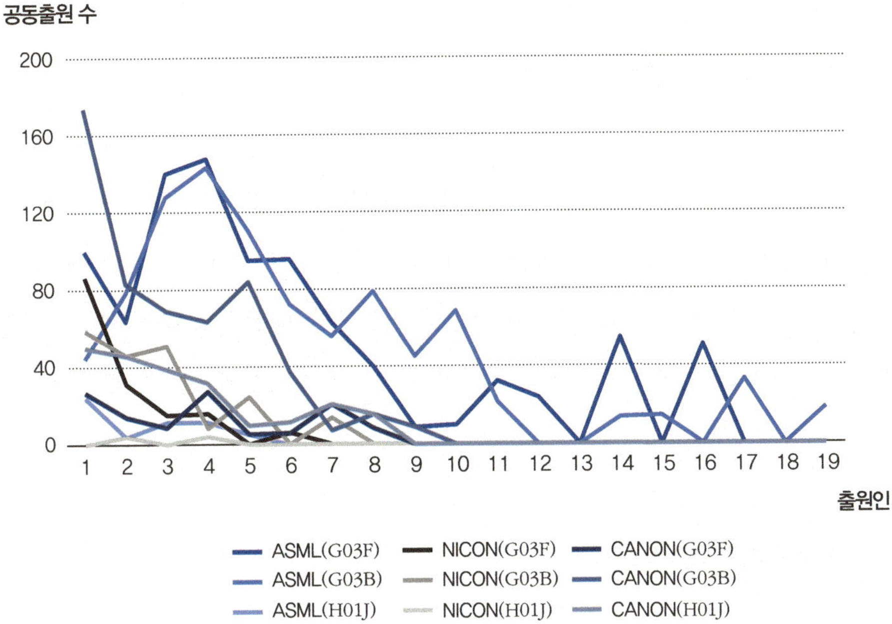

허 개수가 전반적으로 많은 모습을 볼 수 있었다. 같은 공동 출원인 수를 가진 특허의 수가 대체로 ASML에서 가장 많았다. 이를 바탕으로 ASML은 여러 출원인의 공동 연구를 통해 기술을 개발하였고, 이렇게 출원된 특허를 통해 기술 융합을 다양하게 시도해 보았음을 추측할 수 있다.

다음으로 하나의 특허당 공동 출원인 수를 살펴보면 대체로 ASML의 특허당 공동 출원인 수가 다른 기업에 비해 많은 경향성을 볼 수 있다. 특히 NIKON과 CANON의 경우 모든 IPC code 분야에서 11명 이상의 공동 출원인이 참여한 특허는 전무한 반면, ASML의 경우에는 하나의 특허에 15명 이상의 출원인이 포함되는 경우도 다수로 나타났다. 각 출원인의 아이디어가 하나의 특허에 모인다고 생각하면 하나의 특허에 다수의 출원인이 포함될수록 기술 융합의 가능성이 많을 것이라고 추측할 수 있다. 이를 통해 ASML의 경우에는 경쟁 업체보다 기술 융합의 가능성이 많음을 예측할 수 있다.

2.5.2 동시분류분석도를 통한 ASML의 혁신 역량 분석

다음으로 분석할 지표는 동시분류분석도이다. 본 장에서는 세 기업의 동시분류분석도를 비교하기 위해 3개의 IPC code 중 하나를 대표 IPC code(코드 분류 시 가장 먼저 제시된 IPC code)로 하는 특허들만을 대상으로 하였으며, 각 특허가 가지고 있는 총 IPC code의 개수를 세어 그 평균값을 산출하였다. 계산식은 다음과 같다.

동시분류분석도 산정법

$$CC_{ij} = \frac{\sum_{i=1}^{n} ij}{\sum_{i=1}^{n} i} \quad (i = \text{IPC code 수}, j = \text{해당 IPC code당 특허 수})$$

ASML에서 G03F, G03B, H01J 중 하나를 대표 IPC code로 하는 특허의 개수는 총 1,942개, NIKON은 총 579개, CANON은 총 1,459개였다. 이를 바탕으로 각각의 특허가 가진 IPC code 수를 특허 수에 곱하면 세 기업은 차례로 4,360, 1,726, 4,471의 값을 가진다. 따라서 이를 각 기업의 총 출원 특허 개수로 나누면 ASML, NIKON, CANON의 순서대로 지표가 각각 2.245, 2.981, 3.064의 값을 갖게 된다. 사실상 ASML의 기술 집중도가 비교 회사들에 비해서는 큰 값을 가지지 않았지만, 세 기업 모두 지표 값 2 이상의 동시분류분석도의 값을 갖고 있어 기술 간 융합의 용이성 및 다양성이 높을 가능성이 있다고 추측해 볼 수 있다.

[그림 10-8] 기업별 동시분류분석도

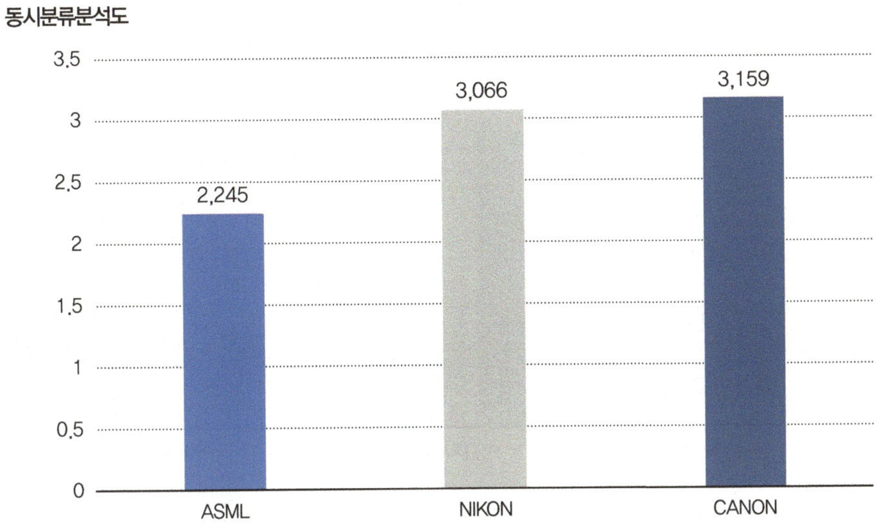

2.5.3 특허영향력지수 및 기업 성과와의 관계를 통한 ASML 의 혁신 역량 분석

마지막으로 특정 기술 분야의 전체 특허의 평균 인용 대비 특정 주체의 특허의 인용도를 확인하는 특허영향력지수를 구해 이를 기업 성과와 함께 확인

〈표 10-5〉 기업별 및 기술별 인용도지수 및 특허영향력지수

		ASML	NIKON	CANON	ALL
G03F	CPP	7.217	8.282	3.745	3.747
	PII	1.926	2.210	0.999	
G03B	CPP	13.268	6.234	3.028	2.696
	PII	4.920	2.312	1.123	
H01J	CPP	8.513	6.804	6.784	5.248
	PII	1.622	1.297	1.293	

[그림 10-9] 기업별 및 기술별 특허영향력지수 값 비교

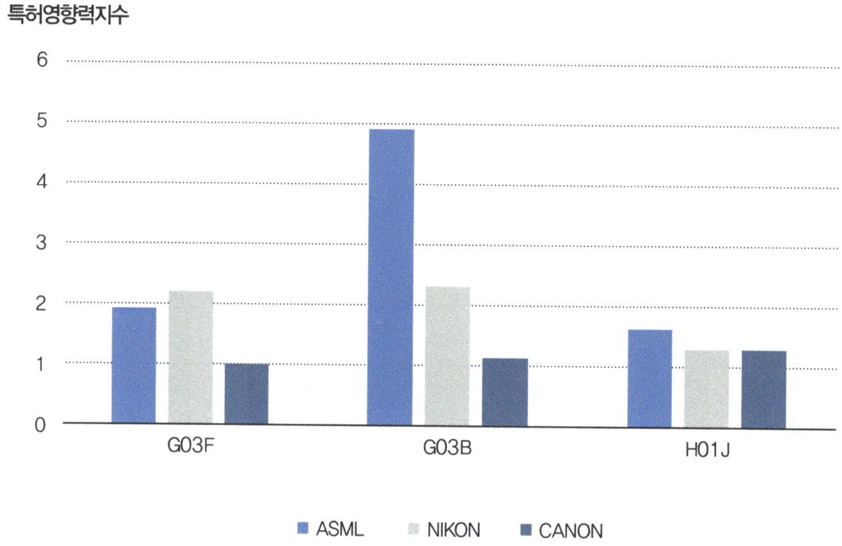

해 보고자 했다. WO 전략 확인 절에서 구한 인용도지수(CPP) 값을 바탕으로 계산한 특허영향력지수는 기업별 및 기술별로 〈표 10-5〉와 같고 이를 그래프로 나타내면 [그림 10-9]과 같다.

우선 사진제판 기술 분야(G03F IPC code)에서의 PII 값은 NIKON이 가장 높았지만, 사진기 기술 분야(G03B IPC code) 및 전자관 기술 분야(H01J IPC code)에서의 PII 값은 ASML이 가장 높았다. 특히 사진기 기술 분야에서의 ASML의 PII 값은 4.92로 타 기업 대비 월등히 높은 값을 보여주었다. 즉, 해당 기술 분야에서 ASML의 특허들이 상대적으로 많이 인용되었으며, 그만큼 기술적 중요도가 있다고 할 수 있다.

확인한 특허영향력지수를 바탕으로 인용 정도와 기업 성과의 관계를 그래프를 통해 파악해 보고자 하였다. 기업 영업이익률은 앞서 WO 전략 분석 절에서 본 것과 마찬가지로 marketwatch 사이트에서 확인하였고, 각 기업의 손익보고서(income statement)에서 발췌하였다. 역시 2015년부터 2019년까지의

기업 자료만 확인할 수 있어 연도별 영업이익률의 평균값으로 계산하고자 하였다. 우선 2015년부터 2019년의 각 연도별 매출(Net sales)에서 매출원가(Cost of goods sold, COGS)와 판매관리비(Selling, general and administrative expenses, SG&A)를 뺀 금액을 영업이익(Operating profit)으로 계산하고, 이를 매출로 나눈 값을 영업이익률로 정의하였다. 또한 각 기술별 매출 및 영업이익 자료가 제시되는 것은 아니기에 같은 기업 내 기술별 영업이익률은 같은 값으로 계산해야 했다. 이렇게 계산된 연도별 영업이익률을 평균한 값은 ASML, NIKON, CANON에서 각각 0.264, 0.067, 0.076이 나왔다. 이를 정리하면 〈표 10-6〉과 같으며 각 기업별 · 기술별 특허영향력지수 값과 영업이익률을 정리하면

〈표 10-6〉 각 기업의 2015~2019년 매출, 영업이익, 영업이익률 및 평균값

	연도	매출($M)	영업 이익($M)	영업이익률	평균값
ASML	2015	6,290	1,780.2	0.283	0.264
	2016	6,790	1,813.9	0.267	
	2017	8,960	2,340	0.261	
	2018	10,940	2,960	0.271	
	2019	11,820	2,790	0.236	
NIKON	2015	841,040	41,820	0.050	0.067
	2016	749,270	58,570	0.078	
	2017	717,080	64,230	0.090	
	2018	708,660	64,850	0.092	
	2019	591,010	16,330	0.028	
CANON	2015	3,800,000	350,000	0.092	0.076
	2016	3,400,000	230,000	0.068	
	2017	4,080,000	350,000	0.086	
	2018	3,950,000	340,000	0.086	
	2019	3,590,000	170,000	0.047	

각각 〈표 10-7〉 및 [그림 10-10]과 같다.

〈표 10-7〉 기업별 및 기술별 특허영향력지수 및 영업이익률

	ASML			NIKON			CANON		
IPC code	G03F	G03B	H01J	G03F	G03B	H01J	G03F	G03B	H01J
PII	1.926	4.92	1.622	2.21	2.312	1.297	0.999	1.123	1.293
Op profit/ Net sales	0.264			0.067			0.076		

[그림 10-10] 특허영향력지수와 기업 성과

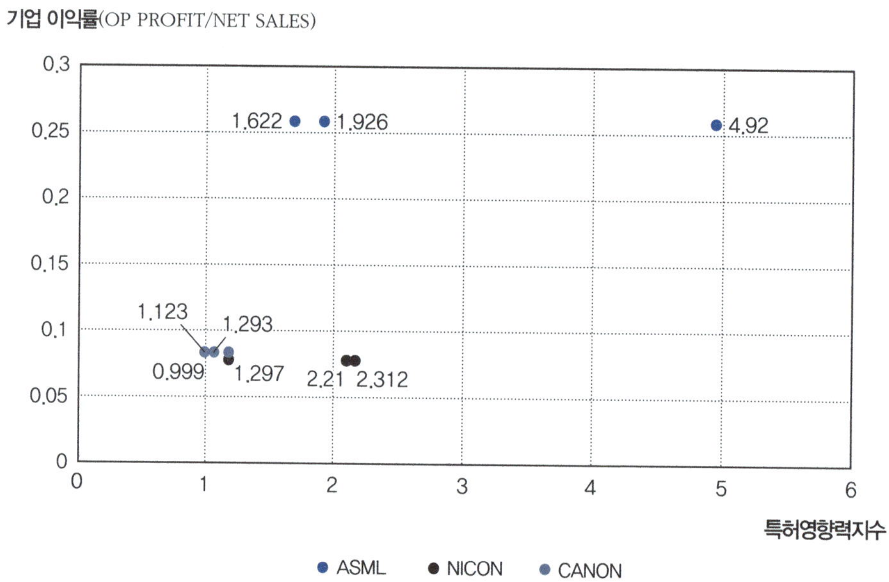

ASML은 특허영향력지수가 월등히 높으면서 기업의 영업이익률 또한 타 기업 대비 굉장히 높았다. 따라서 SO 전략을 통해 본 ASML의 질적 혁신 역량은 상대적으로 높다고 할 수 있었다.

3. 분석 시사점

SWOT 분석을 기반으로 한 ASML의 특허 분석을 통해 도출한 결론을 정리하면 다음과 같다. 첫째로, 노광장비 분야에서 엄청난 기술력으로 생산성을 가져다주는 EUV라는 신기술 개발에 비용이 들더라도 투자할 가치가 있을지에 대한 분석을 진행하였다. ASML은 연구개발비당 출원수는 상대적으로 낮았지만, 각 특허의 인용도지수가 상대적으로 높음을 확인할 수 있었다. 그래서 질적 혁신 역량이 상대적으로 높다고 얘기할 수 있다. 또한 ASML은 최근 들어 신기술에 집중하고 있으며, 공동 연구를 통한 기술의 개발이 잘 이루어졌는지 확인하기 위한 분석을 진행했다. ASML은 공동출원 수 및 한 특허당 출원인 수가 많음을 통해 여러 협력 업체 및 기관과의 공동 연구를 활발히 진행하며, 그 속에서 필요한 기술을 적절히 잘 만들어 내고 있다고 얘기할 수 있다. 주요 기술코드를 대상으로 한 동시분류분석도에서는 조금 낮은 수치를 보여줌으로써 현재로서는 기술 융합 현상이 경쟁 기업에 비해 두드러지게 잘 나타나고 있다고 할 수는 없었다. 그러나 특허 영향력지수와 기업 성과의 관계를 확인하는 부분에서 영향력지수가 높고 기업 성과가 높아 질적 혁신 역량이 충분히 있다고 판단할 수 있었다.

[참고문헌]

고창현, 「나노소자 제조를 위한 Optical Lithography 최근 동향 : Immersion Lithography」, 화학공학소재연구정보센터.

김경수, 「국제특허분류를 활용한 기술융합 연결망 구조 및 패턴 분석 : 해양수산 산업 육성 분야의 특허를 중심으로」, 『과학기술정책』, 제3권 제2호, 2020. 12., pp. 159~186.

네이버 블로그, "[특허 분석, 특허지표] 32. 인용도 지수(CPP : Cites per Patent)", 2011. 3.

네이버 블로그, "[특허 분석, 특허지표] 39. 영향력지수(PII : Patent Impact Index)", 2011. 3.

데일리시사, "반도체 노광기술, 극자외선(EUV)으로 뚫는다..국내 기업 특허 출원 봇물", 이승우, 2020. 11. 13., http://www.dailysisa.com/news/articleView.html?idxno=41417

동아일보, "'반도체 슈퍼사이클' 역대 최단으로 끝나나", 임현석, 2021. 10. 15., https://www.donga.com/news/Economy/article/all/20211015/109717723/1

디일렉, "2020년 글로벌 노광장비 시장 분석", 2021. 3. 6., http://www.thelec.kr/news/articleView.html?idxno=11311

라이오닉스글로벌, "반도체 8대 공정 소개", 삼성반도체이야기, 2017. 11. 28., https://m.blog.naver.com/lionixglobal/221150577455

블로터, "반도체 업계, 코로나19 장기화로 공급망 다변화 필요", 이재운, 2020. 4. 23., https://www.bloter.net/newsView/blt202004230015

서울경제, "ASML, 협력사-연구기관 공유 생태계…반도체장비 독보적 영역 구축", 고병기, 2020. 1. 1., https://www.sedaily.com/NewsVIew/1YXH83GMX0

"10나노의 벽, 극자외선(EUV)으로 뚫는다", 특허청 보도자료, 2020. 11. 12.

안기현, 「반도체산업 현황과 미래준비」, KIET 산업경제 3월 정책과 이슈, 2019. 3.

연구성과실용화진흥원, 「반도체 장비 기술 및 시장동향」, S&T Market Report, Vol. 50, 2017. 7., pp. 1~20.

연합뉴스, "中 반도체 굴기 '암운'…ASML, 핵심장비 수출 중단", 이해영, 2019. 11. 7., https://www.yna.co.kr/view/AKR20191107058700073

오피니언뉴스, "내년 1분기 '반도체 빅사이클說'..."주기 짧아져" vs "사이클 없어졌다", 정세진, 2020. 11. 16., https://www.opinionnews.co.kr/news/articleView.html?idxno=42986

이광호, 조용래, 우청원, 정장훈, 최종화, 이주영, 유상옥, 이충현, 김은아, 김명순, 「융합이 기술혁신패턴에 미치는 영향과 대응전략, 자동차산업과 디스플레이산업을 중심으로」, 과학기술정책연구원, 2016. 12., pp. 1~330.

이경실, 송영근, 「LTE 표준특허의 정량적 분석」, 한국콘텐츠학회논문지, Vol. 12, No. 12, 2012.

이데일리, "[업그레이드 소부장] ④ 네덜란드 ASML… '슈퍼을' 비결은", 강경래, 2020. 2. 11., https://www.edaily.co.kr/news/read?newsId=01374326625669536&mediaCodeNo=257&gtrack=sok

2019 Annual Report, ASML, 2020. 2.

2020 Annual Report, ASML, 2021. 2.

이혜민, 김현철, 홍석철, 이정희, 김준현, 「보건복지부 연구중심병원 육성방안 R&D 전략기획연구사업 2차 특허기술 동향조사 보고서 의료영상 진단기기」, 특허청, 2012. 4.

인포스탁데일리, "[김종효의 시장통] 삼성의 초격차 전략을 주목해야 하는 이유", 김종효, 2019. 6. 20., http://www.infostockdaily.co.kr/news/articleView.html?idxno=62985

전자신문, "日 니콘, ASML · 칼자이즈에 반도체 노광 기술 특허 침해 소송", 한주엽, 2017. 4. 25.

조은교, 「미국의 반도체 공급망 제재에 대응하는 중국의 전략과 시사점」, KIET 산업

경제 5월 정책과 이슈, 2021. 5.

최재영, 문혜선, 조윤애, 정성균, 「한국의 기술융합 발전 트렌드 및 융합기술 개발 결정요인 분석」, 산업연구원, 2014. 12., pp. 1~249.

테크월드, "[한장TECH] 차세대 반도체의 운명을 쥔 기업, ASML ①", 박지성, 2019. 7. 15., https://www.epnc.co.kr/news/articleView.html?idxno=91207

테크월드, "[한장TECH] 차세대 반도체의 운명을 쥔 기업, ASML ②", 박지성, 2019. 7. 22., https://www.epnc.co.kr/news/articleView.html?idxno=91308

테크월드, "ASML 네덜란드 본사에 가보니 우린 이제 EUV로 진화한다", 김의겸, 2007. 7. 2., http://www.epnc.co.kr/news/articleView.html?idxno=7025

테크월드, "[Tech Talk] 노광장비 1등 기업, ASML의 성장 비결은? ①", 박지성, 2019. 8. 20., https://www.epnc.co.kr/news/articleView.html?idxno=91693,

테크월드, "[Tech Talk] 노광장비 1등 기업, ASML의 성장 비결은? ②", 박지성, 2019. 8. 29., https://www.epnc.co.kr/news/articleView.html?idxno=91831

홍장표, 김은영, 「한국 제조업의 산업별 기술혁신패턴 분석」, 기술혁신연구 17권, 2호, 2009. 10., pp. 27~53.

Bram J.M. Arts, "New business development at ASML : Towards a framework for identifying, selecting, and developing new business opportunities", Master Thesis, Eindhoven University of Technology, 2012.

JC van Rooy, "Logistical information sharing and collaboration between ASML and its supply chain", Master Thesis, Eindhoven University of Technology, 2010.

KIPRIS 코드분류 조회.

Kotra 해외시장뉴스, "불황을 모르는 네덜란드 기업 ASML", 임성아, 2012. 4. 15., https://dream.kotra.or.kr/kotranews/cms/news/actionKotraBoardDetail.do?SITE_NO=3&MENU_ID=180&CONTENTS_NO=1&bbsGbn=243&bbsSn=243&pNttSn=113628

MENAISSANCE MAN, "세계 1위 반도체 장비 기업 ASML", 2013. 3., https://

m.blog.naver.com/PostView.naver?isHttpsRedirect=true&blogId=anackne&logNo=110162218690

SK하이닉스 뉴스룸, "과거 반도체 시장의 폭락 원인과 향후 전망은?", 이주완, 2019. 10. 31., https://news.skhynix.co.kr/post/past-semiconductor-market

SK하이닉스 뉴스룸, "차세대 반도체의 미래, EUV 기술혁신에 달렸다", 장은지, 2019. 1. 2., https://news.skhynix.co.kr/post/euv-technology-innovation

첨단기술의 글로벌 혁신전략
–빅데이터 분석으로 살펴본 첨단산업의 미래

초판 1쇄 인쇄 2022년 6월 30일
초판 1쇄 발행 2022년 7월 7일

대표저자 김진우 · 김의석 · 김원준
공동저자 박주원 · 이철우 · 최상빈 · 최초애 · 강덕환
심윤재 · 조지영 · 남용원 · 최형기 · 최희수
펴낸이 박기남
기획 · 영업 박정헌
펴낸곳 **율곡출판사**
08590 서울시 금천구 가산디지털1로 84(에이스하이엔드 8차), 803호
전화 (代) 02) 718-9872/3
팩스 02) 718-9874
홈페이지 http://www.yulgokbooks.co.kr
이메일 yulgokbook@naver.com
등록 1989.11.10. 제2014-000031호
ISBN 979-11-91812-30-5 93300

정가 22,000원